▲作者近照

作者简介

魏礼群，江苏省睢宁县人，1944年12月生。曾先后担任国家计委政策研究室主任、体制改革和法规司司长，国家计委党组成员兼秘书长，中央财经领导小组办公室副主任，国务院研究室主任、党组书记，国家行政学院党委书记，第十一届全国政协委员、文史和学习委员会副主任；中国共产党第十六届、十七届中央委员会委员。兼任中央马克思理论研究和建设工程咨询委员会委员，全国哲学社会科学规划领导小组应用经济组组长；国际行政院校联合会副主席；中国国际经济交流中心常务副理事长、首席专家、学术委员会主任；2011年应聘北京师范大学中国社会管理研究院／社会学院院长、教授、博士生导师。

参加或负责过党中央、国务院大量重要文件和党中央、国务院领导人重要讲话的起草工作，主持过80多项推进中国改革开放和现代化建设重大课题研究，取得了一大批对国家决策有重要价值的学术、科研、决策咨询成果。出版了《中国经济发展与改革》等个人专著20多部，主编著作130多部。

2009年入选"影响新中国60年经济建设的100位经济学家"，2013年被评为"20世纪中国知名科学家"，2015年2月入选"2014中国智库十大代表人物"，2018年入选"致敬改革开放四十年·中国智库建设40人"。

▲ 1982 年 4 月，魏礼群（二排左二）随同中国经济学家代表团访问德意志联邦共和国，全体成员合影。

▲ 1986 年 5 月，魏礼群（后排左二）陪同时任国务委员兼国家计委主任宋平（前左）访问土耳其、罗马尼亚、联邦德国时合影。

▼ 1986 年 10 月 6 日—11 月 1 日，魏礼群（前排右二）在美国华盛顿参加世界银行经济发展学院与中国联合举办的综合运输高级研讨会全体人员合影。

▲ 1988 年 1 月至 2 月，魏礼群（前排左四）陪同时任国家体制改革委员会主任李铁映（右六）率领的中国经济体制改革考察团赴欧洲共同体、联邦德国考察。

▼ 1988 年 12 月，魏礼群（右四）参加国家计委宏观经济管理考察团赴瑞典、奥地利考察。

◀ 1988 年 5 月，魏礼
群（右二）带领国家计委代表
团赴巴西、美国考察市场经
济条件下的中央与地方关系。

◀ 1991 年 10 月，魏礼
群（前排左四）带领国家计
委赴法国宏观经济管理研讨
班考察法国国有企业管理体
制和运行机制。

◀ 1993 年 10 月 23 日，
魏礼群（左二）参加第三届中
韩经济知识交流国际研讨会。

► 1994 年 1 月，
礼群（左三）带领代
团赴墨西哥考察《计
法》的制定和实施。

► 1994 年 4 月 24—
日，魏礼群（前排左
）带领国家计委代表
参加世界银行资助项
《中国煤炭运输研究》
果决赛会议。

► 1996 年 1 月 29 日，
礼群（前排左三）出
在厦门市举办的招标
标法国际研讨会。

▶1996 年 7 月，魏礼群（前排左四）出席在德国柏林举办的第八次中德经济和管理研讨会。

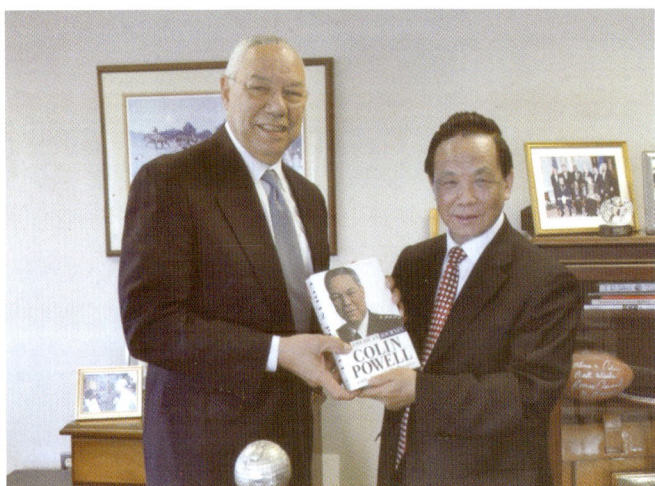

◀2011 年 6 月 21 日，魏礼群访问美国，与美国前国务卿、艾森豪威尔基金会理事会主席鲍威尔合影。

▶2009 年 8 月 5 日，魏礼群访问古巴留影。

▲ 2015 年 7 月 3 日，魏礼群（左五）率领中国行政体制改革代表团与中东欧行政院校联合会负责人会谈后合影留念。（2015 年 7 月 4—11 日出席在法国召开的国际行政院校联合会执委会会议并访问英国、斯洛伐克）。

▲ 2009 年 4 月 21 日，魏礼群在澳门参加澳门理工学院举办的"腾飞的澳门：回归十年的回顾与展望"国际学术研讨会上发表演讲。

◀ 2009 年 4 月 21 日，魏礼群访问澳门，与澳门特别行政区行政长官何厚铧合影。

▲ 2010 年 5 月 29 日—6 月 1 日，魏礼群（前排右七）带领国家行政学院代表团赴香港特别行政区访问。

◄ 2010 年 5 月 27 日，魏礼群访问香港，与时任香港特别行政区行政长官曾荫权合影。

► 2010 年 6 月 3 日，魏礼群访问台湾，与时任国民党荣誉主席连战合影。

借石攻玉

——涉外交流见闻与思考

魏礼群 ◎ 著

中国言实出版社

图书在版编目（CIP）数据

借石攻玉：涉外交流见闻与思考 / 魏礼群著 . --
北京：中国言实出版社，2020.11
ISBN 978-7-5171-3588-3

Ⅰ . ①借… Ⅱ . ①魏… Ⅲ . ①外交－文集 Ⅳ .
① D8-53

中国版本图书馆 CIP 数据核字（2020）第 206889 号

出 版 人　王昕朋
责任编辑　张　朕
责任校对　李　颖

出版发行　中国言实出版社

　　地　　址：北京市朝阳区北苑路 180 号加利大厦 5 号楼 105 室
　　邮　　编：100101
　　编辑部：北京市海淀区花园路 6 号院 B 座 6 层
　　邮　　编：100088
　　电　　话：64924853（总编室）　64924716（发行部）
　　网　　址：www.zgyscbs.cn
　　E-mail：zgyscbs@263.net

经　　销　新华书店
印　　刷　北京温林源印刷有限公司
版　　次　2020 年 12 月第 1 版　　2020 年 12 月第 1 次印刷
规　　格　710 毫米 ×1000 毫米　1/16　21.5 印张
字　　数　282 千字
定　　价　98.00 元　　ISBN 978-7-5171-3588-3

自　序

改革开放四十年间，我先后访问了110多个国家和地区，其中30多次陪同国家领导人或部门负责人到过许多国家访问、考察，我个人也多次带领代表团参加学术研讨和公共外交活动。各种涉外活动，都有不少见闻和感悟，获益匪浅，形成了大量文稿和历史资料。《诗经》云："他山之石，可以攻玉。"此次以"借石攻玉"为书名，主要结集我带团参加部分涉外学术研讨、考察、会议活动写下的文章、讲话、报告，从一个侧面记述了我在改革开放历史进程中一些涉外活动的足迹和思考。

魏礼群

2020 年春节

目　录 CONTENTS

西德经济管理体系的若干特点 [①]

（一九八三年四月）

　　1982 年 5、6 月间，我参加了中国经济学家代表团对西德经济管理的考察。在考察过程中，我们所接触到的西德经济学家和政界人士，都把他们管理国家经济的主要理论和原则称之为"社会市场经济"。何谓"社会市场经济"？西德经济界人士的说法也不尽相同，而且至今也没有形成有系统的、能够自圆其说的理论。按照他们多数人的观点和从该国所实行的政策措施来看，大体上可以做这样的表述：社会市场经济是以生产资料私有制为基础，按照市场经济规律活动，并以社会保障制度为补充的经济体系。一方面，它突出强调市场经济中的竞争作用，通过市场上价格的自由形成来平衡私人的经济活动；另一方面，又主张国家进行适度干预，采取社会立法、社会保障等一系列措施控制宏观经济活动，以保护竞争，防止和补救竞争所带来的不良后果，巩固和发展资本主义制度。西德人士说，按照社会市场经济的原则，国家在管理经济方面追求四个目标：一是物价稳定；二是经济持续和适度增长；三是高度的就业水平；四是国际收支平衡。大体说来，西德整个经济管理体系有以下几个主要特点：

[①] 本文系魏礼群于 1982 年 5、6 月间作为以国家经委副主任邱纯甫任团长的中华人民共和国经济学家访问德意志联邦共和国代表团成员考察之后写的文章，刊登于《外国经济管理》1983 年第 4 期。

一、"货币政策居于首位"，联邦银行（中央银行）相对独立

西德把稳定币值作为国家实现经济恢复和稳定发展的基本条件之一，让货币政策居于优先地位。他们通过建立相对独立的联邦银行体系，使其自主地确定货币政策和货币发行，以确保货币的稳定。西德成立后的第一部基本法（即宪法）规定，联邦银行直接对联邦议会负责，不受联邦政府的领导和控制。联邦银行行长由总统提名和议会通过，任期八年，任期内不受政府更迭的影响。联邦银行根据议会通过的有关法律办事，并根据法律组织委员会领导银行业务；政府成员可以参加委员会，对银行的重大政策、措施可以提出政府的意见，但没有表决权。西德货币（马克）分为纸币和硬币两种，纸币占整个货币流通量的80%，由联邦银行发行；硬币则占20%，由政府发行。为了防止政府滥发硬币，法律规定政府发行的硬币数量按人口计算，平均每人不得超过20马克。1967年通过的"经济稳定和发展法"又进一步规定，联邦政府和它的特种财产（邮政、铁路等）以及地方政府，必须把多余的资金存入联邦银行，以避免冲击市场。同时还规定，联邦政府财政发生困难时，向银行贷款的数额不得超过60亿马克，而且必须如期归还。

西德所以如此重视货币政策和采取联邦银行相对独立于政府的措施，是从自己国家的历史发展中得出的经验教训。过去，德国银行长期隶属于政府的领导和控制，听从政府首脑人物的支配，以致在两次世界大战中都发生过政府任意摆布银行，滥发货币以解决军费开支，造成恶性通货膨胀的现象。这两次剧烈的通货膨胀，不仅使德国工人和农民遭到剥夺，连资本家的投资和存款也全部化为乌有。为了吸取教训，战后西德就决定实行以上所述稳定货币的政策和措施。当然，联邦银行货币政策的确定和重大措施的实行，也服从于社会市场经济原则所追求的主要目标，支持政府制定的经济方针政策。银行与政府密切合作，政府很少干预银行行使职权。

联邦银行在组织机构方面独立于政府，在业务活动方面，大体上实行以下四条原则：（一）每年货币发行量的多少，主要根据经济增长情况而定。1964年以后，基本上是依据国民生产总值的增长、设备利用率的提高和价格上涨的幅度等三个因素来确定的。（二）通过发放贷款和升降利率来调节通货，以影响市场。（三）为了控制货币的投放，其他银行必须依法把存款额最低准备金无息存入联邦银行。（四）运用贴现率和抵押贷款利率的变动调节货币的供求。西德一些人士声称：西德在五六十年代所以能出现经济"奇迹"，一个重要原因在于金融政策和措施的正确。应当说，过去二三十年里，由于实行联邦银行独立，重视货币政策，西德物价上涨的幅度与其他资本主义国家相比是比较小的，币值也是比较稳定的。币值和物价的相对稳定，无疑对安定社会，恢复和发展经济起了一定作用。

二、"竞争是社会市场经济的基石"，联邦政府设立限制垄断的"卡特尔局"

西德社会市场经济的活动，是"通过市场和物价的自由形成来支配经济过程"的。因此，它本质上是资本主义的自由市场经济。西德经济界人士把竞争看作是整个社会市场经济的基石，是庞大经济体系的发动机。他们认为竞争在经济发展中起如下四个作用：（一）使资本和劳动力得到最有效的利用；（二）能平衡生产者和消费者的利益；（三）刺激企业改进经营管理，推动技术进步，提高产品质量，发展新产品，降低生产成本；（四）促进寻求满足未来需求的经济结构。联邦政府推行竞争政策的基本做法是：保障生产资料的私人占有；通过消除职工等级障碍，促进创业和中产阶层的发展，对国内所有参加市场活动的人开放市场；允许个人自由地从事经济活动，表面上看来每个人获利的机会和承担的风险都是相等的；劳资双方谈判可以不受政府干预，独立自主地进行；实行对外开放，贸易往来自由；等等。据介绍，竞争带来的高效率是很明显的。例如欧洲最大港口城市之一的汉堡港，由于十个公司开展竞争，很少发生压船、压货等问题。

长期的历史经验使西德经济界人士认识到，竞争虽然对经济和社会事业发展能起到重要的促进作用，但是如果任其自发地进行下去，必然会导致集中或垄断，造成不平衡和损害消费者的利益，这样也就会影响市场经济的活力。因此，主张由国家采取措施来保护竞争，而国家采取的措施又必须适当，否则也会影响竞争的展开。从这种情况出发，西德政府推行了一套保护竞争、限制垄断的立法和组织措施。1957年联邦议院通过《反对限制竞争法》，即"反卡特尔法案"（1958年1月1日起实施），并据此在联邦经济部下面设立限制垄断的"卡特尔局"（实际上是反卡特尔局）。"反卡特尔法"的主要内容：一是禁止卡特尔化。卡特尔有种种形式，例如企业间商定商品售价，在生产和销售上规定分配额，划分销售地区等，不论什么形式，都是为了限制竞争以谋取巨额垄断利润，一律不允许。反卡特尔法把禁止卡特尔作为中心任务，对违反者处以罚金，其款额可以达到非法交易所得利润的三倍。二是制止企业之间的兼并。兼并会使那些有关联的企业部分地或全部地放弃其独立性，而建立某种新的、固定的商业上的联系，以取得高额利润。这也是不能准许的。三是对企业实行监督，使它们不能滥用其竞争能力。例如企业以自己的力量阻挠其他企业，迫使它们离开市场，这种行为就属于滥用竞争能力，必须予以制止。联邦卡特尔局具有很大的独立性，类似联邦银行，是西德社会市场经济原则的有力维护者。当然，联邦的反卡特尔法和卡特尔局并非对所有卡特尔现象一律加以禁止。例如针对国际的卡特尔，特别是针对第三世界的卡特尔，反卡特尔法和卡特尔局都不管。同时，卡特尔局并不是完全独立于政府，也不能无视政府的决策，在某种情况下和某些方面，也必须服从联邦经济部的决定。据了解，近几年卡特尔局共制止了130多起企业合并行为。在这些案件中，联邦经济部认为有5起企业合并可以节约能源和提供就业机会，经济部长批准它们合并，卡特尔局也只好服从。目前，西德全国60%的就业岗位，50%多的国民生产总值是中小企业提供的。卡特尔局认为这是保护竞争的结果。反卡特尔法和卡特尔局在一定程度上限制或者说延缓了企业集中和垄断的进程。

三、"给予雇员参与决定权"，调和劳资矛盾以安定社会

为了安定社会秩序，保证经济发展，西德推行了许多调和劳资双方矛盾的措施。最重要的有以下三个方面。

（一）在全国逐步实行"给予雇员参与决定权"

所谓"参与决定权"，就是法律允许企业雇员选出代表参加企业的最高决策机构，与雇主共同对企业的某些重大问题作出决定。这一制度是西德社会市场经济体系的重要组成部分，1951年年末开始在部分企业实行，直到1976年才基本定型。在这些年间，西德曾经制定和颁布过三类共同决定法。第一类是仅适用于煤钢企业的。相对地说，这一类共同决定法中的劳方权力最大。第二类适用于煤钢企业以外、职工在2000人以上的大企业。按规定，这一类企业中的劳方权力比煤钢企业中的小。第三类是1952年公布的《企业法》，适用于500人以下的中小企业。在这类企业的监事会中，劳方的权力比第二类企业中又小一些。此外，《企业法》还规定，凡是雇员在5人以上的企业，都可以成立企业委员会。企业委员会的委员由企业全体工人、职员选举产生（不包括做领导工作的职员，这些人另有一个委员会）。企业委员会对企业的经营管理、经济政策、社会福利等方面都有权干预，在社会福利和人事方面的权力更大一些。"共同决定权"的实行，在一定程度上调和和缓解了企业中劳资双方的矛盾。当然，西德推行雇员参与决定权是有条件和限度的，它的根本目的是维护生产资料的私人占有，维护资本家阶级的利益。曾经有一个委员会建议将劳方权力较大的煤钢企业共同决定法在全国各个企业推行，就遭到了雇主协会的强烈反对而未能实现。又据资料表明，西德企业实

行雇员参与决定法以后，并没有使企业发生社会结构性的改变。

（二）准许成立统一的工会

战后，西德政府规定一个企业的工人、职员，不论是何工种，只能参加一个工会。在此基础上，按部门组成了各种产业工会。目前西德全国有 957 万名雇员参加了工会，占雇员总数的 40%。其中最大的组织叫作西德工会联合会，拥有会员 799 万人。此外，还有职员工会、公务人员联合会和基督教工会等三个小组织，共拥有会员 159 万人。全国工会联合会下面有 17 个产业工会，产业工会又按照联邦、州、地方三级分别设立组织。工会在整个经济管理中发挥着重要作用。议会和政府在制定社会福利政策时，必须听取和尊重工会的意见；每年工资增长多少，由工会和雇主协会按行业直接进行谈判决定。工会联合会及其最大的产业工会本身变成了一个巨大的企业。它拥有并经营着西德最大的零售系统——合作总社，年营业额达 50 多亿美元。另外，工会联合会和工业经济联合股份公司分别拥有欧洲最大的住房发展公司、新家园建筑公司的 51% 和 49% 的股份。由于西德工会组织庞大，并以巨额资产为后盾，在同西德企业巨头的任何较量中都有能力保卫自己，每年在谈判桌上就工资和劳动条件等问题同资方进行讨价还价。尽管工会不可能真正代表广大工人的利益同资本家阶级进行斗争，但它毕竟在某些方面和一定程度上缓解了劳资双方之间的直接冲突，对维护工人的利益也起到一定作用。

（三）注意发挥各种社会组织在政府和民间中的纽带作用

据介绍，西德现有 11 个全国性的重要协会，即工会联合会、雇主协会联邦委员会、工商联合会、工业界联邦委员会、手工业中央联合委员会、农民协会、银行界联邦委员会、批发商和对外贸易联邦委员会、零售商总联合会、保险事业总联合会和工商经济联合委员会等。这些协会在各州、地方都有下属组织。各种协会都代表着所属成员的利益和要求，对政府制定政策措施施加影响。而政府在制定政策时，也愿意通过各种协会听取不同意见，并由社会组织把决定的政策贯彻下去。这样可以避免政府和各阶层成员的直接冲突，同时各种协会（联合会）相互掣肘，政府利用他们彼此之间的斗争和争论来调和或解决某些矛盾，保持社会各方面的相对平衡。

上述及其他调和劳资双方矛盾的措施，对西德整个社会的相对安定和经济发展起了一定作用。据资料记载，西德成立后的七八年时间里，除了 1955 年工人自发进行过短期罢工之外，劳工方面没有发生过造成社会动乱或企业停产等事件。以后的时间里，西德罢工现象也比其他一些资本主义国家少得多。雇员曾采取多种斗争形式迫使雇主增加工资。1950 年以来，西德职工的工资增长较快，每年一般都超过物价上涨的幅度。目前西德工人实际工资水平已经高于日本，和美国差不多。

四、发展多种社会保障和福利事业，预防和补救竞争带来的不良后果

实行自由竞争，一方面会促进经济、技术的发展；另一方面也会带来许多社会问题，例如，企业被淘汰后就造成工人失业，在分配方面各阶级、各阶层成员之间必然收入悬殊，由于年老、疾病而退出劳动市场的人生活发生问题等等。为了调节社会上过于不公平的分配状况，使所有参加社会经济活动的人都能够获得基本生活保证，西德战后发展了多种社会保障和社会福利制度。这也正是西德"社会市场经济体系"中"社会"二字的基本内容和重要标志。其中主要有以下五个方面。

（一）广泛建立社会保险制度

这是对因疾病、年迈、失业、发生事故等使经济收入遭受损失者给予一定帮助的社会保障和补偿制度。西德宪法规定，任何一个人在能工作、有收入的时候，都应当向指定单位缴纳保险金。各种保险费率分别是：医疗保险费为月工资的 11.4%，老年保险费为 18%，失业保险费为 4%。这三项共计占职工月工资的 33.4%。各方面缴纳保险费的办法不同，政府机关工作人员的保险费全部由政府负责缴纳；其他人员中，

月工资在 470 马克以上者其保险费由雇主、雇员各付一半，月工资为 390—470 马克者其保险费全部由雇主缴纳，月工资低于 390 马克者可以不交纳保险费。目前西德全国参加医疗保险的有 3400 万人，参加老年保险的 2100 万人，参加失业保险的 2500 万人，参加事故保险的 4500 万人。

（二）推行劳动保护和社会福利政策

随着经济的发展，劳动时间逐步缩短，目前西德全国实行每周 5 天工作制；每年除有 10 天法定假日外，另外给职工 5 周休假日，1982 年起增加到 6 周。休假期间除工资照发外，还增发相当于月工资 30％—60％的津贴，以供职工旅游度假之用。按照规定，允许企业给自己的雇员无偿付给或让雇员以优惠价格购买本企业的产品。"解雇法"规定企业不得随便解雇人员，除了因经济不景气而被迫大批解雇人员外，平时解雇人员必须征得企业委员会同意。产妇产前准许休息 6 周，产后继续休息 6 周。此外，产妇津贴、儿童津贴、合乎住房条件的津贴，可以向政府申请补助。

（三）对农民采取保护措施

国家对主要农产品实行保护价格。当市场价格低于欧洲共同体市场规定的收购价格时，即由政府统一收购；农民向国家购买农业生产资料，可以比市场价格低一些。这些财政上的差额部分，由国家补助金支付。

（四）开展职业咨询和就业培训工作

在市场经济条件下，劳动力市场的波动是非常急剧的。为了适应这种状况，西德政府很重视劳动局的工作。劳动局是联邦政府负责社会保障和福利事业的一个重要机构。它的职能，不仅是管理社会各种保险事业，发放救济金等，同时在雇员与雇主之间起桥梁作用，负责向失业者提供职业咨询，向即将就业的学生提供职业介绍，对失业者和残疾人员进行职业教育和转换职业的培训，尽可能创造更多的就业机会。劳动局活动的经费主要由国家财政拨付，不足部分从雇主和在职的雇员中征集。

（五）对居民一些必需的生活费用采取固定价格

如居民的用电、用水和房租价格，相当时期里是基本稳定的。有些则采取低价。如市内公共汽车、电车和国内铁路的票价，一般只有这些企业成本的20%—50%，其亏损部分由国家财政补贴。

据介绍，西德目前每年用于社会福利事业的经费（包括保险金、社会补助和政府的福利费用支出等），约占国民生产总值的1/3（1981年为34.3%）。这一比重比50年代初期提高了一倍多，比其他许多资本主义国家都高得多。他们发展社会保障和社会福利事业，对稳定社会、缓和阶级矛盾等起了一定作用。但国家社会福利支出过多，不仅增加了国家财政的困难，也加重了企业和雇员本人社会保险等费用的负担。国家用于社会福利的支出到底是多了还是少了，这个问题在西德是有争议的。目前西德各政党和各社会力量正围绕着这一关系各阶级切身利益和经济前途的重大问题而进行着斗争。

五、通过法律规定各种社会经济关系，以保证社会市场经济体系的运行

国家通过法律手段（特别是经济法规）干预经济生活，明确各种社会经济关系和工作关系，以保护经济发展，是西德经济管理体系的一个重要内容和明显特点。从我们接触到的情况看，印象比较深刻的有三个方面：

（一）各种经济关系都有立法

除了有维护生产资料私有制、保障资本家利益的立法外，在各种主要经济生活领域中都有明确的法律规定。例如，为了保持货币的稳定和联邦银行的独立地位，颁布了"联邦银行组织法"；为了维护市场经济原则和保护竞争，制定了"反对限制竞争法"；为了稳定经济和规定经济发展的目标，颁布了"经济稳定与发展法"，这一法律实际上起着经济宪法的作用；为了缓和劳资矛盾，制定了"解雇法"和"雇员参与决

定法"；为了防止和补救竞争带来的社会问题，有各种保险制度法；为了保护居民的居住权利，加强对住宅的管理，颁布了"联邦建筑法"和"对城市建筑奖励法"；为了加强对雇员的职业教育，制定了"劳动奖励法"和"联邦补习教育奖励法"，等等。至于联邦政府和地方政权之间的经济关系，则是西德宪法的重要内容之一。他们不仅有各种法律，而且所有法律的条文都很具体，便于依循、检查、分辨和法院判决。

（二）通过立法明确各主要经济部门的权力、职责范围和行动准则

据联邦卡特尔局、联邦劳动局和巴登—符腾堡州统计局介绍，他们的工作职权、经费来源以及同有关经济管理部门、州之间的关系，都有明文规定。依据法律规定行事，既可避免或者减少政府更迭的影响，保持政策和工作的连续性、稳定性，同时又有利于发挥有关经济部门和工作人员的自主性和责任感。

（三）有一整套独立的执法体系

西德的司法权由联邦和州分掌。除了与宪法规定密切相关的特别法律诉讼案件由联邦宪法法院受理以外，其他案件审判权分别由普通法院（民事和刑事法院）、行政法院、劳动法院、社会法院和财经法院等五个独立的审判机构行使。社会经济生活诸方面的案件和纠纷事件都有专门法院审理，这样就使颁布了的法律比较便于贯彻和执行。

六、明确划分各级政权的权力和责任，从分立的联邦制调整到合作的联邦制

西德是实行联邦制的国家。全国分为三级政权，即联邦、州、地方（市、区、乡）。宪法规定，除外交、国防、货币、海关、外贸、铁路、航空、邮电等方面属于联邦直接管辖以外，其余方面都由联邦和州共同管理或由州自治。宪法还规定，各级政府实行分立体系，分级管理，明确分工，权责结合。州、地方的权力较大。上级政府尽量地把问题放到下面去解决。

西德所以实行这种联邦制度，主要是接受了希特勒国社党统治时代推行的中央集权制（没有州一级政权）给社会经济造成严重危害的教训。对于实行怎样的联邦制，西德也是在实践中总结经验逐步加以调整的。战后初期的一段时期，在全国成立了联邦、州、市（区）等分级政权机构。当时过分强调分权，州的权力很大，联邦的权力过小，造成权力过于分散，以致在一个时期内对有些面向全社会的公益事业（如兴建大学、大医院等）的扩建、自然环境的保护、整个经济结构的改善等方面，都有所忽视，损害了联邦的整体利益，导致地区之间发展的不平衡。于是，西德议会对宪法进行了多次修改。特别是 1967 年颁布的"经济稳定与发展法"，授权联邦政府在稳定全国经济方面有权采取促进或收缩的方针措施，为此还成立了财政协调委员会和促进经济发展委员会。西德人士介绍说，近年来他们的国家已经"从严格的分立联邦制调整到合作的联邦制"了。

从西德财政预算结构的调整中可以清楚看到上述这种变化。在财政收入方面，战后初期规定，财政收入的重要来源直接税（即个人所得税和公司所得税）归州财政，间接税（即销售税）归联邦财政，工商税归地方（市、区、乡）财政。现在改为三种税收按比例分给三级财政。目前三级财政收入的比例，大体上联邦占 40%、州占 30%、地方占 30%。

在财政支出方面，战后初期规定，国防费用由联邦政府支出，文化、教育等社会事业发展的费用主要由各州支出，促进经济发展的费用主要由地方政府支出。现在实行的办法是，国防费用仍由联邦支付；文化、教育、卫生保健和社会福利事业等支出由联邦、州、地方三级财政共同负责，州的支出仍是主要的；经济发展方面的支出也是三级都承担，各有侧重。联邦、州、地方财政支出都有较大的独立性，不是一级隶属于另一级。例如公路建设，联邦、州、乡的公路分别由三级财政负担。目前西德三级财政支出所占比例，大体上也是 40%、30%、30%。

从西德财政收支结构的调整，可以看出一个特点，即事权与财权相一致，事情由哪一级政府去做，财政上就要有相应的保证。关系到整个社会经济稳定和平衡发展的，以及属于全国性重大基础设施和局部地区搞不了的事情，由联邦去办；文教事业则主要由各州自己搞；社会公用设施等提倡地方积极兴办。

实行分权体制后，为了使地区之间的发展大体平衡，西德在财政上又建立了各级政府间"垂直拨款"与"平行拨款"制度。所谓"垂直拨款"，就是上级财政为帮助下级政府进行平衡财政和举办必要的建设事业的拨款。这种拨款又分两类，一类是一般性拨款，资金拨给下级政府后，由下级自行支配使用；拨款的数额不但看地方预算的多少，而且要考虑到该地区人口多少、区域大小、地理位置重要程度，以及该地区是否必须为其他地区提供服务（如学校、医院、温泉等），还要考虑给予垂直拨款以后能否为整个社会提供旅游及其收税能力的大小等。另一类是专项拨款，专款专用。如专门用于增建学校、交通运输事业等的拨款。这种专项拨款，一部分是由国家法律规定的，也有一部分是凭"面子"要来的。所谓"平行拨款"，主要是州与州之间的拨款。西德法律规定，比较富庶的州应当从销售税收入中拿出一部分支援所得税收入较少的州；各种税收收入较多的州和地方还应当给收入较少的州和地方以拨款。拨款多少基本上依该地区人口及人均收入的多寡而定。实行"垂直拨款"和"平行拨款"的财政制度，加快了后进地区的经济发展，使全国各地区逐步趋于平衡发展。

附件

联邦德国经济稳定与增长促进法 [①]

（一九六七年六月八日）

第一条 经济政策的总方针

联邦和各州应该通过各种经济的和财政的措施达到整体经济的平衡。这些措施的目的在于：在市场经济体制下，促使经济持续适当的增长，同时保持物价稳定、高度就业和对外经济平衡。

第二条 年度经济报告

（1）联邦政府应在每年一月向联邦议院和参议院提交年度经济报告。内容应包括：

1. 根据 1963 年 8 月 14 日《经济发展专家委员会组织法》（1966 年 11 月 8 日修订本）第六条第 1 款第 3 句的规定，对于专家委员会的年度意见书提出意见。

2. 说明联邦政府在本年内争取达到的经济和财政目标（年度计划）；年度计划应采用对国民经济进行全面核算的方法和形式，也可附以供选择用的核算方案。

3. 对本年计划中的经济政策和财政政策加以说明。

（2）联邦政府如采取本法第六条第 2 款、第 3 款，以及第十五至第十九条规定的各种措施，《所得税法》第五十一条第 3 款以及《法人所得税法》第十九 C 条所规定的各种措施时，必须同时向联邦议院和联邦参议院说明，所以采取这些措施，是为了防止危及第一条规定的各项目的情况。

第三条 一致行动的指导方针

（1）发生危及第一条规定的各项目的之一的情况时，联邦政府应即

[①] 简称《稳定法》。

制定"指导方针",使各级地方政府、各同业公会以及企业联合会同时采取互相配合的行动(一致行动),以达到第一条规定的目的。指导方针应特别说明在这种形势下整个经济的各方面之间的相互关系。

(2)联邦经济部长在利害关系人要求时,应对指导方针作出解释。

第四条 排除对外经济方面的干扰

如果对外经济对整体经济的平衡有所干扰,仅以国内经济方面的措施不能排除干扰,或者排除这种干扰就要影响到第一条规定的目的时,联邦政府应尽一切可能,谋求国际经济方面的协作。如仍不能排除干扰时,为维持对外经济平衡,联邦政府可以使用现有的各种经济政策上的手段。

第五条 联邦财政,经济协调储备金

(1)在联邦财政计划中,支出的规模和构成以及准许将某种负担列入下一财政年度作为债务,都应该按照为达到第一条规定的各项目的需要安排之。

(2)预算中应列入,在需求扩大超过国民经济支付能力时,由德意志联邦银行补充偿付债务的资金,以及设置经济协调储备金的资金。

(3)全国普遍的经济活动衰退到危及第一条规定的目的时,应即从经济协调储备金中首先提出补充补偿资金。

第六条 超计划支出的批准程序;经济衰退时的补助性支出

(1)在执行联邦财政计划时,如果需求增加超过国民经济支付能力时,为达到第一条规定的目的,联邦政府可以授权联邦财政部长,由部长规定,凡动用一定的支出资金、开始建设项目,以及将某种负担列入下一财政年度作为债务,均须得到财政部长的许可。联邦财政部长和联邦经济部长应提出必要措施。联邦财政部长应将因财政年度届满后而未用的资金,用于由德意志联邦银行补充偿付债务或者拨付经济协调储备金。

(2)联邦政府可以决定,在全国普遍的经济活动衰退到危及第一条规定的目的时，拨出补助性支出；此时适用前款第 2 句规定，补助性资金仅能用于财政计划（第九条结合第十条）中预定的目的，或者作为财政补助用于各州和各乡镇（县）为防止对整个国民经济平衡的破坏而进行的投资（《基本法》第一百零四 A 条第 4 款第 1 句①）。为补充此项支出，应首先从经济协调储备金中拨出必要的资金。

（3）联邦财政部长为了达到第 2 款中的目的，有权超出《财政法》授予的借款权限，接受五十亿德国马克以下的贷款（也可利用金融市场证券）。此项贷款如依以后的财政法规定算入借款权限之内，接受贷款的权利也可以有效。

第七条 经济协调储备金由德意志联邦银行储存

（1）经济协调储备金由德意志联邦银行储存。其资金只能依照本法第五条第 3 款与第六条第 2 款的规定用于填补补充性支出。

（2）如何运用经济协调储备金中的资金，由联邦政府决定之；此时适用第六条第 1 款第 2 句的规定。

第八条 联邦财政计划中的备用项目

（1）在联邦财政计划中应设一备用项目，供第六条第 2 款第 1 句与第 2 句规定的支出之用。此项目下的支出，必须得到联邦议院的批准，并且只能从经济协调储备金或第六条第 3 款规定的贷款中现有的资金中支付之。此事应同时通知联邦议院与联邦参议院。联邦参议院可以在两周内向联邦议院表示异议。如未在四周内拒绝，即视为批准。

（2）在联邦财政计划中应另设立一备用项目，记入从经济协调储备金和从第六条第 3 款规定的贷款中取得的收入。

第九条 财政五年计划

（1）联邦财政建立在财政五年计划的基础上，在计划中应列出预计

---

① 联邦德国《基本法》第 104A 条第 4 款第 1 句规定："联邦可以为了各州和乡镇（县）特别重要的投资给予财政援助，但此项投资必须是为了防止干扰整体经济平衡，或者为了平衡联邦领域内不同的经济力量，或者为了促进经济增长所必需。"

的各种支出的规模与构成，以及由整个经济能力的发展而决定的抵偿各种支出的可能性，可能时应列出选择性的核算方案。

（2）财政计划应由财政部长提出并加以说明，由联邦政府通过后提交联邦议院与联邦参议院。

（3）财政计划应适应发展情况按年编制。

第十条 投资规划

（1）联邦各部部长应提出该部业务范围内的多年投资规划，作为财政计划的说明材料，连同其他必要的估算资料，于财政部长规定的期间送交财政部长。提出投资规划的工作范围由联邦政府定之。

（2）投资规划应该按照急迫程度和年度加以划分，规定在最近数年内应实施的投资行为。在每一年度内应列出继续实施的和新的投资行为，以及分摊到该年度的部分投资额，联邦政府对于第三方投资的财政援助，应根据同样的分项数字和拨款种类的详细说明而分别表明。

（3）投资规划应适应发展情况按年编制。

第十一条 投资的提前

发生危及第一条规定目的的一般经济活动衰退时，可将适当的投资行为提前，使其在短时期内实施。主管的联邦部长应就投资任务提前采取各种进一步必要的措施。

第十二条 关于财政补助的说明

（1）为一定目的而设立的、不属于联邦行政的资金，特别是财政补助，只有在不与第一条规定的目的矛盾时才能提供。

（2）联邦政府应向联邦议院与联邦参议院提出两年联邦财政计划，及前款所述财政补助数字报告，报告应按下列用途分列：

1.用于维持企业或农场；

2.用于使企业或农场适应于新的条件；

3.用于促进企业或农场生产的发展和增长，特别是应用新的生产方法和生产设备。

（3）第2款所列的每类用途均应附有对于税收优惠的说明，以及对估计的收入不足的说明。

（4）在第2款和第3款规定的说明中，联邦政府应指出每种财政补助和税收优惠所根据的法律原因或其他必要原因，并应说明，在现有情况下，财政补助和税收优惠到何时结束。联邦政府同时应该就早日结束或逐步解除负担的法定条件或其他条件提出意见。对此，应相对第2款规定的分类提出时间计划。

第十三条 欧洲复兴计划的特别财产

（1）第一条、第五条、第六条第1款与第2款也适用于欧洲复兴计划的特别财产。

（2）依照第一条发布必要命令时，有关联邦铁道的，由联邦交通部长，有关联邦邮政的，由联邦邮政电信部长，分别会同联邦财政部长发布。

（3）联邦政府直接控制的社团、公益机构和公法财团法人，应在其职责范围内注意达到第一条规定的目的。

第十四条 各州财政

第五条、第六条第1款和第2款、第七条、第九条至第十一条，以及第十二条第1款的规定，准用于各州财政。有关规定由各州主管。

第十五条 经济协调储备金的筹集

（1）为防止对国民经济平衡的破坏，联邦政府经联邦参议院批准，叫以发布法律性命令，指示联邦与各州为各自的经济协调储备金提供资金。

（2）前款的法律性命令中，应规定联邦与各州应提供的资金总额。除第4款规定的应向经济协调储备金提供的数额外，上项资金总额在一个财政年度内不得超过联邦和各州前一财政年度税收收入的3%。

（3）联邦与各州就前款资金筹集如无其他约定时，应按照各自在前一财政年度税收收入的比例且照顾各州间财政平衡与平衡分配、平衡负担筹集之。在计算各州税收收入时，柏林州、不来梅州、汉堡州的乡镇税以及按照《负担平衡法》第六条第2款担负的附加税，均不计入。联邦或各州如在同一财政年度已向经济协调储备金提供资金时，这种资金应计入其应负担的总额中。

（4）如果个人所得税根据《所得税法》第五十一条第3款第2项，法人所得税根据《法人所得税法》第十九C条而提高时，联邦和各州应在提高后的期间就所得税与法人所得税的征税收入各自向其经济协调储备金提供补助资金，资金数额按所得税与法人所得税提高的百分率定之。

第十六条　乡镇财政

（1）乡镇和县在其财政管理中应考虑第一条规定的目的。

（2）各州应该采取适当措施，使乡镇和县的财政管理符合经济平衡发展政策的要求。

第十七条　联邦与各州间提供情报的义务

联邦与各州间应提供为贯彻经济平衡发展的财政管理以及制定各自财政计划所必要的情报。

第十八条　经济平衡发展委员会

（1）联邦政府设立国家经济平衡发展委员会。委员会由下列人员组成：

1.联邦经济部长、财政部长；

2.各州代表一人；

3.乡镇与县的代表四人，由联邦参议院根据地方提议决定。

联邦经济部长为国家经济平衡发展委员会主席。

（2）国家经济平衡发展委员会按照联邦经济部长制定的议事规程①定期开会，讨论下列事项：

1.为达到本法目的所必需的一切经济平衡发展措施；

———

① 《国家经济平衡发展委员会议事规程》（1967年12月8日）。

2.填补财政信贷需要的各种办法。

国家经济平衡发展委员会应首先依照第十五条、第十九条与第二十条考虑各种措施。

（3）国家经济平衡发展委员会设立一个国家信贷特别小组，以联邦财政部长为主席，依照联邦财政部长制定的议事规程开会讨论。

（4）联邦银行有权参加国家经济平衡发展委员会的会议。

第十九条 对贷款的限制

为了防止对国民经济平衡的破坏，联邦政府经联邦参议院批准后，可以发布法律性命令，对于联邦、各州、乡镇和县以及公共特别财产和县际临时组合在《财政法》和《财政规程》规定的借款权限内，以信贷方式筹集货币资金加以限制。这种规定不适用于乡镇、县或县际临时组合从各该地区的无法律人格的经济企业取得的贷款。

第二十条 贷款的最高数额

（1）第十九条的法律性命令可以：

1.将第十九条规定的各部门在一定时期内所取得的贷款限制在一个最高额之内；

2.在前项最高额内，对特定种类或特定数额的贷款，特别是长期贷款或者债券贷款，限制其仅能依一定时间计划或仅能在一定借贷条件下接受。

（2）在每一部门的每一财政年度内，第1款第1项中的最高额至少应为法律性命令颁发前最后五个财政年度内接受贷款平均数额的80%；但现金贷款、企业资金贷款、德意志联邦银行或第十九条中各部门提供的贷款以及为第十九条第2句目的贷款均不包括在内。乡镇、县与县际临时组合为使信贷需求平衡，可将最高额降为70%。因此而多余的数额由各州分配给特别急需投资的乡镇、县和县际临时组合。

（3）第十九条的法律性命令应规定，在经济上与第十九条中的各部门立于同样地位的第三方所取得的贷款，应计入第1款第1项的最高额之内。第三方取得的贷款，特别是用于完成第十九条中各部门的财政任务的，或者是上述部门之一通过同样效果的减税资金，或捐赠而要求的贷款，应予准许。

（4）第十九条的法律性命令，有效期最长为一年。

（5）第十九条的法律性命令在公布后，应立即通知联邦议院。联邦议院如在命令公布后六周内要求废除的，该命令应立即废除。

第二十一条　最高额的转让

第十九条中的部门之一不接受属于它在第二十条第1款第1项范围内的贷款时，第十九条中的另一个部门在得到前一部门的同意后，可以取得该项贷款。州也可以另行决定，将乡镇、县与县际临时组合超过《财政规程》中贷款权限的部分贷款额分配给其他需要补助贷款的乡镇、县或县际临时组合。

第二十二条　接受贷款的时间计划

（1）国家信贷特别小组（第十八条第3款）根据资本市场情况最长每三个月制定一个时间计划。计划应确定第二十条第1款第2项的法律性命令规定的贷款顺序和数额；也可以确定贷款条件。

（2）联邦财政部长可以宣布依第1款制订的时间计划具有约束力，或者在国家信贷特别小组不能取得一致意见时，经联邦参议院批准后自行制订一个时间计划。

（3）在金融市场情况发生紧急恶化时，联邦财政部长可以同德意志联邦银行一起暂时停止时间计划的执行。这时该计划应于两周内由国家信贷特别小组重新讨论。

（4）第十九条中的各部门，即使取得的是不属于第二十条第1款第2项法律性命令中的贷款，在取得贷款的顺序和贷款条件的成就方面，有义务注意金融市场的情况。

第二十三条　各州为保证各项限制的措施

各州应采取措施，保证该州与其所辖乡镇、县和县际临时组合通过贷款方式取得的货币资金保持在依本法规定的限制范围之内。

第二十四条 责任平等原则

（1）第二十条至第二十三条的各项任务，应注意联邦、州与乡镇间责任平等的原则。

（2）在履行州任务与地方任务的同时，对于柏林州、不来梅州和汉堡州的特殊情况应予考虑。

第二十五条 通报信贷需求情况

州的高级主管机关在接到要求时，应向联邦财政部长通报关于州、乡镇、县和县际临时组合的信贷需求情况，这些单位取得信贷的种类和数额，以及在经济上与这些单位同样取得信贷的第三方。公共特别财产也要直接通报情况。

第二十六条至第三十二条（略）①

第三十三条 施行

本法自公布之日起施行（注：1967 年 6 月 13 日）。

（根据谢怀栻、贾红枚、汪浩同志翻译稿整理）

---

① 第二十六至三十二条是关于修改有关法律的规定，因德文版略，故未译出。

土耳其经济的开放与改革 [1]

（一九八六年十二月）

一、土耳其实行经济开放和改革的历史背景

土耳其推行经济开放和改革的政策，直接诱因于国内深刻的经济危机。从 1963 年起，土耳其开始以实行五年计划的形式组织经济建设。在此后的三个五年计划时期内，平均每年经济增长率分别达到 6.6%、7.1% 和 6.5%，其中工业增长率分别为 10.9%、8.7% 和 9.9%。很明显，这 15 年里土耳其经济发展是比较快的。

然而，从 1977 年起，土耳其经济开始恶化，到 1979 年陷入严重危机。主要表现在：①经济增长率大幅度下降。国民生产总值增长率，由 1975 年的 8% 下降到 1978 年的 2.9%，1979 年进一步下跌到 −0.4%。②通货恶性膨胀。通货膨胀率，1978 年为 43.7%，1979 年上升到 73.3%。③外债激增，国际收支出现大量赤字。1973 年外债为 28 亿美元，1979 年猛增到 110 亿美元；1979 年外贸逆差达 28 亿美元，外汇储备下降到 4 亿美元。④商品匮乏，物价飞涨。由于市场供应极度紧张，1979 年基本日用品涨价幅度达 50%—300%。⑤人民收入下降。由于物价昂贵，

---

[1] 本文系魏礼群于 1986 年 5 月随同国务委员兼国家计委主任宋平率领的中国国家计划委员会代表团访问土耳其之后与郑力合写的文章，刊登于《计划经济研究》1986 年第 12 期

1977—1980 年劳动者实际收入减少了一半左右。这些情况说明，1979 年土耳其经济濒于崩溃的边缘。

造成土耳其经济危机的主要原因：一是 1973 年开始的石油危机，给经济以严重打击。国际市场油价暴涨，而土耳其能源缺乏，又没根据世界油价状况调整本国的能源政策，仍然以每年 1,200 万到 1,500 万吨的水平进口石油（每年花费外汇 35 亿美元），以致 1978—1979 两年土耳其全部出口外汇尚不足以抵偿购买石油的费用，造成国际收支失衡。二是外汇短缺，难以进口生产所必需的原材料、半成品和零部件，严重影响生产，加上能源不足，许多工厂被迫停产。1979 年全国工厂开工率仅有 30%，其中占全国工业总产值一半的国营企业开工率只有 50%。三是由于生产停滞，进口无力，造成国内市场商品匮乏，同时，国营企业经营管理不善，生产成本增加，从而导致物价大幅度上涨，通货恶性膨胀。四是西方经济发生危机，土耳其对西欧的出口市场日益萎缩，使其与西欧经济关系恶化。五是通过投资膨胀，基建战线过长，造成国内资金紧张，不得不靠借外债，特别是短期外债过多。由于国库空虚，无法还债，国际借款信誉低下，西方不肯向土耳其贷款。六是政权更迭频繁，经济政策多变，国内社会动荡。同时，土耳其 1974 年出兵塞浦路斯，增加了国防开支，加重了财政负担，使经济更为困难。

总之，在 70 年代末期，土耳其原有的经济秩序已无法维系。在这种情况下，不得不在经济政策方面改弦更张，以援救一蹶不振的经济颓势。

二、土耳其经济开放和改革的基本内容

从 1980 年初开始，土耳其推行经济对外开放、对内改革的政策，近几年来不断向广度和深度扩展，目前还正在深入进行。

1980 年 1 月 24 日，土耳其颁布了 "'1·24' 经济稳定计划"。这个计划的近期目标，是紧缩开支，刺激出口，抑制通货膨胀，改善对外支付状况，其长期目标，是对经济进行大刀阔斧的根本改革。1983 年 12

月，新政府成立后，全面推行这个计划，并不断采取一些新的重大措施，加速了土耳其经济开放和改革的进程。

概括说来，土耳其"'1·24'经济稳定计划"及其以后几年实行的新政策，其基本点在于如下两个方面：一是扩大对外开放，使土耳其从半封闭型经济转向完全开放型经济，鼓励出口和引进外资，推行同西方市场一体化；二是全面进行改革，按照自由市场经济模式改造经济结构，从国营、私营并举的混合经济体制转向发展私营经济，最大限度地减少国家对经济生活的干预。进一步说，这两点也是土耳其经济开放和改革的根本指导原则。依据这样的原则，土耳其采取的开放和改革的主要政策和措施如下。

第一，大力鼓励和刺激出口，建立开放型工业。这是土耳其经济对外开放和改革的鲜明特色。具体做法有如下几点：

一是，实行灵活的出口结算货币和汇率政策。过去为了鼓励工业发展，固定货币汇率，这样做对进口有利，但对出口不利，从1980年起，土耳其对出口结算货币和汇率，在主要使用美元和马克的同时，实行灵活的做法，根据对主要出口国通货膨胀情况的分析，参照本国实际，采用什么货币和汇率结算对出口有利，就去争取用什么货币和汇率。

二是，为出口商品的生产提供便利。减少对出口的种种限制，简化出口手续，取消对出口商品的登记制度。对生产出口商品所需要的原材料和零部件，免除关税和其他某些税收。对出口商品实行低息贷款和退税。土耳其政府认为，对出口商品给予退税，从长期来看是不合理的，不利于增强出口商品的竞争力。近两年已逐步减少退税，1984年对出口商品平均退回税收为24%，1985年已降到12%，1986年计划再降低到6%。同时，政府在财政上给出口商以一定的补贴。

三是，奖励出口贡献大的公司和工商企业家，发展工业企业的出口专业化进程。

四是，积极寻找新市场。鼓励向美国、印度、中国、日本以至拉美等国家出口，给向这些国家的出口以优惠和补贴。对通过海运出口的商品的运费补贴每吨至少 10 美元；同时大力发展同苏联和东欧的出口，抢占中东市场。

五是，实行土耳其货币里拉对美元大幅度贬值，以刺激出口。里拉对美元的汇价连年贬值，1980 年为 70∶1，1983 年为 280∶1，1984 年为 443∶1，1986 年 5 月则下降到 670∶1。

六是，采取自由汇兑政策。允许出口商自由支配所得外汇的 20%，允许在国外工作的侨民把寄回国内的侨汇转为可兑换外汇的存款，或用于住宅和其他方面的投资。

此外，国家投资还优先用于能够增加出口的建设项目。

第二，实行进口自由化。为加强竞争，减少对进口的限制，取消对某些进口商品的垄断和专利。为了保护本国工业，国家曾规定一些产品不准进口，现在这些规定已取消。目前，原进口要求特别授权的商品有 645 种，现在降到 245 种。同时，为活跃进口贸易，还给予进口商人一定的优惠待遇。过去，进口商进口货物，需将其中申请进口物品外汇总值的 15% 存于中央银行，才能得到批准，改革后为 2%。政府为保证完成进口任务，也明确规定，在进口被批准的一个月内，必须按申请的数量、品种进口货物，否则处以重罚。

实行进口自由化之后，对活跃国内市场，提高国内商品的竞争力，起了推动作用；同时，外国商品特别是高档消费品大量进口，压抑了民族工业的发展，引起国内一些工商业资本家的不满。因此，1986 年初土耳其政府又重新对某些商品进口采取了一些限制措施。例如，对汽车、摩托车、电传机、复印机等商品，国内如无修理、服务、零配件保证的，不许进口；对儿童玩具、香料等高级消费品的进口，也规定了一些限制。同时，对进口商品比过去抽取更高的基金税，以减少或限制进口。目前，征收进口商品基金税的种类已由 225 种增加到 359 种。

第三，推行价格、银行利率和货币汇兑自由。过去，土耳其政府管理许多重要产品的价格。1980 年以后，为了打击市场上的投机倒把、囤积居奇和哄抬物价活动，取消了双重价格制度，允许国营企业自订所生产的产品价格，对半成品价格的补贴降到最低限度。现在，包括钢铁、水泥等绝大部分产品价格完全放开了，对茶、糖等一些基本生活消费品的价格补贴也全部取消。

在金融政策方面，1980 年推行经济稳定计划的一项重要措施，就是调整利率。1980 年通货膨胀率达到 107%，而当时利率只有 20%，因此银行存款没有增加，人们追求消费。实行新的经济政策以后，取消过去银行存、贷利率由官方决定的做法，改为银行自定；同时，将过去的低利息改为高利息，使银行利息高于物价上涨的速度，以便把社会流通资金吸引到银行中来。从 1981 年到现在，银行利率都是高于通货膨胀率的（例如，1985 年通货膨胀率为 44%，而利率为 50% 以上）。由于实行这样的政策，存款额不断增加，1982 年比 1981 年增加 3 倍，以后每年也都增加一倍多，目前增加 40%—60% 左右。为了活跃资金市场，土耳其设立股票交易所。1985 年 12 月，伊斯坦布尔股票交易所开始营业，这是土耳其共和国 60 多年来第一次新的尝试。现在已有 15 家银行，9 个股份经纪处。两名个体经纪人已得到经营的许可。

在货币汇兑政策方面，从 1982 年开始，缩小国家银行对外汇的控制权。允许公民自由拥有外汇，从国外带进外汇不受任何限制，允许自由出国旅游，允许私人自由在银行开设外汇存款户头，在国外工作的土耳其公民可以自由向国内家属寄回外汇或开外汇存款户头，利息以外汇支付，利息率为 7%—12.5%。货币汇兑自由化以后，银行之间买外汇的竞争导致外汇的投机，破坏外汇市场平衡；同时，中央银行为偿还外债需要大量外汇。因此，1986 年 3 月，现政府对三年前实行的货币汇兑自由政策进行了调整，规定各银行买卖外汇的自由权不得超过中央银行规定的汇率的 1%，各银行外汇买价和卖价之间的差额不准超过 2%。目前，银行之间的外汇买卖和以前一样，没有加以限制。

第四，进行税制改革，提高国家的税收收入。从 1985 年 1 月起，土耳其开始实行增值税。1985 年底，议会又通过了新税法。税收改革的主要特点是：

增加以不动产为主的各种税收。如增加住房和地基税，从一切不动产资金收入、股票收入和从国库券中，扣除 25% 的税收；团体税的税收率增加 6%，收入达 300 万里拉以上的征税 25%，电视也实行收税办法。

实行"预付税制"，最多者要缴纳增值税收入的 50%。

对偷税、漏税者采取惩罚措施，不遵守税收制度的商店勒令停业一周，偷税者在电视里公开揭露。

增加税务干部和便衣税务检查人员，以防止和检查偷漏税。

第五，改革国营企业，推行国营企业私有化。国营企业在土耳其经济中占有很大比重。1979 年以前，国家干预过多，经营管理不善，经济效益很差，造成国营企业严重亏损，国家财政对国营企业的补贴过多。为改变这种状况，国家取消了对国营企业的补贴，进而采取股份公司的形式，向私人出售股票或由私人承包，来改革国营企业。计划向私人出售和承包的，包括航空、铁路在内的纺织、化工、水泥、钢铁、制糖等 34 家大型国营企业。1985 年初，在纺织、水泥、化肥等三个行业中，对一些有名的公司进行了租让。通过这三个行业的试点，总结经验，并制定了国营企业私有化的专门计划，已将计划方案提交议会。对大型企业私有化，要由内阁作出决定。对于附属的企业，由住房和私营企业委员会决定。在推行国有企业私有化的过程中，将根据不同情况采取不同措施，有的公司将股份全部出售，有的部分出售，有的通过出租形式转手。目前，土耳其政府打算对国营企业私有化建立在广泛的基础上，面向各个阶层。具体做法是，先出售给企业中的工作人员、职工，以后出售给土耳其有购买能力者，还可以向外国商人出售，采取大众的、合作的形式，不是采取家族垄断。由于国营企业私有化的矛盾和问题较多，最重要的是原来企业中的公职人员如何处理，多余的工人怎么办？这些问题都比较棘手，准备通过立法办法解决这方面问题。目前，现政府对国营企业私有化比较慎重，至今尚未全面推开。

第六，积极利用外资，建立自由贸易区。1980 年以后，土耳其在推行新经济政策中，把吸收和扩大利用外资作为一项重要内容，制定了一系列鼓励外国投资和争取多利用外资的法规、条例，在税收、信贷和各种缴费方面为外国投资者提供优惠。例如，在免征关税方面，对持有鼓励证书（由国家计划组织负责审批颁发）的投资者，所需进口的机械设备在规定的期限内进口，可以免征关税和进口税。对进口用于教育、培训和研究方面的某些物资、原材料和设备，也可以不凭证书免征关税。对国外投资者在土耳其国内市场上订购的部分设备，可持发票凭证获得发票金额 10% 的回扣，以鼓励投资者使用土耳其设备。在贷款方面，银行提供免费的中长期贷款，用于能保证每年有一定出口额的投资项目（这里的免费，主要指与银行业务、公证、契约有关的税收和费用）。在外汇分配方面，对持有鼓励证书的投资项目，为了进口所需机器设备，在银行享有外汇分配的优先权。此外，还采取免征建筑税、建立"资源利用扶持基金"，改善投资环境和扩大投资领域等政策措施，以更多地吸引外资。

同时，为推行贸易、投资自由化政策和更多吸收外资，土耳其在地中海和爱琴海沿岸城市附近建立了自由贸易区。1985 年 6 月通过的自由贸易区法规定，对有利于出口和引进新技术的投资者给予优惠，进入自由区的商品免除关税，在自由区的外国资金可以自由转出国外，自由区的产品交换、基金、服务、职工工资和奖金，以及房租等用外汇支付。自由贸易区主要集中于商业、加工、服务业，如转口贸易、转船运输、加工包装、货栈仓库等。

第七，调整投资方向和政策，重点发展劳动密集型产业。土耳其政府根据世界银行和国际货币基金组织的意见。认为应当扬劳动力充足之所长，避资金缺乏之所短，逐步减少发展高度先进技术的重工业，增加对劳动密集产业的投资，特别是大力发展出口、旅游、住宅和开发东部落后地区的投资。土耳其政府制定的 1985—1989 年的第五个五年计划，基本上抛弃了发展机器制造等重工业的目标；计划使现有工业提高技术和效率，新建的工业则面向出口，加强对食品、纺织、服装、木材加工等工业的私人投资，以达到增加出口的目的。同时，采取缩短基本建设战线，保证重点项目的措施，对耗资大又不十分急需的工程，果断地下马或延期建设。

为筹集建设资金，1984 年 2 月土耳其议会通过法案，允许国家实体发行有收益的债券。目前，为修建第二条博斯普鲁斯大桥和坎班水坝，已筹集了 100 亿里拉（约合 1770 万美元）的资金。为取得外汇，坎班大水坝所需 400 亿里拉资金的 1/4，发行联邦德国马克债券，由在联邦德国工作的土耳其移民认购。

第八，大力发展旅游业，使之成为出口、侨汇之后的第三大创汇渠道。土耳其风景秀丽，历史悠久，地处欧、亚要塞，连接西方和伊斯兰世界，是发展旅游的胜地。但过去旅游业长时期发展缓慢。厄扎尔政府上台后，十分重视开发旅游业，并采取不少优惠措施。例如，给予旅游部门以鼓励金、免税、低息贷款等。同时，增加对旅游业的投资，改善旅游环境，1984 年政府对旅游业拨款 185.5 亿里拉，1985 年增加到 620 亿里拉。为解决兴办旅游业的资金问题，还决定向外国投资者开放旅游业。原计划到 1990 年底使全国旅游床位达到 10 万张，由于加快建设速度，预计 1986 年底即可达到 10.5 万张。在兴建旅游事业时，土耳其非常注意发展高、中、低档旅游设施，以适应不同层次旅游者的需要。为了加强旅游业的服务工作，提高服务质量，土耳其政府还积极发展旅游职业教育，培养旅游业中所需的高级管理人才和外语人才。为了吸引更多的外国游客，土耳其政府通过派出几十个代表处进行广泛宣传，仅广告费一项已花了 70 亿里拉。

三、经济开放和改革的主要成效及其面临的问题

近几年土耳其的经济开放和改革取得了比较明显的成效。目前经济

状况同 70 年代末期相比，有了较大改善。主要表现在以下方面。

其一，经济由下降转为稳定上升。国民生产总值增长率，1985 年已由 1980 年的 -1.1% 提高到 5.1%，1981—1985 年平均每年增长 4.6%。其中，工业增长率由 -2.9% 上升到 6.6%；农业增长由 1.7% 上升到 2.8%。其他生产如建筑业、服务业等也都稳步增长。

其二，对外贸易有较大幅度发展。1985 年土耳其进口贸易总额为 1979 年的 2.6 倍，其中出口额翻了两番。1980 年出口额为 29 亿美元，1985 年达到 80 亿美元，五年平均每年增长 22%，发展速度居世界前列。出口收入在国民收入中的比重也在不断提高，1985 年由 1980 年占 5% 上升到 15.4%。特别是出口商品结构发生了十分引人注目的变化。短短几年，就改变了过去以出口传统农产品为主的局面，工业品出口比重不断提高。1985 年工业品在出口总额中的比重，由 1980 年的 36% 上升到 75%，出口工业品的种类也由 150 种增加到 3000 多种。目前，土耳其是向欧洲共同体出口纺织品和成衣最多的国家，约占总出口的 1/4。近几年土耳其出口所以长足发展，除了大力加强以出口为中心的加工工业，注重提高产品质量，改善出口服务扩大推销等之外，一个十分重要的因素，是非常重视拓宽多元化的国际市场。这两年，土耳其的商品不仅继续增加向欧洲出口，还及时、迅速地打开了中东、远东、非洲的市场，向这些地区和拉丁美洲等 120 个国家出口，现在向联邦德国出口仍占总出口额的第一位，其次是伊拉克、伊朗等国。目前土耳其工业品在国际市场上的竞争能力增强，已能出口钢铁、汽车、工程机械、家用电器和重大设备等。

其三，外国投资增加。土耳其从 1951 年颁布新的《外资法》到 1979 年底，吸引外资仅有 91 家，累计投资只为 2.2 亿美元。近两年特别是去年迅速增加，1985 年底外资企业达 421 家，投资额为 14.2 亿美元。外国投资的增加，促进了土耳其经济的好转和发展。

其四，对外支付情况有所好转。1980 年对外支付赤字为 32 亿美元，1983 年下降为 18 亿美元，1985 年进一步降为 10 亿美元以下。1980 年对外支出赤字占出口额为110%，1985年下降到12%。据经济合作与发展组织的经济报告，土耳其政府在弥补对外支付赤字方面所取得的成绩，在经济合作成员国中名列前茅。

其五，外汇储备增加，借贷信誉提高。1980年前，国家中央银行的外汇几乎殆尽，1985年外汇储备恢复到30多亿美元。外汇储备的增加，提高了偿还外债的能力。1985年偿还外债（连同利息）35亿美元。由于世界油价暴跌，土耳其外汇收支状况进一步改善。目前，土耳其在国际市场上的借贷信誉较前几年大为提高。

其六，旅游业蓬勃发展。来土耳其旅游的人数不断增加，1982年为139万人，1984年增加到210万人，1985年达到250万人。随着旅游业的蓬勃发展，旅游收入激增，1985年已由1980年的2亿美元增加到11亿美元，1986年预计达到20亿美元。这对于增加土耳其的外汇收入，平衡外汇收支，起到了重要作用。

其七，重点建设进度有所加快。由于重视开发东部和东南落后地区，从而加快了一些长期进展速度缓慢的基建项目的建设。正在加速进行或接近竣工的大型项目有：土耳其最大的建设工程阿塔图尔克大水坝、连接欧亚两洲的第二座博斯普鲁斯海峡大桥、埃尔比斯坦火电站、埃迪尔内——安卡拉高速公路等。

此外，黑市减少，市场供应充分，政局较为稳定，为进一步发展经济创造了有力的环境。

目前土耳其经济虽有好转，但仍面临不少问题。有些问题是过去长期形成的，有些是推行改革、开放政策之后新产生的。新旧矛盾错综复杂，困扰经济。这些问题主要如下。

一是通货膨胀率还相当高。一度由1980年的107%下降到30%左右，但1984、1985年又分别上升到48%和44%。1986年计划降到25%，从前半年情况看难以实现。通货膨胀居高不下的原因：（1）货币发行过多。1980年比上年增加52%，1983—1985年每年都增加30%以上。（2）财政赤字多。1984、1985 年分别为 9020 亿、6350 亿里拉，相当于当年预算支出的 24% 和 13%。为对付通货膨胀，土耳其政府试图财政不打赤字，但这一措施没有成功。（3）由于实行高利率政策，增加了生产成本；削减国营补贴之后，企业不是提高经济效益求生存，而是带头涨价，从而带动全社会物价上升。此外，货币里拉对美元汇价大幅度贬值，也严重助长了通货膨胀。

二是内外债负担加剧。为弥补财政赤字，土耳其政府发行大量股票和国库券，近五年增加 15 倍。各种渠道的外债逐年增多，偿还外债能力虽有提高，负担却越来越重。据了解，1980 年底外债为 110 亿美元，1984 年 6 月增加到 134 亿美元，1985 年底上升到 225 亿美元，加上利息约为 270 亿美元，占当年国民收入的一半。问题还在于，借欧洲自由货币市场、外国公司贷款等短期外债的比重逐渐增多。

三是失业更趋严重。这也是土耳其政府难以解决的一个棘手问题。据土耳其国家计划组织提供的材料，1980 年失业率为 14.8%、250 万人，1985 年上升到 16.7%、300 多万人。尤其是，青年失业者日增，约占失业人数的 60%，这是一个严重的社会问题。目前，投资呆滞现象无根本改善，农业发展缓慢，农村人口不断流向城市，加上每年人口递增率在 23‰ 以上，失业问题在短期内是不可能解决的。失业问题严重，是土耳其进一步推行经济改革的一大困难所在。

四是收入分配愈益悬殊。土耳其的经济政策是维护大财团、出口商利益的，因此近几年来，大财团、大出口商收入暴增，中小商人也捞到好处。由于物价上涨，商品昂贵，导致中下层，特别是劳动者生活水平下降。1985 年，通货膨胀率为 44%，而工资仅增加了 30%。1980 年到 1985 年度，主要食品价格上涨 5—9 倍，工资只增加 3—5 倍，劳动者实际购买力下降了 30% 左右。工人、农民、教员等广大中下层人民对现政府的不满情绪日见增长。

我们初步分析认为，土耳其这几年实行经济开放、改革政策是相当大胆的，步子是相当大的。上述改革开放政策的实行，不仅有现实的政治、经济原因，而且有一定的社会、历史和国际等条件。土耳其共和国建立 60 多年来，虽然经历了主要依靠私人资本、强调国家主义和实行混合经济等不同历史阶段，但始终是发展资本主义经济、政治制度。现行的新经济政策，其根本宗旨，是使土耳其经济适应国内外变化了的环境，继续沿着资本主义方向前进，以尽快进入发达的资本主义国家行列。这样，实行以私有制经济为基础的自由市场体制，扩大穷富之间的差距，是不足为奇的，合乎于发展资本主义的逻辑。总之，国内 70 年代末期的政治经济危机，是土耳其实行开放，改革的直接动因，该国社会经济制度决定着新经济政策的本质方向，世界经济开放、改革激流使土耳其经济发展遇到了新的机会和挑战。所以，近几年改革、开放的政策基本上取得了成功，面临的问题也是难以避免的。至于推行的新经济政策的生命力如何，还有待于实践检验。

关于参加世界银行经济发展学院
综合运输高级研讨会的报告 ①

（一九八七年二月四日）

1986 年 10 月 6 日至 11 月 1 日，世界银行经济发展学院在华盛顿与我国联合举办了一次综合运输高级研讨会。我方参加研讨会的，有国家计委、国家经委、财政部、铁道部、交通部、中国民航局和上海、天津、安徽、广东、湖北计委等单位的同志，以及我国与世界银行合作组织的广东省综合运输调查组人员，共 35 人。

研讨会期间，着重讨论了世界运输系统的现状与发展趋势、各种运输方式综合发展及其相关的政策、项目管理和运输管理体制问题；并作了实地考察，先后参观访问了美国马里兰运输中转站、美国铁路协会、纽约伊丽莎白港口、纽约州运输部和高速公路管理局、加拿大联邦运输委员会协调局、安大略省运输部、加拿大太平洋铁路公司和圣劳伦斯运河深水航道等；乘坐汽车在美、加两国高速公路上的行程达三千多公里，目睹了两国高度发达的运输基础设施和各种方式全面发展的运输系统。

世界银行对这次研讨会很重视，热情友好，约请了十多位运输经济专家作主要发言。这些专家以丰富的运输经济知识和许多国家经验，阐

---

① 本文系魏礼群于 1986 年 10 月 6 日至 11 月 1 日参加世界银行经济发展学院综合运输高级研讨会后执笔以中国代表团名义写给国务院的报告。

述了运输系统发展的理论和实践。代表团成员结合我国的实际，就发展综合运输问题阐述了意见。通过这次研讨会，我们增长了知识，开阔了视野，取得了经验，结识了朋友，收获很大。

现将研讨会讨论的有关问题报告如下。

一、世界运输系统发展的主要趋势

世行专家认为，运输需求是一种派生需求，它取决于经济和社会的发展，同时运输对经济和社会发展也起着巨大的促进或制约作用。任何一个国家都必须高度重视运输业的建设。国际经验表明，处在工业化上升时期的发展中国家，运输需求日趋旺盛，运量增长高于国民生产总值的增长，运输业只有超前发展才能适应需要；在完成了工业化的发达国家，由于产业结构已经形成一定的格局，运量增长一般低于国民生产总值的增长，尽管如此，运输业依然需要不断调整和发展。

据专家介绍和实地参观可以清楚地看到，近一二十年来，随着国际经济环境的变化和科学技术的进步，世界运输业出现了向系统化、合理化、高效化发展的新趋势。这种新趋势具有以下四个鲜明特点。

（一）各种运输方式综合发展

美国运输部铁路局长乐礼说，美国是较早改变偏重发展铁路运输方式的，为了鼓励竞争，提高服务水平和效率，多年来十分重视各种运输方式的综合发展。目前美国有公路 624 万多公里、铁路 26 万公里、内河航道 4.1 万公里、航空线 58 万公里、管道运输线 208 万公里，公路、铁路、水运、航空、管道基本协调发展。美国已经成为各种运输方式全面发达的国家。世行专家介绍，巴西、印度等发展中国家在五六十年代偏重新建铁路，忽视公路、内河、港口的发展，以致铁路运输能力过剩、现代化水平不高，整个运输很不适应经济结构变化和对外贸易扩展的需要。近些年他们已把公路、水运、港口建设作为重点，大量增加这些方面的投资，同时对铁路进行现代化改造，以建立起综合运输网络。

（二）联合运输广泛兴起

专家们认为，铁路、公路、水运、航空等多种运输方式联合经营，是当今世界运输业中的一场革命，它使整个运输系统发生着深刻的变化。在美国、加拿大等发达国家，开始由鼓励各种运输方式相互竞争变为提倡相互协作和联合，经营各种运输方式的联合公司相继出现。两年前，美国一家铁路公司买进了一个驳船公司，最近还准备买海运公司，已获得政府批准。有的铁路公司买进卡车公司兼营卡车运输业，有的海运公司购买铁路货车，兼营陆上运输业务。加拿大太平洋铁路公司同时经营公路、航空、通讯等交通运输业务。这种联合经营在欧洲和一些发展中国家也迅速发展。

（三）运输系统的技术革命不断加快

最显著的标志：一是集装箱运输急剧增加。在美国、加拿大，除谷物、煤炭等大宗散货外，件杂货物在铁路、公路、水路的运输中几乎全部使用集装箱。据世行统计和预测，1982年全世界集装箱运输量为2.8亿吨，1990年将达到4.1亿吨，到2000年海运件杂货的80%将实现集装箱化。印度在1986年拥有集装箱40万个，计划到1990年增加到100万个。集装箱技术也在不断革新，美国正在推广运用铁路双层集装箱运输。二是计算机和信息技术在运输设备和管理中广泛应用，不少国家和地区实行了行车指挥自动化，美国在今后10年里要使全国铁路都由卫星追踪和控制。三是节油新技术得到推广，燃料利用效率逐步提高。运输技术的革新，提高了运输效能。

（四）对运输企业（公司）放松法规限制

放松限制，使运输企业有更灵活的经营自主权，这是许多国家普遍采取的改革措施。例如，美国在十年前对运输公司是严格控制的，卡车运输公司在城市间的"运营权力"和运费变动，由联邦或州政府核准；规定一个运输公司不得兼营两种以上运输方式，等等。这曾造成运输系统的僵化。为了增加运输业的活力，联邦政府在1978、1980、1982年先后取消了对空中客运、汽车和铁路运输的经济法规限制，1986 年 10 月，美国国会又通过了取消对货物一次承运业务的法规限制，还准备全部取消对铁路、公路、水路等联运业务的限制。智利过去对运输公司的经营也有严格的法规限制，最近几年对汽车运输，包括进口汽车、行驶路线和地区以及运费标准等，全部取消了经济法规。巴西、阿根廷对卡车公司已没有经济法规限制。据介绍，放松法规限制，一般是在运输能力大于运输需求的情况下进行的。一些国家放松经济法规限制后，运输费率降低了，基础设施得到更为合理的利用，并且推动了综合运输的发展和运输技术的进步。

研讨会认为，各个国家的国情不同，发展运输业有各自的特点。但研究并把握世界运输业发展的总趋势和新特点，学习和借鉴别国的经验，对中国发展运输业是很重要的。例如，发达国家运输业发展有过"超前期"，中国运输业现在正处于这样的"超前期"阶段。世行中国处处长马可维和研究中国运输经济的专家认为，处于经济旺盛成长时期的中国运输业，有许多需要改进的地方，但十分重要的，是需要大量增加投资，这样才能弥补目前积欠，并适应经济发展需要。据他们收集的资料，运输部门投资占国民生产总值的比重，苏联为 1.4%、巴西为 3.9%，拉美国家平均为 4.5%；而中国仅为 1.1%，明显偏低，在今后几个五年计划中，应考虑将这一比重逐步提高到 2% 以上。同时，专家们还认为，中国应当制定一个综合发展运输系统的战略规划，避免美国出现过的重复建设，以及印度和拉美国家走过的偏重发展单一方式的弯路。我们认为，这些观点是很值得重视的。

二、建立充分发挥各种运输方式优势的综合运输体系

世行专家和美、加政府运输官员都强调，现代运输不是指某一个方式，而是一个大系统，是由铁路、公路、水路、航空和管道五种运输方式的线路和枢纽等运输设施有机结合、相互协作而形成的交通运输体系。

中国应考虑建设这样的运输体系。

对于什么是合理的运输结构，专家们认为，运输方式是随着经济和科技发展而变化的，合理的运输结构也是动态的、发展的，没有固定的、单一的模式，不同国家和地区的不同发展时期会有不同的比例关系。虽然各种运输方式所承担的运量大小是衡量运输结构是否合理的标志之一，但是不能主观地追求某种理想的"最佳模式"，最重要的是要进行成本—效益的比较。在既定的经济布局和客观条件下，只能选择那种成本低、效益好的运输方式。我们认为，这种观点是正确的，对我们更好地促进运输结构合理化很有帮助。

在研讨中，双方专家对怎样建立综合运输体系发表了如下一些观点和意见。

1. 首先要把发展交通运输的指导思想转到建立综合运输体系上来，从大交通的综合运输整体出发，来考虑全国和各种运输方式的运输网络建设。不仅国家综合经济部门应该这样，就是铁路、公路、水运、航空、管道部门和地方也应该这样。

2. 要充分发挥各种运输方式的优势，使它们得到协调发展。铁路、公路、水路、航空和管道五种运输方式各有长处和优势，应该恰当分工和配置，搞好客货运量的合理分流。总的来看，中国目前五种运输方式的运力都很不适应多方面日益增长的需要，都应该继续加强建设，但公路、水运更加落后和薄弱，随着城乡商品经济的活跃和旅游业的发展，这些方面的运输需求更加亢奋，必须特别注重加快它们的建设。

3. 要积极发展联合运输和集装箱运输。发展多种方式的联合运输，可以缩短运距、节省时间、减少仓储、降低运耗；集装箱运输手续简化、全程负责、货物安全。发展联合运输和集装箱运输能够显著提高综合运输效能，取得最佳经济效益，特别是发展国际集装箱联运，不仅可以提高运输效率，而且可以赚取大量外汇。目前全世界有 60 个国际集装箱承运公司（即运输承包商），他们控制了国际联运货物的 98%。巴西一个承包公司一年可获取外汇 20 亿美元。世界各国发展集装箱运输的规律是由国际到国内，中国也应首先积极发展国际集装箱联运，同时努力扩大国内集装箱联运，并要很好落实货源，由小到大逐步发展。为了发展联合运输和集装箱运输，必须进行集装箱牵引车和大吨位卡车的研制与生产，同时要安排好集装箱中转站、装卸设备和计算机信息网络的配套建设。发展国际集装箱联合运输，还要求海关、银行和保险公司积极配合，提供条件。

4. 要大力开发和建设各具特色的运输走廊。这是许多国家的共同经验。一般地说，运输走廊是旅客和货物流量集中地带，也是全国综合运输干线。一个国家首先把主要的运输走廊的交通运输问题解决好，提高其综合运输能力，整个国家的运输问题就大体解决了。美国主要建设了东西海岸和大湖区的 12 条运输走廊，印度集中发展了主要的四条运输走廊。总的看，这两个国家交通运输问题解决得比较好。在中国，应当在逐步充实全国运输骨架的同时，着力开发和完善几条具有全国意义的运输走廊，包括山西煤炭外运、连接东北和关内地区运输、海上和陆上纵贯南北运输，以及西南、西北通道等运输走廊。这些地带的综合运输走廊建设好了，对全国运输和整个经济发展都会产生巨大的推动作用。

5. 要把城市交通运输作为整个综合运输网络的有机部分，进行统筹规划和管理。加拿大多伦多市对市内公共交通、市区公路、郊区通勤火车和省级公路进行通盘规划、建设和管理，使城市和省的交通运输得到较好解决，这给参加研讨会的人员以深刻的印象和启发。在中国，也必须改变将城市道路和公路、城市交通和长途运输由部门分割开来、分别管理的做法。这样，才能充分发挥城市交通在综合运输网中的枢纽作用，有利于长短途衔接，减少矛盾，促进综合运输和联合运输的有效发展。

研讨会上，世行负责东亚及太平洋地区交通组经济专家杰克·叶尼，还对我国目前改善运输结构需要注意的问题谈了自己的看法。认为中国运输结构必须改善，但在做法上，应当有战略眼光，把握好运输系统的大趋势。运输需求是不断变化的，因此要根据运输需求变化随时修正计划。同时，要防止一下子把运输投资过多地放在某一部门和某一地区。例如，中国港口能力不足，需要加强建设，目前是否有投资过多的倾向？珠江三角洲地区将来的运量究竟有多大，现在有几个港口，1997年香港还要回归中国，这样黄埔港和妈湾港的投资是否过多，深圳的港口建设是否有全面规划？在长江三角洲地区，有上海港、张家港、南通港、宁波港等，几个港口一齐上，可能投资太多。这两个地区的港口建设应当谨慎小心，认真分析。我们认为，这个意见值得重视。

三、发展综合运输系统的经济政策

专家们认为，促进综合运输发展的着眼点，首先应放在运用正确的经济政策，充分发挥现有各种运输方式的潜力，并合理解决运输系统的建设资金问题。从介绍和实地考察来看，许多国家发展综合运输体系都特别注重两个方面的政策：一是价格政策，合理地调整运价；二是广泛收取用户使用费，运输投资和运营成本尽可能由直接受益者承担，而不是由整个社会承担。

世行专家提出，制定运输价格的目的，是为了有效地利用现有运输工具和设施的能力，实现财务平衡，合理分配资源，并促进各种运输方式的综合发展。定价的基本原则，是运价必须反映成本，大体说来，运价应高于边际成本、低于平均成本。专家们认为，中国运输价格体系问题较多。一是运价过低、偏离成本。二是各种运输方式之间的比价不适当，例如铁路平均每公里运价仅为公路的1/11。三是运费在物价中的比重过小。美国运输费用在物价中的比重，高者在12%以上，中等程度的在10%左右，最低的也在4%左右。而在我国，这一比重大多数不到1%。四是运输价格平均化。同一运输方式中服务和效率不同、包装与散装运输、长途和短途以及线路标准不一样，基本上是同一运价。以上这些问题，不仅影响了运输部门的积极性和经济效益，而且妨碍了各种运输方式的协调发展。目前，西欧各国对铁路客运价格仍实行控制，亏损给予补贴；铁路货运运价和其他运输方式的运价基本放开。美国、加拿大和拉美国家，运价放开后只规定了最高限价和最低限价。一般说来，价格放开后，提高了运输效率，促进了运输系统的发展，取得了良好效果。

征收用户使用费，是发展运输系统，特别是加速公路、水运建设的一项重要政策。据美国运输部经济办公室主任理查·瓦希介绍，美国联邦政府投资建设公路和航道，其投资65%来自用户使用费，现在正酝酿把这个数字提高到85%。由于各国情况不同，收取用户使用费的内容和做法也不尽一样。公路的用户使用费包括：①燃油税，这一项费用在美国和一些拉美国家占到总收费的80%—90%，西欧国家一般占60%。②过路、过桥费，根据车辆类别、吨位和行驶里程收费。③车辆所有权付费，即购置费、进口税、牌照税、轴重费。④轮胎费和车辆零配件税。此外，还有道路拥挤费和各种罚款等。这些费用，多数国家作为道路建设的专项基金，用于养路或扩建、新建线路；有的国家集中一部分到财政部，用于其他方面建设。通过征收不同的用户使用费，吸引和分配运量，筹集运输建设资金，促进运输系统的进一步发展。

世行专家强调，运用经济政策不仅要定性、定向，还应当进行定量的预测和分析。由于运输系统和经济活动是密不可分、有机联系的，所以每一运输方式政策的变动，对其本身和其他运输方式的运量、交通量，都会产生连锁反应，对社会经济生活也有不同影响。因此，运用经济政策不仅要有正确的目的和手段，还应当综合考虑其他各方面的效果和影响。研讨会上，世行经发院顾问范尼斯博士介绍了计算机仿真政策模型，并以S国为模拟对象，阐述了运用经济政策必须综合考虑和怎样进行定量分析，给我们以启迪和借鉴。

结合我国实际，我们进一步感到，要使我国运输系统有较快的发展，应当研究采取以下一些政策和措施。

（一）合理调整运输价格

这里关键是要使运价反映成本，并协调各种运输方式的比价。首先要较大幅度地提高铁路运价，并逐步放开公路、水运价格，以促进公路、水运、航空分担铁路运量，促进铁路、公路、水运、航空的协调发展。当然，世行专家也认为，放开运价必须具备必要的客观条件，并要运用行政手段和经济法规进行干预和监督。同时，还应当全面考虑运费和物价的比例关系，区别不同物品适当提高运输费用在物价中的比重；也要在总运价水平内，按照货物种类、线路不同和服务质量等，实行灵活的差价制度，以促进运输系统的竞争，提高效率和效益。

（二）改进和完善公路、水运等收费办法，建立公路、水运发展基金

在继续收取车辆购置和车船使用费的同时，应着手研究征收燃油税和过路、过桥费。已建立的专项基金，要专款专用。美国联邦政府于1916年就开始设立公路建设基金，现在除纽约州之外的其他44个州都从燃料附加税中建立了公路建设基金。这是美国公路运输基础设施相当发达的重要原因之一。

（三）国家在适当增加运输投资的同时，逐步提高公路、水运投资的比重，并适当利用外资

这次研讨会上世行中国处处长马可维说，世行把对中国运输的援助当作优先任务。从世行贷款的重点看，确实十分重视对发展中国家运输特别是联合运输的支持。我们认为，应当进一步争取多利用世行贷款进行运输项目特别是公路、水运项目的建设。

此外，为了使国家对交通运输的发展进行有效的宏观指导，为制定正确的运输政策和经济政策提供科学依据，双方专家认为，在中国很有必要逐步建立综合运输数据库。

四、做好运输项目投资的科学决策

世行专家指出，发展综合运输系统的关键，是合理增加运输项目建

设。由于运输项目建设对改善运输系统和经济发展会带来多方面影响，同时，运输基础设施具有长久的稳固性和建设周期长、投资量大的特点，所以特别需要做好运输项目投资的选择和决策。

怎样才能做好运输项目投资决策，世行专家着重介绍了项目选定、可行性研究和评估的方法与经验。强调在作出新的运输项目投资决策之前，必须全面考虑现有运输系统的能力是否得到了充分利用。在世界银行，对所有贷款项目，都是首先看那里的现有运输设施潜力有没有得到最大限度的发挥。如果通过挖潜可以解决问题，就不支持上新项目。同时，解决运输需求的途径，不应仅限于运输部门，也可以通过其他办法来减少运输需求量或者替代运输。例如，解决煤炭运输问题，可以通过坑口发电输送电力来实现；在靠近原料产地进行初级加工，可以减少运量；凡是能储藏而不需要往返运输的物品，可以建设仓储来减少对运输的直接投资；提高通信系统能力，可以减少客运需求和运量；靠近已有的运输线布局生产力，可以节省运输投资，等等。在充分考虑这些因素之后，确实需要增加投资来扩大运输能力时，就应当认真做好选定项目的可行性研究。专家们认为，做好可行性研究，不仅可以为项目设计和实施打好基础，而且可以避免投资上的浪费。据对投资案例分析，可行性研究所支付的费用，一般只占整个项目费用的 1%，但付出这 1% 的费用，往往可以避免项目其余建设所需 99% 费用的损失或浪费。因此，可行性研究是项目科学决策的重要依据。关于项目评估，专家们强调要做好两次评估。一次是事前评估，即对项目的可行性研究组织评估，为正确的投资决策提供依据。另一次是事后评估，即项目建成交付使用一二年后再组织评估，将事后评估和事前评估加以比较，以便把经验教训的信息反馈到下一个项目中去。这两次评估的内容，都要包括技术、经济、财务、商业、管理、组织机构、社会生活和环境等八个方面的分析与论证。我们认为，世行对运输项目投资决策的制度和方法是科学的、有效的，很值得我们学习和借鉴。

在研讨会上，世行专家对提高运输投资决策的科学性，特别强调了以下几个方面。

一是必须注重宏观经济评估。运输项目是基础设施，它所产生的效益主要提供给社会经济的各个方面，因此，一个运输项目效益的大小，不应只考虑项目本身盈利多少。满足某种运输需求，还可以从铁路、公路、水路、航空和管道等多种运输方式进行项目选择。这些都要求从整个国民经济的角度来评价和衡量运输项目投资的经济效益。目前我国进行项目可行性研究，一般比较重视投资回收期，基本上还是属于财务分析，而对社会经济效益分析做得较少。今后应当研究采用世行关于经济效益与经济成本的现值计算和进行国民经济评估的方法进行项目决策。与此相适应，需要建立一套经济评估的指标体系，研究制定国家经济参数，如影子价格、影子工资、影子汇率、影子利率等。

二是必须重视成本效益分析。可行性研究不仅应分析一项工程是否可行或者耗资多少，而且应分析它会带来多大效益，以及在什么时候、什么地方投资为最佳。世行在评审运输项目贷款时，通常采用成本效益率、净产值和内部报酬率三项指标，特别是内部报酬率。一般情况下，内部报酬率要高于12%，最低不小于8%。在美国，一般要求这个指标要大于15%。我国目前在选定项目中，还没有很好重视成本效益分析方法。这不利于提高运输项目投资决策的科学性，需要加以改进。世行专家还认为，开发新工矿区的投资，应把直接与之配套的交通项目投资一起计算进去进行评估。这个观点是正确的。

三是必须实行分期投资建设。这是因为，预测运输需求，很难做到准确。在项目实施过程中，有可能根据运输需求量的变化调整投资规模。同时，从货币时间价值来考虑，分期投资建设也有利于提高资金利用效率。所以，在投资决策时，应尽量选择那些初期投资较少而实现效益又能较早的项目，切忌初期投资过多。世行认为，一般情况下，运输项目应该在运营第一年的收益不低于投资的10%，如果低于10%，则说明投资过早了。这几年，我国对有些运输项目比较重视压缩初期投资，收到了一定成效。但某些项目建设规模过大、投资过早，造成能力过剩、积压资金现象还是存在的。今后应当把贯彻分期建设、分期收益的原则，作为提高运输项目投资决策的重要方面。

五、实行有利于综合运输发展的管理体制

从研讨会上介绍和实地参观看出，许多国家运输系统的管理体制很有特色，给我们印象较为深刻的有以下几个方面。

第一，实行分级建设、分级管理。据美国运输部和纽约州运输部官员介绍，美国的公路建设由联邦政府、州政府和地方政府共同分担。州际公路和具有全国意义的桥梁，以联邦政府投资为主，州内公路主要由州和县政府进行投资。资金来源，联邦政府主要靠机动车的燃油税，以及销售和使用重型卡车的特别税；州政府主要靠燃油税，县政府则靠财政税。所有公路的建设和管理，都由州、县两级政府负责。铁路主要由私人建造和经营，联邦政府和州政府一般都不介入。内陆航道包括修建船闸、水坝和疏浚河道，全部由联邦政府投资，资金来源于向个人和企业征收所得税和用户使用费，深水航道由美国陆军工程兵建筑和运营。飞机场主要由联邦政府，少数由县（市）政府投资建设。管道全部由建筑和拥有它们的公司集资建设和管理。据加拿大运输委员会协调局和安大略省运输部介绍，加拿大公路全部由省、县两级政府建设和管理，联邦政府只参与州际公路建设的协调工作，并给予一定的资金补助。铁路除两个省有私营的以外，大的铁路线和公司为联邦政府和省政府所有。全国一千多个飞机场，除90个国际机场和大型机场由联邦政府建设和管理外，绝大多数中小机场均由省、县（市）政府建设和管理。3/4的港口是联邦政府建设和管理的，1/4由城市建设和管理。据世行专家介绍，在巴西、阿根廷、墨西哥等拉美国家，连接各省和山区的公路，一般由中央政府建设和管理，省内公路干线由省政府建设和管理，支线则由当地政府建设和管理。铁路、港口的建设和管理一般由国家负责。总之，根据自己的国情，对不同运输方式或同一运输方式的不同部分，明确划分建设与管理的主体、职责和资金来源，是许多国家运输体制的重要特征。这种体制，有利于发挥国家、地方和其他各方面的积极性。

第二，运输基础设施所有权与经营权分离。从了解到的情况看，虽然各国做法不尽相同，但多数是把国家投资建设的运输基础设施出租或转让给公司（企业）经营和管理。美国联邦政府对重要公路、桥梁、航道、飞机场，加拿大联邦政府对铁路、航道、飞机场进行投资建设，但都不直接经营和管理，公司和企业拥有经营自主权。据法国铁路协会总裁伊西根介绍，法国国铁也是政府与公司签订合同或契约，在合同中商定运输量、提供的服务和使用时间等，运输公司依据合同行使充分的经营权。这样做，对有效运用运输基础设施，提高运输服务效率和质量，起了重要作用。

第三，各级政府有一个统管运输系统的机构。世行专家强调说，发展综合运输体系，必须由一个权威机构来作规划和协调工作，或者建立一个统管各种运输方式的运输部门。美国和加拿大，联邦政府和州（省）政府都是由运输部（局）统一管理整个运输系统。印度政府过去有铁道部、公路部和海运部，分别管理铁路、公路和海运，妨碍了运输系统的综合发展，前两年将各个单一方式的运输部门合并为一个运输部，对建立综合运输系统起了促进作用。世界银行内部过去设有铁路处、公路处、港口处和航空处，形成各司其事，各处只对一种运输方式感兴趣；四年前把几个处合并为运输处了，据说现在运输处里的人都不是只关心一种运输方式，而是考虑综合运输了。

我们认为，虽然我国社会经济制度与美国、加拿大、印度、巴西等国不同，不能照搬他们的管理体制，但上述运输管理体制的一些原则和做法，是可供我们研究体制改革时借鉴的。例如，我们应当结合改革投资管理体制，明确划分中央、省、市、县各级政府建设和管理运输基础设施的范围、职责。大体说来，铁路干线、公路国道、内河航运干线、大型机场，应由国家规划和投资建设，其他部分由省和地方政府规划和投资建设，并相应地解决好国家和地方各级运输投资的来源问题。要按照简政放权、政企职责分开的原则，改变目前政府部门对运输企业的管理方式，使它们在国家计划、政策和法令指导下充分行使经营自主权。同时，应结合政治体制改革，研究改善各级政府管理运输系统的行政机构，加强对整个交通运输业的行业管理；并且进一步加强国家综合经济计划部门管理交通运输的职能，以适应现代化综合运输网协调发展的要求。

此外，世行经发院副院长德鲁西格南、世行中国处处长马可维和其他一些专家，对我国十分重视世界银行为我培训运输管理人员，并能结合中国实际加以运用，感到非常满意。同时，他们希望我国加强培训机构的建设，最好能建立一个综合机构，来专门负责宏观经济管理和综合交通运输方面的培训工作，并采取其他有力措施培养综合运输管理人才。我们认为，这个意见应当予以重视。

联邦德国宏观经济调控体制考察报告^①

（一九八八年二月二十八日）

这次赴联邦德国（西德）考察访问，主要是了解该国的宏观经济调控体制，探讨同联邦德国就经济研究方面进一步开展交流与合作的可能性。通过考察访问，对联邦德国社会市场经济下的宏观经济调控体制有了新的了解和认识，对全面、综合、配套地推进我国经济体制改革获取了新的思想启迪。

一、西德宏观经济调控体制特点

西德战后实行的社会市场经济，是一个完整的概念和比较完善的体系。其基本点有两个方面：一是经济活动以市场为基础和纽带，市场机制在经济运行中起主导作用；二是国家具有指导和调节经济的职能，市场活动受到国家一定的干预和协调，而不是绝对自由。国家进行适度干预，主要是创造正常的市场环境，充分发挥市场机制的作用，激励竞争，以促使经济运行富有活力和效率；同时，防止和补救竞争所带来的不良后果，维护社会公正，以保持经济全局的稳定和社会安定。市场竞争和国家干预二者互为条件，相辅相成。显然，这是一种颇有特色的经济运行和管理体制。

---

① 本文是中国经济体制考察团赴欧洲共同体、联邦德国考察的考察报告，魏礼群参加此次考察活动和报告起草。

实践表明，西德的这种经济运行和管理体制是比较成功的。近40年来，西德经济发展虽然也出现过困难和危机，但总的看是比较稳定的，基本上没有出现大起大落的现象。生产技术有很大进步，经济实力大为增强，生活水平和质量显著提高。物价稳定和社会安定的情况也明显地好于其他西方国家。

西德经济发展取得如此成功，有多方面的因素。从宏观经济管理体制来看，主要是比较好地处理了几个基本关系。

（一）在国家与企业之间的关系上，明确国家为企业服务，不直接干预企业活动，企业在国家的法律规范和正当干预下独立自主地发展

在西德，国家管理经济的职能，主要是从三个方面为经济发展创造良好的条件。一是着力搞好包括道路、邮电、电力、文化教育等在内的公用事业和基础设施的建设，为经济持续稳定增长奠定基础。二是制定正确的货币政策、财政政策、收入调节政策和对外经济政策，保证近期经济稳定增长。一般是，在经济萧条时，减少税收，增加财政开支，通过扩大债务来解决赤字；在经济繁荣时，则增加税收，收紧银根，减少债务。三是规定合理的结构政策、技术政策、地区布局政策和行业倾斜政策等，促进竞争，保持经济的中长期稳定发展。这样，就从根本上明确了国家在经济活动中的地位、作用及其管理经济的重点和方式，而不至于事事包办代替。

至于企业的经营活动，国家主要是通过投资和价格手段，对不同类型的行业和企业施以不同的影响。第一类，交通道路、邮电、文化教育等公用设施，通过议会作出决定，由政府拨款投资，价格统一规定；第二类，电力、能源工业，可以由政府投资，也可以由私人投资，或者由政府和私人联合投资，但都按私人企业一样经营，产品价格由企业董事会根据生产成本原则决定，但须报经国家审查批准。第三类，其余大量行业，投资、价格和经营方式都由企业自主确定，自求生存和发展。同时，国家对所有企业的财务活动都一律实行硬约束，详尽地规定了

各项财务收支制度，以促使企业完全自负盈亏或在限额补贴条件下自负盈亏。

企业的内部体制，实行监事会和董事会的组织形式，将政府部门与企业，企业所有权与经营权分开。监事会由股东和工会、雇员代表按一定比例组成，既体现所有者的职能，又起着监督、检查作用。董事会是企业的法人，负责企业生产经营活动，其成员由监事会任命。这样的组织形式，既可以促使资产所有者和劳动者对企业全部活动的关心、监督和检查，又有利于充分发挥经营者组织生产经营活动的自主决策权和积极性。

（二）在国家综合经济部门之间的关系上，联邦政府经济部、财政部和联邦银行三者分工明确，职责清楚，有效发挥了既相互支持又相互制约的作用

西德的宏观经济管理追求四大目标，即经济适度增长，物价稳定，充分就业，国际收支平衡。多年来，尽管由于各个执政党、各届政府的施政纲领不同，但这四个相互联系又难以兼顾的基本目标没有改变，只是不同时期的侧重点不尽一样。这些目标的提出，虽然不带有任何指令性质，而只是一种预测和意向性的要求，但它指明了经济发展的方向和趋势，有助于统一各政党、各部门、各社会组织和企业的认识，并以此约束和规范他们的行为。

围绕实现宏观经济管理的目标，国家对起着主要和关键作用的联邦政府经济部、财政部和银行的职能、任务、责任，以及相互关系作出了明确规定。总的说来，这三大综合经济部门都必须执行社会市场经济的法则，共同为实现国家的宏观管理目标服务。在具体分工上，联邦经济部主要负责提出经济发展目标和基本政策，制定和调整竞争法规，综合协调有关部门的经济政策。财政部则主要负责调整财政政策和税收政策，并运用财政、税收手段影响企业和市场的活动，使之符合国家宏观经济发展方向和目标的要求。在调节和协调社会经济的活动中，联邦银行具

有很大的独立性和权威性，既不受政府也不受议会的领导。其主要职能和任务，是保证物价和币值的稳定，在此前提下支持政府的经济政策。它可以独立自主地制定货币政策，包括货币发行、规定准备金比例和贴现率等。银行货币发行和财政脱钩，财政出现赤字不能向银行透支，只能靠发行国债来解决。为了使这三大部门既保持相对独立性又相互协同动作，采取了定期召开联席会议以及财政和银行相互监督的制度。据德方介绍，由于这三大部门职责分明，同时又采取了协调工作的措施，较好地保证了国家综合经济发展目标的实现。

（三）在联邦中央和地方之间的关系上，根据集权与分权相结合、事权与财权相统一的原则，明确划分各级政府的权限和职责

西德分联邦、州、市乡三级政权。与联邦的政体相适应，实行分立体系、分级管理、权责结合。在联邦中央对整个经济活动掌握必要的调控权的条件下，使州和市乡两级政府具有相当大的权力，坚持上一级政府尽量地把问题放到下面去解决。联邦中央主要负责全国性的经济立法，制定统一的货币政策、税收政策、竞争政策、外贸政策，以及其他基本政策。州和地方政府除了要执行联邦中央的统一立法和基本经济政策外，可在宪法规定的范围内自主地制定某些地区性的结构政策、企业政策和其他具体政策。在事权划分方面，除外交、国防，跨州的道路、邮电等基础设施由联邦中央负责之外，其他方面主要由州或地方负责。

财权与事权相适应，事情由哪一级去做，财政上就保证有相应的收入，这是西德经济管理的一个重要特点。在实行分税制的基础上，按照事权明确划分联邦、州、地方三级财政收支范围和比重。目前，三级财政收入的比重大体上是，联邦占46.2%，州占35.7%，地方占14.1%，其余4%由欧洲共同体分享。从财政支出的主要项目来看，国防、外交费用，全部由联邦财政负担；社会福利保险支出以联邦为主，三级都负担；文化教育事业开支，州占大头，而联邦和地方则很少；医院和公用

事业开支，则以地方为主，联邦和州为数不多。在经济建设支出中，基础设施以及支持企业发展和新技术开发，也大多由州和地方承担。目前，三级的财政支出，也大体上与收入的比例相适应。

（四）在处理市场竞争和社会公平关系上，既主要着眼于激励和保护竞争，促进经济的活力与高效率，又重视发展社会保障事业，维护社会公正和进步

西德在把市场竞争作为经济发展和技术进步的动力源泉的同时，采取了一系列安定生活、缓和阶级矛盾和促进社会发展的措施。除了通过征收个人所得税，在财政支出中设立社会救济和福利补助，以及对一些公用事业实行相对较低的价格，以协调社会不同阶层的利益结构之外，还采取了以下两大措施：一是大力兴办保险业。不仅在全国范围内建立了一整套强制性的养老、医疗和失业等社会保险制度，还广泛发展了多种形式和内容的私人保险业。1986年，这两类保险业的收入，相当于当年国民生产总值的22%，其中社会保险占16.1个百分点，私人保险占5.9个百分点。这项措施，不仅有力地调节了个人收入的使用方向，增加生活保障基金，减少竞争所造成的社会动荡；而且使一部分消费支出转为积累资金，缓和了投资不足的矛盾。目前，西德保险机构是仅次于银行的筹集资金单位。二是注意扶持落后地区的经济发展。这方面，不仅建立了由国家财政自上而下的"垂直拨款"制度，而且还建立了一套发达地区向落后地区的平行"横向拨款"制度。"横向拨款"主要是州与州之间的拨款，基本上依据地区人均财政收入的多寡而定。从而，有效地支持了落后地区的经济开发，使一些原先比较落后的州较快地改变了面貌。

（五）在政策、行政和法律手段之间的关系上，特别注重采用法律手段，重视经济立法，使经济管理趋于法律化、制度化、规范化

重视经济立法和法制，是西德宏观经济管理制度的又一突出特点。重大经济政策的制定，各种经济关系的处理，主要经济管理部门职责的

划分，以及各类社会经济活动，都是以法律为依据的。例如，为了稳定地发展经济，颁布了经济稳定与发展法；为了保持银行和财政的相对独立地位，制定了联邦银行法、联邦财政预算法；为了保护竞争，制定了反对限制竞争法；为了缓和劳资矛盾，制定了劳资共决法。至于国家与企业、中央与地方等基本关系，则是联邦基本法即宪法的主要内容之一。并且，所有法律条文的规定都很具体，便于遵循、检查、分辨和法院裁决。西德不仅有健全的经济立法，而且建立了一系列独立的执法体系，负责法律的贯彻。由于把各种经济关系、工作责任和社会经济活动纳入了法律规范，不仅大大减少了经济决策和各种经济行为的随意性，而且有效地避免了相互扯皮、推诿责任等不良现象，保证了西德社会市场经济的正常运行。

二、几点启示和值得借鉴的经验

西德是在私有制基础上实行社会市场经济的资本主义国家，社会制度与我国不同。但是，他们宏观经济管理中的一些做法，是符合商品经济和社会化大生产发展的要求的，对于我国经济发展和改革，具有一定的借鉴意义。

（一）进一步拓宽视野，全面、综合、配套地推进改革

如同西德实行社会市场经济，确立了与之相适应的一整套经济、政治和社会体制一样，我们要在公有制基础上实行有计划商品经济，也必须建立起一整套同有计划商品经济相适应的经济、政治和社会体制。为此，需要把改革作为一项巨人的系统工程，不仅要深化经济体制改革，加快政治体制改革，还要推行包括科学、教育、文化、就业、社会保障和社会协调方面的全面改革。只有这样，新的符合社会主义有计划商品经济内在要求的经济体制，才能完全建立健全起来。

（二）合理发挥国家计委、财政部和人民银行在宏观经济调控中的作用，进一步明确划分这三大综合经济部门的职责

研究西德的经验，从我国的实际出发，应在国务院统一领导下，建

立计划部门、财政部门和人民银行相对独立、相互支持、相互制约的关系。计划部门应主要负责国家中长期经济发展战略、技术政策、竞争政策、结构政策、地区政策和对外经济政策等的研究和制定；财政部、人民银行则应侧重于财政政策和货币政策的研究和制定，负责短期经济活动的调节，保证经济的稳定增长。从而扭转宏观平衡出了问题，分不清是谁的责任的局面。如果说，这三大综合部门是个"硬三角"关系，采取相互参加会议、兼职等措施，对于搞好宏观经济调控是非常重要的话；那么，加强国家体改委、发展研究中心和农研室这个"软三角"关系，密切协同做好宏观调控的软科学研究，也是很必要的。

（三）按照分级管理、分级负责以及事权和财权相统一的原则，理顺中央和地方各级政府的关系

我国分为中央、省（自治区、直辖市）、市县、乡四级政权，经济管理也应当明确划分四级，并合理规定各自的职责权限。大体说来，中央一级应主要搞好全国性的法规和政策的制定，负责国防、外交和跨地区的重大基础设施，以及少数骨干基础工业的建设，特别是要统一制定竞争、税收、货币管理和外贸法规及政策。各级地方政府在认真执行上级法规和政策的同时，有权制定地区性的法规和政策，并负责地区性的基础设施和教育文化事业的建设，其中公用事业主要由市县、乡一级负责兴办。根据这种事权的划分，相应地合理划分各级政府的财权，尽快改变目前职责不清、相互吃"大锅饭"的状况。

（四）正确处理国家同企业的关系，促进企业所有权与经营权的分离

西德国家影响企业的经验值得重视。建议责成有关部门，针对我国不同的行业和企业，研究如何利用投资和价格手段施以不同影响的办法，以保证企业既有充分自主权，又能在宏观上受到国家必要的干预。特别是，在西德，国有企业、私人企业，国家、私人合资企业，都普遍实行监事会和董事会分立的制度；由监事会行使所有者的职能，董事会负责日常经营。但监事会有职工代表参加，不是一级法人，权力比我们现行

的董事会要小；董事会对企业重大问题的决策要集体承担责任，又有别于我们现行的经理（或厂长）的个人权力过于集中。这是一种兼顾企业所有者和经营者权益的较好形式，很值得借鉴和试行。这样做，既有利于防止企业搞董事会制度，同推行厂长（经理）负责制可能发生的矛盾；也有利于避免实行厂长（经理）负责制，个人权力可能过于集中，难以体现职工的主人翁作用的问题。

（五）逐步开放证券交易市场，建立国债券公开发行买卖的制度

为了发展商品经济，许多国家既要搞基础设施，又要协调各方面利益，财政负担较重，往往出现赤字。但他们解决财政赤字，避免通货膨胀，不是走向银行透支的路子，而主要是向社会发行国债券弥补。这不仅可以在不增发货币的情况下集中一些资金，而且通过合理确定国债发行数量有效调节经济稳定增长。至于国债负担多少算合理，主要取决于国民经济发展的规模，一般说来，把国债余额总量控制在占国民生产总值的比例不超过40%或50%，年净增额控制在3%的限度内，不会有危险。一个前提条件是，国债发行的利率要不低于市场利率，并能公开转让和买卖，保证其有很高的信誉。

为此，建议责成有关部门尽快研究出一套适应商品经济发展的国债发行办法，逐步将现在的摊派发行，改为公开发行，自愿购买。并且，尽快着手在上海、广州等少数大城市，进行开放证券交易所的试点。

（六）积极推进社会保障体系和制度的建设，合理调节各方面利益关系

从西德情况看，市场和竞争机制，在促进经济活力和效率的同时，往往也伴随收入差别的扩大和发展不平衡。采取维护社会的公正和进步，协调利益结构的措施是十分重要的。目前，我国已开始出现社会分配不公正的现象，群众反映强烈。随着劳务市场的逐步开放，企业破产制度的实行，问题可能会更突出。因此，必须把进一步改革分配体制、建立合理的社会保障和分配调节制度，提到与搞活企业、发展市场、改进宏观管理同样重要的议事日程。当前，除了继续推进劳动工资制度的改革，

严格执行收入调节税制度，改进完善社会福利制度外，亟须加强社会保险和个人保险制度的建设。建议有关部门认真研究拟定出具体方案，并选择少数地区进行试点，争取三五年内在全国城乡全面推行。

（七）加强经济立法，强化法制观念

健全的法制是西德社会市场经济得以正常运转的成功要诀。近几年来，我国经济法制建设已取得明显进展，但同实际的需要和发展趋势的要求还有很大差距，需要进一步加强。为此建议：第一，尽快制定颁布对经济生活影响较大的综合性经济法规，如计划法、投资法、预算法、银行法、价格法、竞争法等。第二，加强法制教育，增强国家机关工作人员和全体社会成员的法制观念，特别是各级负责干部要带头依法办事，不能以言代法。第三，加强执法系统的建设，首先要逐步建立经济法院和行政法院，负责经济和行政法规的执行，切实做到有法必依，违法必究。

（八）增强同外国的人员交流与合作，深入研究西德经济管理经验

考察中，西德联邦政府经济部、财政部、联邦银行和一些州、证券交易所、经济研究所和企业，都表示欢迎我们派懂经济、外语好的专家去边工作、边考察。这是人才交流的好形式，应该积极落实。派国内专家到西德去，或在国内与西德经济专家一道召开研讨会，进一步有重点地深入研究西德经济和体制问题，是非常必要的。

在大力开展经济外交，加强我国同西欧经济联系中，西德是非常重要的经济贸易伙伴，我国应针对西德的市场需求和经济特点，扩大进出口贸易，不断开拓经济合作新领域。

瑞典、奥地利宏观经济管理的若干特点 [①]

（一九八九年三月）

瑞典、奥地利两国都是发达资本主义国家，由于社会民主党执政，宏观经济政策颇具特色，其中有一些可供我们加强和改善宏观经济管理借鉴。

一、关于财政金融政策

瑞典、奥地利两国的财政金融政策有以下几个特点。

（一）财政集中程度比较高

两国财政集中程度都比较高，从而保证了中央政府由于实行高福利政策而造成的庞大开支，加强了宏观调控能力。1988 年财政收入占国内生产总值的比重，瑞典是 65%，奥地利是 50%。在瑞典的财政支出中，中央政府占 56%，地方政府占 44%。地方政府的收入有 1/4 来自中央政府的赠款，如果考虑到这一因素，则中央财政占 67%，地方财政占 33%。

税收机关直属中央。瑞典中央政府设有国家税收委员会。全国税收机关都直属国家税收委员会，地方税也由它们负责征收，然后再划归地方政府使用。这不仅保证了中央的财政收入，而且造成了不是地方向中央"上缴"，而是中央给地方"恩赐"的结果。

---

① 本文系王梦奎为团长的国家计委宏观经济管理考察团考察瑞典、奥地利后的考察报告，魏礼群参加此次考察活动和撰写相关报告。

（二）努力减少财政赤字

两国都非常重视保持财政收支平衡，努力减少赤字。瑞典在 70 年代石油危机期间，财政赤字猛增，最多高达国内生产总值的 13.5%。瑞典政府采取各种措施，主要是缩减政府开支，减少食品补贴、住房补贴和对亏损企业（主要是造船业）的补贴，减缓工资和养老金的增长速度，使克朗贬值，提高出口竞争力，刺激国外需求，从而使 1988 年财政赤字压缩到占国内生产总值的 1%。奥地利自 70 年代以来，政府开支急剧增加，财政赤字从 1973 年的 128 亿先令猛增到 1986 年的 1067 亿先令。1987 年财政赤字为国内生产总值的 5%。为了减少赤字，奥地利政府决定通过节约开支，减少社会福利和各项补贴等措施，将 1988 年度的财政赤字压缩到 700 亿先令，并争取 1992 年将赤字压到相当于国内生产总值的 2.5% 以下。这是两国经济保持长期稳定发展的重要原因之一。

（三）运用税收手段，调节收入和资金的分配

瑞典是高税负国家，有 70 多种税，分为两类。

一类是直接税。包括所得税、海关税、礼品税、遗产税和股票红利税。所得税收入约占国民生产总值的 19.5%，占财政收入的 33.6%。瑞典的所得税包括国家所得税、国家房产税、国家财产税和地方所得税。自然人交纳国家所得税率是超额累进的，税率最低为 4%，最高为 50%。对一个应税所得额在 20 万克朗以下的自然人来说，交纳的国家所得税和地方所得税合计，一般不超过其收入的 80%；应税所得额在 20 万克朗以上者，其税负不超过 85%。公司企业的所得税税率规定为 52%，由于规定了一些扣除因素，实际税负低于 52%。

一类是间接税。包括增值税、特种商品税和关税，约占财政收入的 23.1%。增值税是最大的税源之一，税率为 19%。特种商品税主要有电力税、水力税、汽油税、巧克力税、烈性酒和啤酒税、冷饮税、购买新车税、录音机税、录放机税、烟草税和旅游税等。特种商品税收入占全部税收的 10% 左右。

社会保险税也是一种间接税，是雇主为其雇员交纳的一种福利税。1985年社会保险税占财政收入的比重，瑞典为21.2%，奥地利约为三分之一。

瑞典的税收制度是政府调节经济的一项重要手段。个人所得累进税，有利于财富和收入在税后更为均等地分配，使高收入阶层更多地负担公共福利开支。资本和企业利润征税办法，鼓励将其利润转为生产投资，以创造更多的就业岗位和更高的劳动生产率。利润用于投资可以减少税收。投资基金制度的设立有利于控制投资规模，调节投资方向。这都是值得肯定的。但是，由于税收过高，减免税办法过于繁杂，不少人设法减少缴税额，并人为地扩大了向银行借贷需求，影响储蓄存款，促使通货膨胀率升高；同时，不利于更多人从事额外工作，加剧了劳动力紧张。此外，高税收还影响了产品的竞争能力，造成人才和资金外流，不利于吸引欧共体国家来瑞典投资。因此，从1982年社民党重新执政后，即酝酿税制改革。最近公布的税制改革方案的基本内容是，在不影响公共部门的财政收入和使分配更为均等的前提下，降低个人所得税，减少企业税，增加资本税，扩大税源，简化程序，堵塞漏洞。奥地利也制定了于1989年1月开始实施的税制改革条例。主要内容是：降低税率，减少档次，鼓励企业投资，并减轻多子女、低收入家庭的负担；同时，取消减税项目，扩大征税范围，保证国家财政收入不减少。

（四）发挥中央银行的作用，保持币值稳定

两国的中央银行独立于政府，直接对议会负责，其最高权力机构的成员由议会选举产生，政府无权委派。中央银行在各省（州）的分行，由总行垂直领导，自成系统，地方政府无权干预。两国中央银行调节信贷供应量和货币流通量的手段，主要是运用调整准备金率、再贴现率，并参与公开金融市场业务。奥地利是个小国，其货币政策的目标是把奥地利的先令同西德马克的汇率固定在7∶1的比率上，以实现本国币值的稳定。奥地利与西德的贸易额占奥地利进出口贸易总额的60%以上，由于西德经济发展状况比较好，马克坚挺，自从 1973 年奥地利先令与西德马克实行固定汇率以后，奥地利的通货膨胀率保持在 2% 以下，低于国际平均水平。奥地利以固定汇率能否保持作为衡量货币供应量是否正常的重要标志。奥地利经济界人士认为，要保持固定汇率，关键是使奥地利经济的发展状况（如通货膨胀率、预算赤字）与西德靠近，努力缩小差距，生产成本和工资支出也要力求相对应。我国情况虽然和奥地利不同，在金融改革中也应该把稳定货币作为中央银行的重要职责。

二、关于工资物价政策

两国的工资和绝大多数物价是在竞争中形成的。在社会参与下，长期保持工资稳定增长和物价相对稳定。

（一）注重工资同物价的协调配合，避免相互推动，轮番上升

瑞典、奥地利企业职工的劳动收入绝大部分来自工资，而不像我国现在那样，有大量工资外收入。瑞典工资一般占产品成本的 2/3，工资高低直接影响到成本和物价水平。为了避免工资、物价轮番上升，提高本国产品的国际竞争能力，两国十分重视工资政策和物价政策的协调配合，引导人们更多地关心实际收入的提高，不去单纯追求票面工资的增加。

二次大战以后，奥地利曾出现过物价、工资螺旋式上升，发生过严重的通货膨胀。总结了这一教训，奥地利劳资双方达成默契，在讨论增加工资时，工会不提过高要求；在讨论物价时，资方也只将工资新增加部分的 50% 计入成本。从 1955 年以来，通货膨胀得到控制，一般不超过 5%。实际工资在 1976 年以前年平均增长 5%，1976 年以后年增长 2%。

为了避免物价大幅度上涨推动工资上升，瑞典 1982 年以来曾五次冻结物价，每次约半年时间。他们认为，冻结物价不是好办法，一旦解冻，物价会爆炸性地上升，有的还可能抢在冻结前提价。因此，这种办法应当少用。瑞典一些经济学家认为，政府冻结物价的目的，不过是为了对

付工人提高工资的要求。

（二）基本工资水平全国大体统一，略有区别

瑞典、奥地利两国坚持企业工资的增长幅度低于社会劳动生产率提高的幅度。两国都是通过全国统一的劳资谈判，根据下一年度社会劳动生产率提高幅度和物价指数的预测，确定工资增长幅度。各行业、各企业依据自己的经营效益略作调整。某些重要行业和盈利大的企业，一般在全国协议规定的增加幅度上，提高 1—2 个百分点。瑞典在 60 年代末，由总工会、职员协会和雇主协会的经济专家进行联合调查，通过研究社会经济对工资增长的承受能力，提出工资的增长幅度不能超过受外国竞争威胁的产业（简称 K 产业，主要包括工业、林业、渔业和部分交通运输业）生产率的增长和国际市场价格上涨之和。这一结论被人们誉为"斯堪的纳维亚模式"，奉行至今。

瑞典、奥地利企业工资的具体确定，采取三级谈判形式，先进行全国性统一谈判，然后进行行业性谈判或地方性谈判，最后企业内部劳资双方谈判。以奥地利为例，工资谈判一般先从五金行业开始。五金行业拥有钢铁、机械等产业，占全国职工人数的 1/5，国有企业较多，在全国具有举足轻重的地位。五金行业在工资谈判中达成原则协议以后，其他行业的工资谈判就比较容易了，一般相差不超过 2%。企业工资增长幅度不低于全国总协议的规定，并通过劳资谈判，根据企业盈利和劳动力市场情况，略作调整。瑞典、奥地利两国工资水平确定的原则和方法，有利于总的工资水平的控制和社会的安定。

（三）强调同工同酬，工资增长不与企业利润挂钩

瑞典总工会主张同工同酬，强调工资的多少，只能取决于工作的性质和要求，如难度、危险性、保障程度，及所受教育和技能方面的要求等，不能完全取决于企业是否盈利或盈利多少。他们认为，如果按照企业的利润多少或支付能力大小来确定职工工资，就意味着要工人勒紧腰带资助那些管理不善的企业。由于总工会在社会民主党支持下长期推行

这一政策，使某些设备陈旧、效率低下的企业经营发生困难，迫使他们或者改进，或者破产。这样做，加速了经济结构的调整，取得了优胜劣汰的效果。

（四）商品价格通过市场竞争形成，同时加强监督

两国的商品价格和劳务收费，大多由市场供求状况决定，国家采取措施保护竞争，反对垄断，平抑市场物价，并依靠法律手段同哄抬物价的行为作斗争。为了抑制国内生产较少、成本偏高的商品价格上涨过多，政府还放宽对进口商品种类和数量的限制，鼓励外国商品流入，同本国产品竞争。由于竞争充分，除国际原材料大幅度涨价和石油危机期间外，30 多年来，两国消费品物价指数一直比较低。商店出售的各种商品，两国都明码标价，一种商品在同一城市里基本上同价，市场秩序较好。

奥地利商品价格分类管理的办法对我们很有启发。他们把价格分为三类：官方定价、协商定价和企业自主定价。

官方定价的商品和劳务，一种是垄断性行业，如电力、煤气、供热、铁路、邮电、城市交通等，目的是避免垄断性的抬高价格；一种是历史上沿袭下来的，如烟草、盐、糖等；一种是由于战后时期曾出现供应紧张且与人民生活密切相关的主副食品，如粮食、肉类、牛奶、黄油等。从 1988 年 7 月起，粮食和粮食制品已取消官方定价，目前只有个别州仍然继续对肉和肉制品实行官价。定价的原则，是使生产者获得一定的盈利，同时又保护消费者的利益，并且随着成本变动作相应调整。

协商定价，是由职工协会、工会、商会和农会四个联邦级社会利益集团组建的协调委员会下设的物价小组来协商确定的。两国主要管理生产者价格，商品的生产者价格上调，要经过严格的审查程序。一般先由参加联邦商会的厂商提出书面报告，申请提价幅度，并提交完整的材料，陈述论据充足的理由，然后由商会的有关专业协会向物价小组提出申请。通过讨论取得一致意见后，提价谈判就为所有参加者遵守。这一价格协议，虽然没有法律效力，但为公众承认。厂商如不遵守，以哄抬物价论

处。归协调委员会物价小组定价的，主要有钢材、煤、重要建筑材料和部分消费品。

企业定价，主要是机电设备、日用消费品和非标准化劳务。由于机电类商品技术性能变化快，服装等生活用品款式花样繁多又有时令性，物价小组很难判断这些商品成本和变动与价格的关系，因此，这些价格就通过竞争在市场上形成。

三、关于社会福利政策

两国都是福利国家，特别是瑞典，素称有着"从摇篮到坟墓"的社会福利。这种情况，影响到社会经济政策的许多方面。

（一）社会福利的主要内容

两国的社会福利主要包括退休、医疗、失业、事故保险等方面。养老金、退休金是其中支出最大、增长最快的一项。瑞典的养老金、退休金加在一起，大体相当于退休前工资的70%左右。奥地利的退休金最高限额相当于退休前15年月平均工资的79.5%。为了消除通货膨胀的影响，保证老人实际收入水平不致下降，瑞典对养老金采取保值办法，与消费物价指数挂钩。医疗保险包括全体公民，看病、买药个人只交少量费用。失业保险，在瑞典参加工会一年以上的失业者，登记失业五天后每天可得90—210克朗的失业救济金，一次可连续领60星期；没有参加工会的失业者，每天可领取75克朗的现金补助，一次可连续领30星期。此外还有父母保险、儿童福利和低收入家庭的社会救济金等。

各项社会福利支出所需资金，首先来自雇主和职工个人的交纳，不足部分由联邦和州政府负担。瑞典企业雇主要向社会保险部门交纳相当于工资总额37.5%的社会保险费，并预交相当于工资总额38%的职工所得税。奥地利的退休、医疗和失业保险金，也由劳资双方分担，其中退休金的亏空由联邦财政补贴，医疗保险金的亏空由各州财政补贴。这样，实际上是劳方、资方和政府各负担1/3。

（二）社会福利工作的管理

两国的社会福利绝大部分通过议会立法加以保证，并由中央政府主管部门拟定发展规划，社会保险机构负责执行。瑞典有《公共保险法》，退休金和保险金由国家社会保险局管理，卫生保健主要由省政府负责，为儿童和老年人提供服务主要由市政府负责。奥地利有《社会保险总法》，全国 35 家保险公司分管退休、医疗、事故等方面的具体保险事宜。在执行中，联邦政府和地方政府有所分工，地方政府提供经费，举办重要的社会福利设施，并负责管理保险机构和社会救济、福利事业。

（三）社会福利政策的成效和问题

瑞典、奥地利长期推行社会福利政策，有四个方面的效果：一是通过社会再分配缩小了人们实际收入的差距，在相当程度上缓和了阶级矛盾，保持了社会安定，这是两国劳资纠纷和工人罢工较少的一个原因；二是使社会维持相当数量比较稳定的需求，有利于实现充分就业，这对于被生产过剩和就业不足困扰的西方国家具有积极意义；三是由于职工基本生活有保障，并可获得免费的改变工种的培训，国家调整经济结构比较容易，近年来瑞典对衰落的钢铁工业和造船工业所进行的调整，就是成功的例子；四是保证人民受到一定教育，并且有健康的体魄，这反过来又促进了经济的发展。

两国现行的社会福利政策也存在一些问题。主要是社会福利支出越来越大，资金来源不足。随着人们健康水平的提高，老龄化程度也随之提高，老年福利金支出将进一步增加。目前，瑞典的社会福利支出总额相当于国民生产总值的 30% 左右，而 70 年代只有 20% 左右。国家预算的 1/3 要用于社会福利。奥地利社会福利支出相当于国内生产总值的 27%。而美国只占 18%。按人口平均的社会福利支出，奥地利一年为 4000 多美元，瑞典为 7000 多美元。为了维持高福利，国家要多征税，企业和个人均感赋税太重。有的经济学家把"巨额的公共开支，沉重的税收负担"称为"瑞典病"，有难以为继之势。这种状况，已经引起瑞典朝野关注，并在积极采取对策。

从瑞典、奥地利两国的经验来看，建立社会福利和保障制度对于经济发展和社会安定具有重要意义，我们在经济改革中也要把这个问题摆在议事日程，逐步加以解决。社会福利的增长要与生产的发展相适应，不能脱离生产发展水平推行高福利政策；社会福利基金应该是个人、企业、国家共同负担，不能全由国家包下来；可以采用设立基金会的办法管理社会福利基金，不必由政府机关包办。这些原则，都是我们在改革中需要坚持的。

巴西、美国经济分级管理考察总报告 [①]

（一九八九年九月）

为了解幅员广大的国家在经济分级管理上的做法，研究我国中央与地方关系的改革思路，国家计委经济分级管理考察团于 1989 年 4 月 19 日到 5 月 12 日赴巴西、美国考察。

在考察期间，代表团围绕中央与地方在经济管理中的地位、职权以及各级政府相互关系问题，访问了巴西联邦计划部、财政部、外交部财政金融政策局和圣保罗州计划局、财政局，美国总统府行政与预算管理局、经济顾问委员会、联邦财政部、联邦证券交易管理委员会、联邦商品期货市场管理委员会和马里兰州、纽约市、芝加哥市、伊利诺伊州的财政、金融市场管理等机构，还访问了两国的几个研究单位、大学和国有企业，同两国各级官员、专家、学者进行了广泛的接触和交谈。

巴西、美国都是以生产资料私有制和市场经济为基础的资本主义国家，也都是实行联邦制，两国全国分为联邦、州和地方三级政府。巴西共有 22 个州、一个联邦区、四个地区、3,000 多个市，美国共有 50 个州、一个特区、82,000 多个市、县、区级地方政府。由于实行联邦制，联邦、州、市各级政府的经济管理权相对独立，特别是州级具有相当的独立性，

① 本文是以魏礼群为团长的国家计委经济分级管理考察团于 1989 年 4 月 19 日至 5 月 12 日赴巴西、美国考察的考察报告，该考察团以魏礼群为团长，团员有区延佳、郑廉明、李晨阳、吴用可。

州与地方政府的关系较为密切。

这次考察总的印象是：巴西和美国中央与地方的关系，经历几十年乃至几百年的权力分配和权力制约的演变过程，逐渐趋于稳定和规范化，各级政府在经济管理中的决策权、事权、财权、管理权分工比较明确，职责比较清楚。由于经济发展水平和市场发育程度有较大差异，巴西联邦政府对经济管理的集权和干预程度明显高于美国。这两个国家都根据自己的国情确立了相应的经济分级管理体制。我国是在公有制基础上实行计划经济的社会主义国家。我们的国情与巴西、美国有很大不同，我国的经济分级管理体制不应该也不可能把它们照搬过来。但是，它们的一些做法，可以作为我们研究问题的思想启迪和借鉴。现将主要情况和初步看法报告如下。

一、宏观经济管理权主要集中在联邦

宏观经济活动是指涉及整个国家全局和长远发展的经济活动，包括社会经济总量和经济结构及其相互关系。宏观经济平衡、协调，是全国经济健康、稳定发展的前提条件。宏观经济管理权只能集中，不能分散。在考察中，美国一些人士认为，对经济进行宏观管理，是以承认经济有机联系和打破局部利益为前提的，因此，宏观经济管理权应主要由联邦一级负责，州和地方政府不关心也不可能管理宏观经济活动。巴西一些经济学家也认为，发展中国家普遍存在市场发育不完善、经济发展不平衡的情况，国家对经济进行较多干预，宏观管理权集中到中央，是保证全国经济健康发展的客观需要，尤其是发展中国家的大国，更必须如此。

在巴西，社会经济发展中的重大方面，包括国家中长期发展规划、地区布局、财政金融政策、外贸外汇和外债外资，主要由联邦决策并组织管理；能源、原材料、交通运输等国有企业，分别由联邦和州政府控制。美国的有关宏观经济活动，例如金融政策和货币发行，联邦财政决策和中央财政赠款，外贸管理和征收关税，州际商务和跨地区的证券市场、期货市场管理与监督权等都集中到联邦，州和地方一级无权干预。

这两个国家宏观经济管理权不仅主要集中在联邦一级，而且联邦一级经济机构设置也很有特色，即参谋决策机构处于更高层次，权力相当大，并把决策机构和执行机构分开。在美国总统府，设立了经济顾问委员会、行政管理和预算局、政策发展办公室等机构。巴西宏观经济管理权主要集中在直属联邦总统府的经济发展委员会、社会发展委员会和计划部。在联邦政府机构中，设立的专业部门很少。他们认为，如果把宏观经济管理的权力集中在某些业务部门或专业部门，权力仍然是分散的，从而造成政出多门，该统一的难以统一，不可能达到适当集权所应有的效果，应当有一个综合部门在宏观经济管理中起着关键作用。联邦计划部就是巴西联邦主管全国经济的权威性机构，它创建于 1974 年，直接受总统领导并对总统负责。这个机构的主要职权是：直接协助总统制定或修改全国、部门的长、中期和年度经济发展计划；编制年度财政预算和制定科技发展政策；处理跨部门或地区的重大经济问题；负责协调税率、利率、汇率等各种经济杠杆。计划部长兼任经济发展委员会和社会发展委员会的秘书长，对经济和社会发展的重大问题进行具体协调和落实。

为了有效地进行宏观管理，避免割裂市场和地区封锁，两国还从法律上和组织管理体系上采取了一些重大措施。

一是统一法令和政策。巴西和美国宪法都规定：州不能征收进出口关税，不允许对其他州的单位和外国公司作出歧视性的征税规定，州政府无权对州际之间的贸易和商品往来进行限制。联邦政府征收的税种和税率在全国各地是一样的。美国除对印第安人采取一些特殊政策外，不对任何地区采取特殊优惠政策。巴西除对东北部和西部经济落后地区采取一些扶持的优惠政策外，对其他地区都实行统一的政策。这样做，促进了地区之间和企业之间的公平竞争，维护了国内市场的统一性。

二是联邦政府一些主要部门在重要地区设置分支机构。两国除把宏观经济管理权基本集中到联邦外，还采取按经济区而不是行政区设置宏观经济和市场管理机构。例如美国联邦储备系统，即美国中央银行在全国设有 12 个区域性分行，其分行行长由分行董事会选举，华盛顿的联邦储备银行董事长批准，12 个区域性分行受联邦中央银行垂直领导，州和地方任何部门无权干涉这些分行的工作。再如，联邦证券交易委员会和联邦商品期货交易委员会，也都是按经济区域或重点州和城市设置分支机构，并进行垂直领导的。联邦证券交易委员会的主要职能，是制定和调整全国证券交易政策，管理、监督和检查全国所有证券市场的发行和交易。目前，该委员会在全国 13 个金融中心设有分支机构。各个州也有本州证券交易委员会，但只管理本州内证券交易。如果一个公司在几个州发行证券，该公司及其交易活动要接受联邦全国证券交易委员会及其分支机构的检查和监督。联邦商品期货交易委员会对全国期货市场有相当独立的立法、监督和管理权。该委员会在全国 14 个商品期货交易所设有分支垂直领导机构，负责收集、整理和分析有关信息，监督、检查商品期货交易各个市场的活动。巴西中央银行在几个主要州都设有代表处，负责全国货币政策的贯彻落实。主管全国外贸的外贸局在全国设有 111 个分支机构，负责审查和核发进出口许可证。此外，巴西还在东北、西北部经济落后地区设立联邦政府派驻机构，负责这些地区经济发展规划和建设项目的审批，掌握政策执行与协调各州之间的关系。

以上看出，巴西、美国的宏观经济管理权是比较集中的。长期以来，我国经济分级管理体制中的一个突出弊端，就是宏观经济管理权限不清。近十年的经济体制改革，在调整中央与地方关系方面做了不少工作，主要是对地方放权让利，扩大地方经济管理权限，这对于调动地方的积极性，搞活经济起了积极作用。问题是，本来应属于中央的宏观经济管理权力有些也下放了，而且宏观经济管理的决策权过于分散，并缺乏健全的组织体系及其机构。可以说，这是近年来我国宏观经济失调、经济生活秩序紊乱的一个重要原因。因此，应当从加强中央对宏观管理权力着眼，合理调整现行的决策权、事权、财权、管理权，包括固定资产投资规模、结构和重大项目、消费基金增长幅度、工资总额，财政、税收、货币、信贷、外汇、外贸、外资政策，重要物资和商品的分配、流通、价格等经济活动的决策和管理权力要相对集中在中央，有些由中央决策并直接管理，有些则由中央决策交给省、市管理。

为了切实加强宏观管理，中央政府组织机构有必要从以下三个方面作适当调整。一是真正提高国民经济综合部门在宏观经济管理中的地位、作用和权威。为此，应认真贯彻落实1988年国务院机构改革方案中，把国家计委作为国务院最大综合部门和高层次、有权威的宏观管理机构的规定，充分发挥由国务院有关部门主要负责人组成的大的计划委员会的作用。二是在条件成熟时，国务院应进一步裁并专业部门，减少层次，解决宏观决策政出多门、分兵把口和工作效率低下的积弊。三是国务院有关部门在大的经济区、省、城市设立直属的派驻机构，以便于多方面获得供决策服务的信息和情况，并便于推动、检查、监督宏观经济决策与管理的贯彻落实。例如，国家计委、人民银行、外经部、物资部、农林部、物价局等都有必要这样做。

二、各级政府事权和职责划分明确

巴西、美国人士都认为，进行经济分级管理，其基本前提是明确划分联邦、州、地方在经济管理上的事权和职责。属于联邦管理的，由联邦负责；属于州或地方管理的，州和地方应负责管好。

巴西联邦、州和市之间的事权和职责划分得比较清楚。联邦一级的主要事权有：国防、外交、货币发行和金融政策，管理全国外债、外汇、外贸，负责跨地区的重要基础设施和某些基础工业的规划与建设，对少数重要生活必需品实行价格控制，以及社会福利和救济等。州一级主要事权有：管理州内工商业和劳工问题，兴办大学教育和卫生，负责州内大的交通设施和某些基础工业建设等。市一级的主要事权有：中小学教育和卫生事业发展，市辖区公共设施投资和环境保护等。除联邦主要掌握一部分能源、原材料国有企业外，州和市政府也有一些国有企业，但基本上都是公路、水、电、气、通讯等基础设施，一般不搞生产经营性事业。

美国联邦和各州以及地方的权力分配，在美国宪法中有着原则的明确规定。主要是对联邦一级的权力加以列举，而其他未列举、未被剥夺和限制的权力全部属州级。各州行使宪法规定的权力时，联邦政府不得干预。联邦的权力主要有：管理国外贸易和州际商务；发行货币和铸币；管理外交事务和签定条约；国防和给养军队；经办邮政和开发高技术产业等。州的权力主要有：管理州内工商业和劳工问题；处理民法和刑法范围内的事务；组织警卫力量维持治安；兴办大型文化教育事业；救济和教养；修建骨干公路和交通等。美国州以下的地方政府是具有不同管理内容和形式的组织，主要是管理地方教育、卫生、安全，以及地方的基础设施和公共设施等。

以上看出，巴西、美国中央与地方在经济管理领域的分工大体是：涉及宏观经济的问题、对跨地区的某些重要基础设施和基础工业的投资，以及为解决各地区经济发展不平衡而采取的措施，主要由联邦政府负责；涉及地区性的工商活动、基础设施和基础工业投资，文化、教育、卫生和安全，主要由州和州以下地方政府负责。

在我国，中央、省级和市、县级的经济事权没有明确具体的划分，职责不清，这不仅影响各级政府积极性的充分发挥，而且造成相互扯皮、无人负责的现象相当严重。前些年的改革，中央和省级层层放权让利，但没有在合理划分事权上作文章，事权与职责不相适应。有些属于中央的事权和省级的事权层层下放了，有些该交给省或市县级的事权却没有放下去。今后深化经济体制改革的一项重要任务，应当是合理地划分各级经济管理的事权范围。

划分中央、省、市（县）级事权应遵循以下三个原则：一是坚持计划经济和市场调节相结合的原则，以利于保证全国经济的计划性和统一性；二是坚持在中央集中统一领导的前提下，各级经济管理事权相对独立，以利于充分发挥中央、省和市（县）各级的积极性、责任感；三是坚持中央负责涉及国家经济全局和跨区域的事权，把不应该下放的某些事权和决策权收上来，将应该由省和市（县）负责的事权坚决放下去。按照这个原则，初步考虑，中央政府的事权和管理权应包括由中央政府决定并直接执行的方面：（1）制定国民经济和社会发展战略与计划、全国产业政策、财政与税收制度、货币政策和货币发行量、信贷规模和利率，管理证券交易、外汇、海关，审批和管理外债、进出口许可证等。（2）分配和管理关系国计民生与稳定经济全局的必要资金和物资，管理和授权管理一些关系整个经济命脉的大中型国有企业和企业集团；负责重大的能源、原材料和交通运输、通信建设项目的建设，以及跨省的重大农（水利）、林、牧、渔工程和国家重点森林保护和开发等。（3）负责涉及统一市场的管理，包括专卖、市场交易规则，以及统计、审计和监督等。此外，由中央决定交由省级政府执行的主要有：财政政策、某些物价政策、资源保护政策、高等学校教育、工商政策、土地管理政策等。省级政府的事权应包括：（1）省级财政与税收。（2）跨市、县的基础设施和农、林、牧、渔项目建设等。（3）管理省属国有企业。（4）监督省内市场活动，制止不正当竞争，反对区域内保护政策。市（县）级的主要事权应包括：城市、乡村的公用设施建设，农业、商业、中小学教育、环境保护、土地管理等。

三、财政体制与决策权和事权相统一

美国和巴西都根据有利于联邦进行宏观调控，以及财权与事权相统一的原则，建立相应的财政体制，并实行联邦、州、地方的分税制，各级政府分别编制自己的预算，制定各自范围的税收政策，管理本级政府债务。

（一）明确划分各级政府收支范围

美国和巴西各级政府都按税种划分财政收支范围。基本原则是：税

源大、宏观统一调节的税种，划归联邦；税源分散、属于区域性的税种划归州和地方政府。

美国属于联邦的税种有：个人所得税、社会保险税、公司所得税、国内消费税、关税、赠予税等，仅所得税和社会保险税约占联邦收入的90%左右。州的税种主要有：销售税、州的个人所得税、公司所得税、消费税、遗产税等，其中销售税占主要部分。地方的主要税种有：财产税、各种收费、消费税。自40年代后，美国的三级财政收入一般占国内生产总值的30%以上，1985年为34.3%；中央与地方的财政收入一直维持着六四格局，即联邦政府收入占60%左右，州和地方政府收入占40%左右。在财政支出方面，美国联邦主要负责联邦行政费、国防和国际事务、科学和空间技术、社会福利、向州和地方政府赠款等；州政府主要负担州行政经费、高等教育、道路、卫生、社会福利以及给地方政府各种不同的援助和赠款等；地方政府主要负担中小学校、城市公用事业、治安、道路等开支。

巴西宪法规定，设联邦税、州税和市税。联邦级税有：所得税、工业产品税、金融业务税、关税、社会福利税和社会保险基金等。州级税主要有：商品流通税、增值税、交通车辆税、遗产税、赠予税、林业税等；市级税主要有：营业税、土地占用税、房产税、遗产税和零售燃料（柴油除外）税等。目前，巴西三级政府的财政收入占国民生产总值的22%，联邦一级占整个财政收入的60%—70%。巴西三级政府财政支出的大体分工是，联邦政府主要负责联邦行政费、国防开支、联邦所属国营企业开支，以及社会福利救济、对州和市政府的财政返还等；州政府和地方政府主要负责本级政府行政费和部分文化、教育、卫生、能源、交通以及其他城市公用设施等开支。

（二）实行财政赠款与制约体制

美国和巴西财政体制中，实行财政赠款和返还制度。这种体制，也是联邦中央对州或地方经济活动进行引导和控制的措施。

美国联邦向州和地方赠款、州向地方赠款主要有两种形式：一是不附带任何条件的，由州或地方政府自主安排；一是附带条件的，规定赠款的专门用途和要求，并由州或地方政府安排相应的资金。1985年，美国联邦向州和地方政府的赠款达990亿美元，占联邦财政预算开支的19%，这几年是减少的趋势；州向地方赠款1984年达1203亿美元，占州预算开支的30.3%。美国联邦政府无条件赠款的分配，依照法律规定的计算公式和法定的取样资料分配给州和地方政府（不包括特殊意义上的管辖区，如学区、公用事业区等）。法定计算资料主要考虑的因素是人口、人均收入等。各州对各地方的不同种类的援助和赠款，主要是按照项目是否由州或地方管理，以及资助的相应级别决定的。无论是联邦政府赠款，还是州政府赠款，无论赠款是有条件的还是无条件的，其主要用途是教育、公路建设和社会保障三个方面。

巴西联邦对州和地方政府实行财政返还制度。过去军人执政时期，联邦政府财政返还额度少，而且对使用方向有不少限制。1980年以后，联邦政府财政提高了返还比例，并取消了对返还资金使用方向的限制。巴西联邦财政返还的主要依据，也是人口和人均收入水平。州向市返还原则，各州自定。

（三）各级财政相对独立，分级编制预算、分级平衡

美国全国50个州中，有48个州在立法中都明确规定，本州不准出现财政赤字。州和地方在有些年份，为了某些专项用途发行一些政府债券，但联邦政府对州和地方政府发行债券的数量与使用方向也进行一定限制。根据美国法律，联邦政府或州政府发行的本级政府债券，可以相应免除购买公债者收入所得税。巴西的州和市政府为了某些需要，有的可以发行公债，有的只允许借款。但州和市所举借内债和外债，都必须受到联邦参议院控制，并经联邦政府批准。为重视教育发展，联邦宪法明文规定：联邦财政预算中教育经费所占比例不得少于18%，州和市教育经费所占比重不得低于各自财政预算的25%。联邦、州财政返还的相

当部分必须用于发展教育事业。

（四）财政预算安排机构与执行机构分立

美国和巴西各级政府的预算安排和预算执行的部门是分开的。美国联邦安排预算和检查开支情况的是总统行政管理和预算部门，而组织财政收入和执行财政预算的是联邦政府财政部门。巴西联邦和州是计划部门编制和检查财政预算，而财政部门则负责执行。

我国现行的财政体制与各级经济决策权和事权不相配套，也缺乏规范化、稳定性。在深化改革中必须抓紧加以解决。一是要下决心尽快改变财政包干制为彻底的分税制。必须根据中央和各级地方在经济管理中的地位和事权划分，合理进行税制改革。在设计分税制方案中，应保证国家财政收入在国民收入中的比重占到28%左右，中央财政收入占全部财政收入的比重达到65%左右。在这个基础上，明确规定各级政府财政的支出范围。二是建立中央、省级财政向下级财政赠款或返还的制度。可采取两种办法：一种是无条件的赠款和返还，考虑各地区人口、人均收入等因素，用法定的合理的计算公式分配给下级政府。二是专项赠款补助办法，谁举办国家和社会急需举办的，并经过调查研究确需中央、省财政资助的事业，就给谁资助，地方得到上级专项资助后，必须专款专用。三是实行"一级政府，一级预算"的原则。应当把中央与地方预算严格区分开，中央政府负责编制中央预算，地方政府负责编制地方预算，实行自收自支，自求平衡，由同级人代会审查批准执行。中央到地方的各级财政都实行"复式预算"：一种是行政事业性预算，一种是建设性预算。各种开支都应纳入各级政府的统一预算，增强监督和透明度。允许地方政府为某些特殊用途发行政府债券或向银行贷款，但必须通过法定程序审批。

四、外贸外汇和外债外资管理体制各具特点

巴西和美国虽然都是实行资本主义市场经济的国家，但对外开放和

对外经济活动的管理却有相当大的不同。

美国全国外贸外汇和外债外资活动基本上是放开的。美国联邦政府只有权对进出口征收关税和基于国家安全等考虑，对某些极少数商品颁发进出口许可证（联邦政府商务部执行），州和地方政府则没有这些权力。州和地方政府主要负责创造良好的经济环境，吸引国外公司和个人到本地区进行投资经营活动。

作为发展中国家的巴西，对外贸外汇和外债外资的管理权基本都集中到联邦一级，基本不存在按行政区划进行分级管理的问题。归纳起来，主要做法如下。

一是全国只有一个外贸主管机构和对外贸实行进出口许可证管理。这个主管机构是巴西银行外贸局。它既是巴西银行所属的一个机构，又是唯一主管巴西对外贸易的权力机构，其局长由巴西总统任命。外贸局的主要任务是落实政府的外贸政策和外贸计划，按照国别政策、市场战略，一支笔审核，发放进出口许可证及配额管理，审批外贸经营企业，对全国进出口情况进行宏观调控。外贸局对全国各州市的进出口贸易进行统一指导和管理，数额大的进口全由总局管理，数额小的则通过各地的分支机构管理。

二是所有外汇统归联邦管理。巴西实行开放政策有几十年，但外汇收支一直由中央统管。其办法为：（1）所有向外借款单位，必须通过巴西中央银行将外国贷款兑换成巴西货币，付给国内借款单位；还本付息时，中央银行将这些单位偿付的巴西货币兑换成外汇偿还。（2）企业产品出口后，不负责对外收汇，出口单据交国家指定的外汇银行审核无误后，即对企业办理付款，然后对外收汇。有关单位和企业如需外汇进口时，必须向中央银行申请，得到批准后，可拿出巴西货币在指定外汇银行兑换外汇。生产出口产品的企业可有1/3的外汇用于进口，但也需办理申请手续。外国投资企业的外汇收支，也照此办理。

三是有一套奖出限入的汇率和税收调节手段。多年来，巴西政府一直采取货币小贬值政策；同时，还在税收、信贷方面对出口商品实行优惠，许多出口商品可以免交商品流通税、工业产品税、出口税等。由于这些优惠措施，巴西出口厂家即使按国内市场售价的50%出口产品，也是大大有利可图的。

四是借外债必须得到联邦政府有关部门审批。联邦政府、州政府、地方政府，以及企业所借外债必须根据外债来源，分别由巴西中央银行、财政部和计划部等部门控制。一般对外借款由巴西银行审批；政府间的借款，由财政部总秘书处审批，该机构由财政部、中央银行、计划部三家有关专家组成；向国际金融组织借款，由计划部审批。联邦政府、州政府和国营企业所借外债，由联邦政府作担保，但私人和私人企业借外债，政府不作担保。前些年，巴西外债过多，主要是联邦政府的举债。

五是明确规定引进外资的标准和政策。巴西为吸引外资和公平竞争，明确宣布：不论资本来源如何，凡是在巴西境内的企业，就等于是巴西的企业，企业生产的产品，就是巴西产品。在巴西，把外资企业视同本国企业一样对待，对外资企业没有特别的限制与优惠。同时，巴西政府还对引进外资的行业、外资企业产品国产化时间、外资企业中外籍职工人数比例、汇出利润比例等都作出了明确具体的规定。巴西对外资企业的巨大吸引力，除土地收费、工资和电价比资本主义发达国家低以外，主要不在税收上优惠，而在于开放国内市场，实行进口替代政策。

我国是一个发展中的社会主义国家，要实现现代化，必须坚持对外开放，在自力更生、平等互利的基础上，不断扩大国际间的经济贸易和技术交流。同时，目前我国经济技术基础薄弱，缺乏参与国际交往的经验，又面临国际上强大的竞争对手，在这种情况下，涉外经济活动的决策权和管理应该而且必须有相当程度的集中。现在实行的外贸外汇包干体制，固然有调动地方和企业积极性的一面，但弊端不少，不仅造成进出口盲目性大，外汇使用分散，而且削弱了中央宏观经济管理和导致经济结构的恶化。因此，必须进行大的改革。总的可以设想，在坚持扩大外资企业经营权的同时，进出口贸易的规模、方向和结构的决策权要集中在中央，由中央计划和外资外贸部门统一管理，逐步取消对地区的特殊优惠政策，按行业原则强化出口刺激和进口管理。要逐步提高中央直接掌握外汇的比重，并研究用规范化的外汇结汇证制度取代外汇留成制度。现在我国对外借债多头分散，容易造成外债使用失控，应当强化中央对外债的统一管理。所有举借外债的审批权应当集中在中央，并实行一支笔审批。所有借债规模和使用方向都要由计划部门实行指标控制。

五、经济分级管理做到法律化、规范化

巴西、美国在经济分级管理中还有一个鲜明的特点，就是各级经济管理的事权、财权、决策权和管理权在宪法里规定得具体、明确，联邦和州、州与地方等各方面关系都有详细的法律规范。这就为各级经济管理和各经济主体行为提供了依据。我国现有的宪法和政府组织法对中央与地方在经济管理的事权、财权和职责方面虽然有了一些规定，但还缺乏详细具体的划分，中央、省、市（县）各级关系没有明确的规范。因此，建议在适当的时候，依法对我国宪法作必要的充实修改，把中央与各级地方在经济管理中的事权、财权、决策权和管理权明确而又具体地写进去，以作为各级政府共同遵守的准则。此外，还应尽快制定《计划法》《预算法》《银行法》《公平竞争法》等，使中央与地方在经济分级管理的各个方面有法可依，逐步走上法制轨道。

我们这次考察时间短，所涉及的范围广、层次多，对一些情况了解得不深，有些方面还可能不够准确，以上情况和看法仅供参考。

专题报告之一

巴西、美国的财政分级管理体制

巴西、美国这两个国家在经济分级管理体制方面，财政体制处于中心地位，财政政策对贯彻各级政府的意图，促进经济发展，起着十分重要的作用。

一

（一）各级政府的收支划分

巴西和美国都是联邦制国家，都实行彻底的分税制，事权和财权明确，收支划分都比较清楚。

巴西实行的是三级财政预算、分级平衡制度。巴西宪法规定，设联邦税、州税和市税。联邦税有：所得税、工业产品税、金融业务税、关税、社会福利税，以及社会保障基金等。州税主要有：商品流通税、增值税、交通车辆税、遗产税、赠予税、林业税等。市税主要有：营业税、土地占用税、房产税、遗产税、赠予税和零售燃料（柴油除外）税等。

巴西各级政府财政支出的大体分工是，联邦政府主要负责联邦级行政费、国防开支、联邦所属国营企业开支，以及社会福利和救济，对州和地方政府的财政返还等；州政府和地方政府主要负责本级政府行政费、文化教育、卫生、能源、交通和其他公用设施等。为重视发展教育事业，巴西新宪法规定，联邦财政预算中教育经费所占比例不得少于18%，州和市的教育经费所占比重不得低于其各自财政预算的25%。

美国亦是实行联邦、州和地方三级财政体制，每一级政府都有较大的独立性。美国各级政府的财政收入是按税种划分的，联邦税种有：个人所得税、社会保险税、公司所得税、国内消费税、关税、遗产税、赠予税等，其收入来源主要是所得税和社会保险税，约占联邦收入的90%左右。州的税种有：销售税、州的个人所得税、公司所得税、消费税、遗产税等，其主要收入来源是销售税。地方政府的税种有财产税、各种收费、销售税等，主要收入来源是财产税。自40年代之后，美国中央和地方的财政收入一直维持六四格局，即联邦政府占60%左右，州和地方政府的收入占40%左右。

在财政支出方面，美国联邦政府主要负担那些全国性的支出，如联邦行政经费、国防和国际事务、能源和空间技术、社会福利、向州和地方政府赠款等；州政府主要负担给地方政府的教育援助赠款、社会福利开支、高等教育开支、道路、卫生等；地方政府主要负担地方中小学教育开支、城市公用事业、治安、道路等。

（二）联邦、州、地方政府的财政关系

巴西和美国的联邦、州和地方在财政方面的关系是处于发展变化之中的，一直受着政治、经济、社会等方面因素的制约。但不管如何变化，总的讲，联邦和州是相对独立的政治实体，都有自己的议会，都有自己选出的政府，都有独立的法庭系统。同时，体现在财政关系上就使得联邦和各州各有不同的税收体系和预算管理体制，全国没有统一的预算管理办法和开支标准。地方政府不像州政府那样独立，但亦有自己选出的官员和法庭，财政自主权相当大。总之，这两个国家的三级议会都可以在联邦宪法规定的范围内确定自己的税收和收取费用，都有权批准自己的预算法案。

巴西和美国三级政府的财政关系中，一个重要特点是实行财政返还制度和发行政府债券。在财政返还方面，巴西从1964年到1980年之间，联邦政府对州和市政府的财政预算有相当大的影响：一是联邦政府通过国会增减给州和地方政府的财政返回比例；二是联邦政府对返还给州和地方政府的财政资金进行各种使用方向的限制。1980年结束军人执政以后，州和地方政府强烈要求财政自主，联邦政府提高了财政返还资金的比例和放松了使用方向的限制，联邦政府返还给州和市政府的资金没有任何附加条件。1966 年，联邦征收的所得税和工业产品税中的 20% 返还给州和市，而到 1988 年这个比例上升到 41%，返还的比例大大提高了。联邦税返还原则主要根据人均收入水平，人均收入越高的州和市，返还的越少，以减少地区贫困差异。此外，还要考虑人口因素。现在，州商品流通税的 20%、车辆税的 50% 返还给市。州税返还给市，各州都有自己的原则，有些州是税收征收多的地区，得到的返还就多。

巴西的市政府财政发生赤字，可以向联邦和州的银行及国际货币基金组织借款，大城市如圣保罗和里约热内卢的市政府有权发行债券，某些小城市可以向私人银行借钱，但须保证其向联邦和州政府申请还款的能力。过去和现在，州和市政府借债（内外债）必须受联邦参议院控制，并经联邦政府批准。

美国联邦、州和地方的财政关系也大体体现在两个方面。（1）联邦向州和地方赠款（补助）。这种赠款有两种形式：一是不附带条件的，由州和地方自主安排；一是附带条件的，就是赠款有专门用途和要求，并让州和地方安排相应的资金。1985 年，联邦对州和地方政府的赠款达990 亿美元，占联邦财政预算开支的 19%，以后是逐渐减少的趋势；州向地方赠款 1984 年达 1203 亿美元，占州开支的 30.3%。（2）有些年份，州和地方也发行债券，以弥补赤字，但联邦政府对州和地方政府所发债券进行限制。美国 50 个州中有 48 个州通过本州议会立法规定，州财政预算不准打赤字。如果在预算执行中，遇有可能发生赤字的危险时，可以通过议会立法，增加税收、减少开支项目、裁减雇员等。根据美国法律，联邦政府和州政府发行的政府债券可对等免除购买公债者收入所得税，联邦政府也免除地方政府发行公债的收入所得税，州政府是否免除地方政府发行公债的州收入所得税，要由各州自己决定。地方政府拥有独立的发行其债券的权利，但其先决条件是必须通过州来销售。州具有更高的信用等级，它们所发行的债券在市场上取得了较高的利率，由于州和地方政府发行公债影响到联邦政府的税收，联邦政府通过法律对州和地方政府发行公债的使用方向和数量有所限制，并在一定时期，对可免税公债的项目和发行数量进行调整。

美国联邦政府的非专项赠款是一种"权利"项目，不需要申请也能得到资金。这种资金分配是依照法律规定的公式分配给有权享受的普通意义上的政府。特殊意义上的管辖区，如学区、公用事业区和图书馆区，都没有资格得到这种资金。分配给每个政府的金额是使用法定的数学公式和法定的选取资料计算确定的。常用于确定分配给州政府分配额的资料包括人口、城市化人口、收入、州个人所得税、联邦个人所得税、州和地方税、个人累计收入等；确定分配给地方政府总额的资料包括人均收入、税收、人口等。尽管联邦政府对这些资金的使用限制已经取消，但受援助者必须自收到资金的权利阶段的期限届满之日起一定期间内花费、占有或承诺分配资金。州政府也以一定形式给地方政府以财政返还。如1982年，州给地方政府的返还资金达1970亿美元，其中，62.7%用于学校，12.3%用于公共福利，10.4%用于地方政府通用资助，5.2%用于交通干线和街道，9.5%用于其他项目。在这些财政返还资金中，包含着一部分联邦资金，这笔资金是联邦通过州赠给地方政府的。各州也对地方有着不同种类的援助，这主要是依照服务项目是否由州或地方管理，以及资助的相应级别决定的。

（三）三级财政预算的组织体系

巴西和美国各级政府的预算安排和预算执行的部门是分开的。巴西计划部直属总统领导，它负责编制年度预算，控制联邦政府所属国营企业的预算。联邦各部都设有计划局，分别作出各自的预算上报计划部。联邦一级预算是复式预算，有三个部分：一是联邦政府行政开支；二是联邦一级国营企业预算，主要是国营企业的投资预算；三是用于退休人员和儿童等方面的社会福利预算。1980年以前，联邦预算不完全反映其全部开支，有一部分基金项目由巴西中央银行掌管。这种把财政开支分为预算和非预算两部分的做法，造成两种弊端；一是政府开支过大，发票子，造成通货膨胀压力；二是削弱了国会对政府开支的监督和制约。1988 年，巴西通过新宪法，要求联邦政府把所有开支都列入总预算，并通过国会审查。

巴西财政部在几个主要州设有代表处。但各州和市所设计划部门和财政部门同联邦政府没有垂直领导关系，只是向本级政府负责的职能机构。巴西的联邦税和州税等都是通过银行分别上交的。以前，联邦税和州税等都有专门机构负责征收，但因纳税人太多，就由银行代理了。

在美国，组织财政收入执行财政预算是财政部门的事，安排开支和日常检查开支情况是预算管理部门的事。各级政府的预算管理部门与财政部门是平行的两个单位，都是对本级政府负责。这种做法也是有个演变过程。开始，收入和支出都由财政部门管理。1939 年，罗斯福总统考虑到预算分配的重要性，就将预算管理局由财政部分了出来，一直延续至今。州政府能替地方政府征税，但不能给联邦政府征税。联邦政府财政部设收入局，分布各地征税。

二

我国 1980 年以来实行的财政体制改革，打破了统收统支、吃"大锅饭"的局面，较好地调动了各级政府发展、培养财源、当家理财的积极性和平衡预算的责任心。由于改革不配套，加之现行财政预算管理体制本身的缺陷，造成不少问题：财权与事权脱节，中央财政困难；利益与贡献脱节，挫伤了部分地区的积极性；按企业隶属关系划分中央、地方财政收入，强化了原有的行政性分权。因此，我们应当进一步改革我国的财政体制。

（一）坚持把分税制作为财政分级管理体制改革的方向

分税制是以划分中央与地方的事权为依据，根据事权与财政相统一的原则，在明确规定各级政府税收管理权限的基础上，按税种划分中央和地方财政收入的一种预算管理制度。与现行各种包干体制相比，分税制具有划清收入权限，解决彼此争利，消除地区割据，促进政企分开，建立统一市场的优点。符合发展社会主义有计划商品经济和平等竞争的要求。因此，应坚持这一财政体制改革方向，尽快研究和组织实施。

（二）明确划分中央和地方的收支范围

根据中国目前实际，属于中央财政支出范围的可有：国防、外交、对外援助和中央政府行政经费支出，全国性的交通运输、邮政电讯和能源、原材料等主要的基础工业建设支出，支援不发达地区支出，以及部分社会保险和农业补贴等。属于地方支出范围的可有：地方行政部门的经费支出，城乡公用设施、基础设施、环境保护和社会福利、保健支出，以及科教卫生等支出。

在收入划分方面，现有各种税种可分为三种情况：一是调节宏观经济，保证社会统一市场的调节性税种应划为中央财政；二是税源较分散，属于地方区域性税源的税种，有利于调动地方征管积极性的税种，划分地方财政；三是税源大、税额弹性亦大的税种，可作为中央地方共享税。随着分税的完善，可取消共享税，只设中央和地方税。

无论是事权的划分，还是收入的划分，都应通过立法的形式稳定下来，避免人为的干扰和随意改变，以法律规范中央和地方的各自行为。

（三）加强中央财政的宏观调控能力

在分税制的设计中，我们应当提高中央财政占国家财政的比重，加强中央财政的宏观调控能力。以国际经验来看，这一比重的高低是由一国的财政性质决定的。巴西和美国基本上是消费性的财政（巴西现在建设性财政不多），中央财政占国家财政的比重约60%左右。我国现在仍属建设性财政，目前的这一比重还不到50%（苏联东欧社会主义国家这一比重大都在70%左右），这无法适应中央财政肩负的经济建设、社会发展以及宏观调控任务的需要。今后，应当结合实行分税制，把中央财政占国家财政比重提高到60%以上。

在实行分税制的同时，可以采取返还的形式，控制地方财政支出的使用方向。我们现在财政包干向分税制过渡要有一个过程，即包干形式上的分税制→具有一定实质性内容的分税制→比较彻底的分税制。

（四）建立规范化的财政补助制度

建立中央财政拨款补助制度，主要可采取两种办法：（1）地区间财政横向分配办法。可有两种选择，一是因素计分法，找出影响地方财政支出的各种因素，并确定每种因素的影响程度，逐项确定计分标准，通过一定的计算公式，计算出中央对地方的补助额；一是测算出全国人均财政收入和省市的人均财政收入，后者低于前者，中央按一定比例给予适当的补助。（2）专项补助。谁举办该项事业就给谁补助，但中央财政要规定其必须按一定的比例支付一部分资金，才有资格接受补助金。地方得到中央专项补助后，必须专款专用，接受中央和同级人代会的监督。

（五）建立独立的分级预算

按照"一级政府、一级预算"的原则，把中央与地方预算严格区分开，中央政府负责编制中央预算，地方政府负责编制地方预算，实行自收自支，自求平衡，各自向同级人代会负责，由同级人代会审查批准执行。

中央到地方的财政预算都应实行复式预算，各种开支都应纳入各级政府的统一预算，增加监督和透明度。允许地方政府发行政府债券或向银行取得贷款，但必须得到中央的审批，所获资金必须专款专用，接受监督。

专题报告之二

巴西的外债外资和外贸外汇管理

据了解，30 年代中期开始，巴西政府发出了"在一代人的时间里，使巴西进入发达国家的行列"的雄壮口号，积极实行对外开放，采取利用外国资本、发展对外贸易、引进外国先进技术等三头并进的方针，推动了国民经济的发展，出现了名震一时的"巴西经济奇迹"，形成了独具特色的外资和外贸管理体制。

一、外债管理

巴西从 1947 年开始，就着手引入外资发展民族经济，但大量举借外债来加快工业化进程，还是 60 年代至 70 年代。所有外债几乎全是政府借债（其中包括州外债和国营企业外债），70%用于基础工业和基础设施建设。借款最多的年份超过 100 亿美元。60—70 年代这一时期使巴西国民经济和人均收入都翻了番。1982 年开始，巴西爆发了债务危机。

截至 1987 年末，官方公布未偿还的全部外债为 1213 亿美元（不包括外国直接投资的资本）。其中，已注册登记的中长期外债为 1075 亿美元，未登记的外债为 138 亿美元。从外债结构来看，欠外国私人商业银行的债务为 673 亿美元，占外债总额的 56%；欠外国官方银行和政府的贷款为 380 亿美元，占外债总额的 31%；其余 150 多亿美元为短期银行信贷，占外债总额的 13%。

巴西的外债余额从 1976 年的 260 亿美元发展到目前的 1200 多亿美元，是由多种原因造成的，但巴西一些官员认为，主要有两条：一是国际浮动利率因素。巴西的外债 80%是浮动利率，由用款时利率不足 10%达到 80年代初的 22%左右，从 1981 年起，每年付息都超过 100 亿美元，负担十分沉重。二是国内政策上有错误。如巴西水电资源丰富，却借外债 200 亿美元去建核电站，至今未见效益。再如，70 年代爆发的石油危机，巴西未采取相应的政策，不调整国内油价，仍大量借外债进口石油在国内消费。

从这些年来看，巴西的确存在外债支付能力的困难，但巴西不论从经济实力看，还是许多产品的国际竞争能力来看，不是完全无力偿还，况且 1985 年至 1988 年巴西四年外贸顺差分别为 124.86 亿美元、83.05 亿美元、111.73 亿美元和 190.98 亿美元。政府前一时期在国际上宣布"抗债行动"，更多的是为国际债务谈判服务。在对待巴西外债问题的看法上，巴西有一部分人认为巴西借外债过多，犯了错误。但也有不少人士却认为：过去没有外债和外资的引入，就不会有六七十年代的大规模的公共投资，使交通、通讯等基础设施达到比较先进的水平，以及基础工业与加工工业的迅速发展，也就不会有今天巴西的工业化，借外债不是坏事，关键是如何用好。

在外债管理体制上，巴西主要有两个特点。第一，所有向外借债都必须得到联邦政府的批准。联邦政府、州政府，以及企业所借外债根据资金来源，分别由巴西中央银行、财政部和计划部的有关机构控制。巴西中央银行将外国贷款兑换为巴西货币付给国内借款单位，还本付息时中央银行将这些单位的巴西货币，兑换为外汇偿还。联邦政府、州政府和国营企业所借外债，由联邦政府作担保，但私人和私人企业借外债，政府不作担保。对与政府间或国际金融组织借债，巴西有两个机构审批，一个是财政部总秘书处，主要审查政府间借贷双方资格和可行性，该机构由财政部、中央银行、计划部三家有关专家组成；另一个是计划部，主要是审查政府与国际金融组织之间的借债。第二，政府控制外债，主要是控制规模，而不是控制具体使用方向。

二、外资管理

巴西在大量举借外债的同时，也积极吸引外国直接投资。截至 1987

年末，已在巴西银行登记注册的外国投资企业和跨国公司有 2000 多家，按注册资本计算，累计外国投资 280 亿美元。

据巴西有关材料分析，外国投资在巴西工业生产中占有重要地位。1980 年，外国投资企业工业产值 195 亿美元，占巴西全国工业产值的 26.1%，外国投资企业雇用工人占全国工人总数的 18.5%，月平均工资为 288 美元，高出国内企业约 30%；缴纳间接税 47 亿美元，占全国同类税收的 34.6%。1986 年，外国投资企业出口总额 41 亿美元，占巴西全国出口总额的 18.3%；进口总额为 29 亿美元，占全国进口总额的 28.8%。外国企业在巴投资收益率是比较高的。以巴西 1000 个最大生产企业为例，外国投资企业一般平均利润率超过 10%，高于巴西国内企业的平均利润水平。这些年来，外国在巴西的主要投资领域是：电力、汽车、香烟、肥皂、香料、运输业、橡胶、医药、机械、采矿、钢铁等。

多年来，巴西引进和利用外资都达到相当规模，对于解决巴西资金短缺，加速工业化，特别是在促进一些新兴技术和资本技术密集型产业的发展方面，起了重要作用。在巴西外债负担如此巨大的情况下，外国资本仍继续涌入巴西，不断在巴投资设厂，显示了巴西引进外资政策的稳定性和具有良好的投资环境。归纳起来，巴西引进和利用外资的经验主要有以下几个方面。

第一，在指导思想上，他们已充分认识到，当今世界任何国家都不可能离开国际经济的发展而孤立发展，也不可能只依靠本国的资金技术来发展自己的经济。他们明确宣布，不论资本来源如何，凡是在巴西境内的企业，就是巴西的企业，在巴西的企业生产的产品，就是巴西产品。在巴西，把外资企业视同巴西本国资本所办的企业一样对待，对外资企业没有特别限制或优惠。如外资企业的产品出口，巴西外汇银行审查出口单证后与企业办理结算，然后银行对外收汇。企业所需外汇，向外汇银行申请。这样，外国企业与巴西本国企业一样平等竞争，发展商品生产。

第二，有明确的吸收外国投资的标准。主要是外资企业能够生产巴

西尚不能生产的产品，并经过申请、批准，引进外资的行业，基本上都
是新兴技术与高技术产业。

第三，明确规定外资企业产品国产化的时间。一般要求在投产后五
年左右时间内，使用巴西国产原料和零部件要达到 80% 或 90% 以上。迫
使外资企业很快把全套技术和设计转到巴西国内。

第四，明确规定外资企业必须遵守巴西的法律，在税收和有关事务
的管理政策上，与本国资本的企业一视同仁。其投入的资金在巴西最短
停留时间，一般不得少于七年。

第五，明确规定外资企业中外籍职工人数的比例不超过职工总数的
10%。

第六，明确规定外资企业汇出利润的比例。巴西外资法规定，外资
企业一年汇出利润，不超过登记资本的 12% 的部分，只征收 20% 的所
得税；超过 12% 的部分，则累进征收所得税，即汇出利润占 12%—15%
的，征收 35%—40%；占 15%—25% 的，征收 50%；超过 25% 的，征
收 100%。如果利润用于再投资，可以免征 10 年所得税。

第七，明确规定外资企业生产的产品，除完成规定的出口比例以外，
可以自由地在国内销售。但在国内销售，实行进口替代的产品，一律用
本国货币结算，不许另收外汇。同时，相应规定，减少或禁止同种产品
的进口。如汽车和家用电器产品，现在巴西基本上是禁止进口的，国内
市场销售的基本上是外资企业的产品。许多巴西人士认为，巴西对外资
企业的巨大吸引力，除土地收费、工资和电价比资本主义发达国家低以
外，主要不在税收上优惠，而在开放国内市场。

三、外贸、外汇管理

1985 年到 1988 年，巴西进出口贸易总额分别为 391.92 亿美元、
363.93 亿美元、412.77 亿美元和 483.73 亿美元，外贸顺差每年都在 100
多亿美元左右。在出口中，巴西经过 20 多年的努力，已经成功地培养出

一批以出口为导向的拳头商品。其中出口额的 80% 以上是由 17 类商品作基础的，主要是农牧产品中的咖啡、大豆、果汁、可可、肉类、烟草、蔗糖；矿产品中的铁矿砂；工业制成品中的钢铁冶金制品、塑料及化工产品、纺织品、汽车及零部件、石油制品、皮鞋皮革、发电设备、电子产品、纸张纸浆等。

尽管巴西这几年国内生产总值呈下降趋势，并出现负增长，通货膨胀恶性发展，但外贸增长不减，顺差很大，这说明巴西在外贸方面管理上的做法比较成功。归纳起来，主要有以下几个特点。

第一，有一套比较灵活的奖出限入的汇率、税收调节手段。长期以来，巴西一直实行货币小贬值政策。政府这样做是出于多种原因，但重要目的之一就是降低出口商品的成本，增加出口厂商的利润，刺激出口，限制进口。过去巴西对某些出口产品实行津贴，从去年下半年起这种津贴已经取消。但是出口厂商在税收和信贷方面仍然享有相当多的优惠，由于巴西政府对用于出口的商品实行减税或免税的政策，许多出口商品可以免交商品流通税、商品流通与劳务税、工业产品税、出口税以及其他税种。由于享受这些税收上的好处，巴西国营企业和私营企业生产出口厂家，即使按国内市场售价的 50% 出口产品，也是大大有利可图的。

第二，全国只有一个外贸主管机构——巴西银行外贸局。巴西从总统到企业的业务人员，外交部、财政部、工商部乃至农业部、劳工部都通过不同形式、不同的机构积极关心和促进外贸工作，特别是出口贸易的发展。但并非人人插手，也不是任何机构都可以发号施令。在对外贸易实行具体管理职能方面，巴西只有一个口子，就是巴西银行外贸局，其他经济机构都不能对其越俎代庖。

巴西银行外贸局既是巴西银行所属机构之一，又是一个主管巴西对外贸易政策执行的权力机构。其局长由总统直接任命，并参加国家对外贸易委员会和国家货币委员会。外贸局在全国各主要州市设有 111 个分支机构。外贸局的主要任务是落实巴西政府的外贸政策和外贸计划，按照国别政策、市场战略，发放进出口许可证及配额管理，审批外贸经营企业，对全国进出口情况进行宏观调控。外贸局对全国各州市的进出口贸易进行统一管理（数额大的进口全由总局管理，数额小的通过各地的分支机构管理）。该局规定，进口厂商在上一年年底必须将下一年度计划进口的商品品种、数量、金额、用途填单送审（10 万美元以下的进口可免报送审计划），批准后方可领取许可证；石油、小麦、大米、棉花等重要大宗商品的进口由外贸局直接掌握，指定特定的公司经营。同时规定，全国各地每天进出口的经营情况要当天报告汇总，出口商所收外汇要及时存入中央银行（出口商手中不能掌有外汇）。外贸局在总统公布的法律、命令的范围内全权处理全国进出口外贸计划执行中的调控问题，其他个人和单位（包括总统和财政部长在内）不许干预其工作。

第三，巴西的外汇统归国家掌管。巴西实行开放政策几十年了，但外汇收支一律由国家掌管。企业产品出口后，不负责对外收汇，出口单证交国家指定的外汇银行审核无误后，即对企业办理付款；然后对外收汇。如需外汇进口，必须向中央银行申请，得到批准后，方可付出巴西货币在指定外汇银行折成外汇。出口产品的企业约有 1/3 的外汇可用于进口，但需办理申请手续。外国投资企业的外汇收支，也照此办理。

由于巴西实行这一管汇制度，也给巴西中央政府带来一个问题，就是在巴西银行登记的外债，还本付息所需外汇都由国家负责。

第四，进出口商品实行全面许可证制度。巴西的进出口商品实行全面许可证制度，对进口管制更严。许可证由巴西银行外贸局主管，许可证由设在全国 23 个州的 111 个外贸分局核发。

四、几点认识和借鉴

我国和巴西都是发展中国家，有许多共同和相似之处。研究巴西利用外资和管理外贸的经验，无疑对我们是有益的。下面几点是我们的认识和得到的启示。

第一，坚持对外开放政策的连续性与一贯性。50年代以来，巴西经历了多次政权更迭的曲折过程。但从1951年瓦加斯总统提出工业化的方针，1956年库比契克总统实行对外开放政策开始，以后历届政府，都始终坚持了以发展经济为中心，实行工业化，重视基础设施建设，扩大对外开放这一基本国策的连续性与一贯性，从而使巴西在经济发展和提高人民生活水平方面取得明显成就。

我国的十年改革开放，由于政策稳定和连贯，经济取得了前所未有的发展，人民生活水平得到了很大提高，受到了世界各国的注目。今后我们必须在坚持四项基本原则的前提下，继续把改革开放作为我们的基本国策，在保持合理结构和提高使用效益的基础上，进一步扩大运用外资，使外资在我国现代化建设中发挥更大的作用。除在条件许可的范围内适当增加对外借款外，还应当改变观念，合理调整外国投资政策，明确规定外国投资的行业、国产化的期限、投资和再投资优惠等，以更多地吸引外商直接投资。

第二，逐步做到对外资企业与国内企业一视同仁，使它们平等地进行市场竞争。应逐步对外资企业包括合资和独资企业在法律上、政策上给予像中国企业同样的地位和待遇。事实上，外资企业也是在中国的土地上，必须按照中国的法律来办事。我们应在税收和劳务收费标准上，对外资企业与国内企业基本一致。在劳动和企业制度方面，应允许外资企业实行国际上通行的办法，以利于企业之间的平等竞争，提高对外资的吸引力。只要我们在政策上既鼓励外商投资，又对抽走资金、汇出利润作出必要的限制，并明确规定外资企业再投资的优惠政策，就可以使外资长期为我国现代化建设服务。

第三，实行替代进口政策，可以考虑有区别地为外资企业开放国内市场。把外资企业视同本国资本企业，就应在政策上允许外资企业在国内市场上销售产品，我们能吸引外资的动力，主要是广阔的市场，不是税收或其他特殊优惠政策。因为税收减免了，如果在没有解决双重征税的情况下，外资企业利润汇回国内还要照样交税，外商不一定能够得到多少实惠。再者，用大量外汇进口商品与让外国资本来中国办厂并销售同种产品，两者比较，显然后者有利。因此，实行进口替代政策，不应只限于国内企业生产替代进口产品，同时可包括外资企业生产替代进口的产品。只要我们在政策上明确规定，举办外资企业必须是生产我国还生产不了的产品，以及我国长期上不去的产品，就不但不会影响国内企业的生产，而且有利于新兴技术的发展和市场竞争。同时还要制定配套政策，禁止或逐渐减少进口我国土地上能生产的替代产品。

第四，外债和外汇管理体制和政策要适应新情况，采取新办法。我国现在采取的外汇留成办法，有一些问题无法较好地解决：一是借外债的单位可能不创汇，创汇的单位可能不用汇，偿还外债难以真正落实；二是给外资企业开放国内市场必然遇到外汇平衡问题，这在局部是不能解决的；三是根据现在中央事权范围，现有中央外汇留成比例无法适应宏观调控和工业化进程的需要；四是外汇分散，进口失控，使用效果差。解决这些问题，主要有两种选择：或者大大提高中央外汇留成比例，或者全部外汇由中央统管。而这两种选择必须与现有利益格局、出口补贴、汇率及外贸经营体制一起通盘考虑，权衡利弊，争取尽快有一个新的实施办法。同时还要解决对外借款权过于分散、还款办法不落实等问题，统一借款窗口，实行中央一支笔的审批办法，并建立偿还外债基金制度，把外债规模控制在合理水平上。同时，要努力改善借债结构。

专题报告之三

巴西反通货膨胀的"夏季计划"及实施中的问题

巴西为了对付严重的通货膨胀，1989 年初宣布实行"夏季计划"。现将有关情况整理如下。

一、"夏季计划"产生的背景

1989 年 1 月 15 日宣布实行的"夏季计划"，是巴西政府针对 1988 年出现的恶性通货膨胀而采取的一项短期治理计划。目的是遏制通货膨胀、稳定经济。

"夏季计划"颁布之前，现任总统萨尔内曾实施过一项"克鲁扎多"计划。80 年代初，巴西实行了工资随物价上涨指数而相应提高的所谓指数化政策。按照这个政策，政府在每个时期都要根据统计指数来预测物价上涨率，同时调整工资增长幅度，并予以公布。实行这个政策的一个直接结果，是物价同工资轮番上涨，经济状况日益恶化。1985 年巴西通货膨胀率超过 400％。因此，巴西政府从 1986 年开始实施"克鲁扎多"这样的反通货膨胀计划。这项计划的内容包括，全面冻结物价和部分冻结工资，禁止在期限为一年以下的合同中规定指数化条款，发行新币克鲁扎多以取代旧币克鲁赛罗，新币兑旧币的比值为 1∶1000，即对旧币实行大幅度贬值。同时，为了吸收社会购买力，连续几次提高了银行的存款利率。这项计划在最初执行的 1986 年，虽然使巴西的通货膨胀率降到官方公布的 62％，但是 1988 年又高达 934％，因此，该计划最终以失败告终，指数化政策实际上又得到恢复。造成这种情况的原因，巴西一些人士认为：①虽然政府提高了存款利率，但在通货膨胀的预期上，人们还普遍认为存款不如购物，从而加剧了供求矛盾，增加了市场的压力。

②政府迟迟未能建立起新的价格体系，企业为了保护自己的利益，利用一切可能在政府难以控制的方面自行调价，经济结构不但得不到合理的调整，而且事实上的涨价风却使政府失去了社会公众的支持和信任。③高达150亿美元的财政赤字使政府难以承受。④沉重的外债负担限制了经济的增长。

面对1988年接近1000%的通货膨胀率，各方面难以承受物价飞涨的局面，一些人士指出，如果不对这种恶性通货膨胀的局面加以控制，有可能使经济状况更加恶化。于是，1989年初联邦政府又颁布了一个新的反通货膨胀计划"夏季计划"。巴西总统萨尔内在当天发表的电视讲话中说："我们正处于极度通货膨胀的前夜。如果没有今天的决定，通货膨胀可能在今年内达到1500%，这是任何一个民主制度都无法维持的。"

二、"夏季计划"的主要内容

根据巴西联邦计划部和财政部介绍的情况和提供的有关资料，"夏季计划"实施方案主要有以下内容。

（一）无限期地冻结物价和工资，取消工资随物价指数上涨而提高的制度

1. 从1989年1月14日起对价格实行不定期冻结。当月16日在全国性报纸上公布了被冻结价格的具体商品目录。对采用期货交易的商品价格也同样予以冻结。

2. 2月份工资按1月份标准发放，低于1988年平均工资的可以按1988年平均工资发放，但最高不得超过1月份工资。

3. 物价冻结后任何工资调整不得以2月份以前物价变动情况为依据。同时还宣布，90天内广泛征求劳资双方意见，制定新的工资调整政策，以取代现行工资同物价指数挂钩的政策。联邦政府部门，包括国有企业、合资企业、政府直接或间接控制的单位，根据自身财政支出能力和有关

法律制定自己的工资调整政策。

4. 取消原有的国家正式公布的物价指数调整概念。90 天以内新合同中，禁止使用物价指数；90 天以上的新合同由当事人双方协商自愿使用新的物价指数。

（二）实行货币改革

1. 用新币克鲁扎多取代旧币克鲁扎多，比率为 1：1000。为实行此项改革，做好以旧换新的准备，银行于 1 月 16 日、17 日停业两天。

2. 巴西货币兑美元的汇率贬值 16.3805％。

（三）实行紧缩信贷方针的同时，吸收储蓄和投资，加强对外汇的管理

1. 自 1988 年 12 月 31 日起限制财政金融机构对个人的贷款总量。

2. 对消费者个人的直接信用贷款期限根据其用途分别限制在 3—12 个月不等。

3. 将现钞存款利率提高 80％，计划使存款总额在现有基础上增加 100％。

4. 对 60 天的定期存款仍按规定利率支付，90 天的定期存款利息可以由双方按商定的比例支付。

5. 允许各种金融机构增发 60％的股份。

6. 对外汇实行集中管理，责成中央银行在调整外汇收支平衡的必要阶段，停止对外发款。

（四）实行严厉的财政紧缩计划，削减政府开支

1. 政府预算公共开支按新币值计算。

2. 政府预算设立专控储备基金。

3. 1989 年财政支出中国库支付，将限于上年未现存的储备能力。

4. 联邦公共财产债券（政府债券），仅限于对在夏季计划期间到期的单位发放，以减轻对金融市场的压力。

5. 撤销联邦住房和社会福利、科学和技术、土地政策和发展、行政、水利灌溉等五个行政部门，其相应职能重新分配，解散或合并九个部门

所属的 29 个联邦行政机构（包括直属单位）、公共基金会和国营企业。自 3 月 1 日起，这些部门或行政机构的非公务员予以辞退或免职，相应的职务自动取消。此外，计划还规定，对总统府公务员至少裁减 20%，对各委员会的保证金至少缩减 50%。

三、"夏季计划"执行情况及评价

由于巴西 1989 年 11 月将要举行 30 年来第一次总统直接选举，能否使巴西经济从困扰多年、不断恶化的通货膨胀中解脱出来，已成为本届政府能否获得公众信任，执政党能否在这次大选中获胜的重要筹码。因此，舆论普遍认为，"夏季计划"是萨尔内为遏制通货膨胀、稳定经济所做的最后一次努力。

从"夏季计划"执行最初几个月的情况来看，效果是明显的。政府量入为出，开支有所减少；银行储蓄额增加，贷款有所卜降；生活必需品价格得到控制，市场未出现抢购风；通货膨胀率与计划实施的 1 月份相比大幅度下降，据巴西官方公布的数字，1989 年 1 月为 31%，2 月中旬为 3.6%，3 月为 6.1%，4 月预计 7%。

尽管如此，我们在考察中接触到的一些巴西人士，对巴西政府精心设计的这次反通货膨胀计划能否获得成功，仍普遍持怀疑态度。巴西计划部的官员认为：造成长期以来通货膨胀率居高不下的原因是复杂的，不可能期望通过一个法案就使其降下来。"夏季计划"的执行使国家付出了代价，但并没有达到预期的目的。另据最近我们国内有关报刊报道，巴西政府已于 6 月 15 日宣布，"夏季计划"难以实现，决定恢复实行经济指数化政策，大部分商品价格放开，货币再度每天小幅度贬值。至此，这一反通货膨胀的"夏季计划"又再次失败了，5 月份以来，巴西又面临高通货膨胀的威胁，预测 7 月份将再次突破 30%。

造成目前这种局面的原因在哪里呢？根据我们考察了解到的情况，概括起来主要有以下几点：

第一，消除恶性通货膨胀必须着眼于改善巴西的经济结构，这是需要较长时期的努力才能够得到解决的。"夏季计划"仅仅是治理通货膨胀的一项短期计划，试图在几个月时间里解决长期积累下来的结构失衡问题是不可能的。治标不治本的办法也预示了"夏季计划"不可能在治理通货膨胀方面有大的作为。

第二，单纯冻结物价只能在一定时期保持市场物价的稳定，但也带来了严重后果。一方面，企业因成本过高而无法正常生产经营，工业生产连续下降，市场上许多商品缺货；另一方面，企业主在呼吁尽快解除价格管制的同时，不少都采取了自行调价的办法。这样，政府自始至终面临着市场的压力和潜在的经济危机。"夏季计划"的失败也就在意料之中了。

第三，"夏季计划"虽然规定了在90天内广泛征求劳资双方意见，制定出新的工资调整政策，但由于工薪阶层不断罢工，要求增加工资，补偿因物价上涨而受到的损失，导致这一规定无法执行。据悉，仅今年4月份全国罢工就发生367次，参加人数达400多万。在劳资之间利益矛盾难以调和的情况下，新的工资调整政策难以制定下来，"夏季计划"也就不可能再实行下去了。

第四，提高存款利率是为了增加储蓄，减轻需求压力，减少货币发行，但"夏季计划"执行以来却事与愿违。今年4、5月份，市场短期存款利率已高达44%，创历史最高水平。增加储蓄与扩大的利息支出相比，付出的代价太大，加剧了货币超经济发行的压力。

第五，"夏季计划"中关于撤销、合并一些政府部门、裁减六万名公务员的重要措施未获议会通过，表明该计划并没有得到国会、企业家、劳动者和社会各界的理解、信任和支持，致使整个计划无法全面实施。这也是"夏季计划"之所以失败的原因之一。

第六，巴西一些专家、学者在评价"夏季计划"时认为，这个反通货膨胀计划只冻结物价和控制工资不行，重要的是缺少如何解决公共赤字问题。事实也是如此。在有关裁减政府机构和公务员，以及国营企业私有化等重要措施未获议会通过之后，该计划对解决公共赤字、削减政府开支几乎无能为力。因此，公共赤字不断增长使政府不得不多发票子，通货膨胀也就难以从根本上得到有效控制。

四、从巴西反通货膨胀经验教训中得到的几点启示

第一，我国目前的通货膨胀其主要原因是经济总量不平衡、经济结构不合理、经济效益不好。因此，解决通货膨胀问题必须从其产生的原因入手，控制总量、调整结构。为此，必须有一个长远的打算或计划，力争在三年间基本解决通货膨胀问题，用更长一点的时间使财政经济状况有根本好转，从根本上消除我国产生通货膨胀的隐患。

第二，在治理通货膨胀的非常时期，加强中央的宏观调控是十分必要的。在当前，一切有利于控制总量、改善经济结构和遏制通货膨胀的手段和措施都应当适当集中，坚持全国一盘棋的思想，严禁各地区、各个部门在中央的统一政策之外再乱开口子、政出多门，严禁一切形式的有令不行、有禁不止现象的发生。

第三，结合国家行政机构改革，切实精兵简政，削减机构和冗员，大力压缩行政开支，压缩集团购买力。在控制和削减行政预算支出方面切实采取过硬的措施。

第四，治理通货膨胀措施的出台，必须坚持配套原则，避免头痛医头、脚痛医脚的做法。在治理整顿期间，任何一项改革措施都要有利于抑制通货膨胀，综合运用各种行政的、经济的和法律的手段，实现治理通货膨胀的宏观目标和任务。

第五，大力做好宣传工作，以求人们的共识，争取社会各界对治理通货膨胀措施的理解和支持。

专题报告之四

巴西国有企业发展过程及与政府的关系

一、发展过程

从本世纪 60 年代起，巴西政府就下决心加速国家工业化进程。为实现这个目标，打好经济起飞的基础，巴西政府比较重视基础设施和基础工业的发展。这个时期是巴西集中发展经济的时期，特别是 1968—1974 年，大规模的公共投资，使交通、通讯等基础设施达到了比较先进的水平，基础工业与加工工业都得到了迅速发展，资本产品出口增加，耐用消费品和建筑业也得到较快发展，实现了经济的高速增长。巴西政府认为，基础设施和基础工业，是国民经济的战略部门，影响着经济发展的全局，不能由外国资本掌握和控制。同时，由于巴西是一个发展中国家，私人资本没有能力对这些部门大量投资，也不愿承担这种需要投入大量资本又不能很快回收的风险。因此，巴西政府把国家资本主要投向各种交通、通讯等基础设施和能源、原材料等基础工业，为私人企业和外资企业的发展创造有利的条件和良好的环境。

1964—1980 年间，巴西新成立了 300 多个国营企业，政府在石化、肥料、电信和核能等部门开始投资，同时钢铁、电力、运输和采矿业中的国有企业也在继续扩展。1967 年，军政府通过了一项法案，以鼓励在私人企业经营的领域中组建国有企业。国有企业得到解放，拓展了它们的活动范围，新的分支机构和控股公司应运而生。那时企业向国外借款很容易，从而成为当时国营企业发展较快的一个重要原因。70 年代中期以后，一部分国营企业私有化了，一部分重要部门的企业依然在政府的管理之下。

巴西国有企业在经济中的份额是很大的，其产值占国内生产总值20%—25%，外债占巴西外债总额的70%（主要用于能源、钢铁等行业）。国有企业覆盖了全国经济活动的广大领域，提供了130万个就业岗位，在运输、特种钢、电信、油田和采矿业中占据垄断地位。目前全国有160多个生产性国营企业。除联邦之外，州和市也都有国营企业，但州和市属企业产值很小，远远不及联邦政府所属的国营企业。

国营企业资本有的100%是国家（包括联邦、州和市政府）投资，有的只是国家参股。一般来说，国家股份占51%以上就是国营企业。股份有两种，普通股和优先股。优先股优先分红利，普通股在董事会有投票权。当然也有例外，在采矿企业，优先股也可以有选择权。巴西法律规定，普通股应占企业全部股份的1/3以上，在国营企业至少占17%。从总体上讲，国营企业的绝大多数股份是国家的，但国家股份占100%的很少。如圣保罗电力能源公司80%的股份属圣保罗州政府，10%的股份属联邦政府，还有10%的股票是通过公开市场发行的，其中近1/3是个人股份。邮政、机场全部是政府投资，并完全由政府控制，电力公司普通股中政府占18%—44%。

二、国有企业的分布领域

多年来，巴西政府投资遍布通讯、交通、钢铁、化工、石油、石化、能源、采矿等多个部门。如在钢铁工业尤其是特种钢方面，国营企业基本上处于垄断地位。巴西有5个国营钢铁企业，钢产量总共达1700万—1800万吨，其中有两个企业是与日本、意大利合资的。

在电力工业领域，有包括巴西电力公司（属联邦政府）在内的6个大的国营发电企业。电力特别是输电行业国营企业占90%，5%是私人企业。

在石油行业，大型国营企业巴西石油公司年收入160亿美元，该公司业务发展很快，在国外设有分公司。该公司业务已扩展到化肥工业、石油副产品如天然气、汽油。近几年，巴西石油公司已在国际上与美国、英国等一些发达国家的公司展开竞争。

采矿业也有一家很大的国营企业——甜河公司。这家公司主要采掘铁矿石，此外也开采金、铝和其他有色金属，产品的80%出口。该公司不仅从事采矿业，还在矿山附近建立城镇、超级市场，进行综合经营。

在航空工业方面，有一个国营公司生产小型飞机，主要是在美国市场上销售，已占美国同类型飞机销售量的35%。飞机喷气发动机的维修也由国营企业承担。这种企业收入不多，每年只不过5000万美元，公司虽然都很小，但很重要，在南美信誉不错。

航空港的管理是国家垄断的。航空公司无论客运还是货运都是私人企业，圣保罗州原有一个国营航空公司，因效率不高，现已转卖给私人。

铁路有一家大的国营公司在圣保罗，是州属的，运营线达3万公里，还有一家国营公司运营线1万公里。此外还有一些支线，是采矿公司运矿砂的。

在水运方面，一些私人公司负责运普通货物，一家国营公司从事石油运输，采矿公司也有运矿砂的船队。总的来说，国营企业载运量占整个航运吨位的2/3。

电讯方面也是由国营企业垄断。电讯工业每年为国家提供财政收入50亿美元，有30个国营企业，都属高技术领域，其经营主要是服务性的。

另外，在金融业，联邦政府拥有11个国家银行。

三、政府对国有企业的管理

政府对企业的管理着重于控制企业的财务与预算。为此，政府在联邦计划部设立国营企业预算与管理局（SEST），负责控制国营企业的支出。各产业部（邮电、工商、采矿和能源等部门）仅作为一个次级管理机构，以强化SEST的职能。政府为国营企业提供参数，企业做预算，然后提交财政部审查。为避免赤字，在一般情况下财政部都要对企业的投资和公共开支预算进行压缩。在此基础上，SEST 对生产性国营企业的预算进行审批，经部长报总统和国会批准。在国营企业执行预算过程中，特别是在某些经费不落实的情况下，计划部要与财政部协商解决有关问题。考虑到通货膨胀因素，财政部对企业提交的预算每年都要修改 2—3 次。

国营企业的利润不是全部交给国家，而是与政府商量后可以适当留成。例如，企业要再投资或干某项事情，向政府提出计划并建议留成比例，政府批准后就可以实行。国营企业用自筹资金再投资，所得利润采取分红制度，一般政府得 25%，企业得 75%。

国营企业扩大再生产的投资，六七十年代主要由政府拨款，现在一是靠国外贷款，二是到金融市场发行股票。如电力、石化部门的国营企业计划投资，控股公司将其项目计划提交计划部，企业必须掌握一定的资金，或是企业的自有资金，或是持有股份，这样计划部可以批准它借用一定数额的资金。国营企业一般不能进行跨行业的投资。对国营企业的投资，政府主要通过经营预算和投资预算加以控制，预算有半年的，季度的，甚至月度的。企业的投资预算，在真正执行时可能还要重新评估，需考虑当时的经济环境，这样有些投资就要推迟了。

国营企业的大政方针要服从所属政府的决定，在此前提下，企业自主经营。政府对国营企业不下达生产任务，也不直接管理企业的物资供应和销售，但对个别行业政府有些具体规定。如企业进口钢材，型号由自己决定，加工后的产品，政府规定 30% 要在国内市场销售，其余可以出口。国家对国营企业的行业管理，通过产业部和控股公司进行，如钢铁行业就由工商部管理。

联邦政府对国营企业产品价格进行控制，并非由于它们是国营企业，而是因为它们在某些行业具有垄断性。圣保罗电力能源公司卖电的价格就受联邦政府控制，电税征收额也由联邦政府决定。

对要加强的领域如能源领域，国营企业从银行贷款，表面上与私人企业的利率一样，实际上国营企业得到联邦政府的贴息。

国营企业的职工人数和工资都受联邦政府的控制。联邦政府对国营企业雇工人数有明文规定。国家工资计划对国营企业和私人企业同样有效。此外，国家对国营企业还有补充规定。国营企业工人工资与私人企业一样根据劳动市场情况而定，公司制定工资标准后必须报联邦政府批准。提高工资往往是工人与企业主讨价还价的结果，一般由工会从中斡旋，但不是所有讨价后企业主同意增加的工资联邦政府也都同意。

国营企业的经理一般由政府指定，也有的由股东大会选举产生。国营企业预算与管理局的负责人认为，选举和任命是一回事，因为政府在国营企业中占有最多的股份。

四、国营企业存在的问题及发展前景

总的来说，巴西的国营企业在贯彻政府政策方面起了重要的作用，如促进工业化水平的提高，发展进口替代，维持就业，改善收入分配，发展重要产业部门，吸收国外资源以改善贸易收支等。

同时应看到，政府对国营企业的干预对其经营活动也有一定的消极影响。主要是造成一定程度的混乱，员工（包括董事会）积极性下降，刺激了管理中增加支出的倾向。国家出于各种不同的原因，采用多种手段来干预企业，而这些干预并不总是相互协调的。

尽管国营企业有这样那样的问题，巴西国营企业私有化的并不多。前些时候政府曾呈送给国会一份材料，打算将四五个国营企业私有化，国会不同意，给否决了。最近准备把一家国营公司通过巴西银行卖给该公司的职工。联邦计划部国营企业预算与管理局负责人奥利维拉博士认为，搞私有化说起来容易做起来难。

在巴西，国营企业经过二三十年的发展，人们对它的认识也随之深化。现在人们认为，国营企业摊子这么庞大，是应认真考虑效率问题的时候了，不能再像以前那样不计成本，而是要提高生产率。联邦政府也

意识到这点，正着手采取有效办法提高效率，改变不计成本的现象。

巴西政府现在酝酿成立一个部门，具体管理国营企业，设想像意大利的义利集团一样，作为政府的一个机构，下管300多个各种类型的国营企业。这个设想如何以及这个机构何时成立，要看与企业谈判的结果，同时计划部还要与政府的其他有关部门就企业财务问题进行磋商。

五、几点启示

第一，国家要直接掌握和控制那些关系国民经济命脉的重要部门和企业。从巴西国营企业的分布可以看到，巴西经济的一些重要部门和行业都是由国营企业垄断或国营企业占有相当比重，这对巴西经济的高速发展和国家产业政策的实施起了重要作用。我们是以公有制为主体的社会主义国家，为了国家的独立和安全，保障最大多数人的利益，那些有战略意义的部门，如邮电、交通、电力、采矿等，要害单位如机场、港口等，以及对宏观经济有重要影响的金融业等，必须完全或绝大部分由国家控制。

第二，效率是国营企业生死存亡的问题。巴西政府在大力发展国营企业以后，开始着力于解决国营企业效率不高的问题。我国现在国营企业已在整个国民经济发展中占有主体和主导地位，发挥着绝对优势的作用。问题是效率问题一直没有很好地得到解决。因此，着重解决国营企业效率问题，仍是我国今后经济体制改革的主要方向。一方面需要深化企业经营机制改革，把责、权、利切实地结合起来；另一方面要抓紧研究、制定一套有操作性的、能全面考核企业经济效益的方法、制度及相应的指标体系。

第三，进一步改革和完善国家对国营企业的管理。巴西目前的国营企业管理模式，包括控股公司间接管理和产业部直接管理企业的双重特点。结合我国的具体情况，可以从以下几方面来改进国家对国营企业的管理：

1. 充分发挥国有资产管理局的作用。国有资产管理局作为国家财产的代表者，要对国有资产的保值和增值负责。国营企业应实行税利分流，并把为国家创造更多的利润当作自己义不容辞的责任。

2. 发挥行业主管部门的作用。这些部门除了从行业管理的角度对企业进行指导、服务、监督外，还应直接领导本行业一些于国计民生有重大影响的国营企业。实践证明，把大批中央企业统统下放给地方，不能说是一个成功的经验，弊病不少，特别是不利于生产专业化和技术进步。在治理整顿期间，对一些已下放的大型企业，该上收的应该上收。

3. 继续国营企业股份制的试点工作。特别是对在交通、能源、重要原材料领域的一些大型投资项目，可试行国家、地方互相参股的办法。经国家批准，某些国营企业也可公开发行一部分股票，并掌握合适的度。同时要使股份经营规范化，防止发生变相侵吞国家财产的行为。

4. 设立不同类型的查账公司，对国营企业财务实行严格的监督。目前我国国营企业偷税、漏税现象严重，对此必须采取有力措施。查账公司可受国家委托，对某些国营企业账目进行稽核。查账公司的业务人员必须经过严格的资格审查，具有相应的专业职称，秉公办事。

法国国有企业管理体制和运行机制的主要特点及其启示 ①

——国家计委赴法国宏观经济管理研讨班研讨报告

（一九九一年十二月）

1991 年 9 月 28 日至 10 月 11 日，由国家计委政策研究室、经济研究中心、计划干部培训中心等单位，以及部分省市计委负责同志组成的国家计委宏观经济管理研讨班一行 14 人，对法国处理国家与国有企业关系的方式和做法进行了专题研讨和考察。在这期间，代表团听取了法国 10 多位知名教授、专家和政府官员的系统介绍，拜访了法国财政经济和预算部、国家审计院、法国电力公司、法国北方大区铁路公司，并同有关人士进行了座谈。通过研讨和考察，我们感到法国国有企业的管理体制和运行机制颇有特色，他们的一些做法值得研究和借鉴。现将主要情况报告如下。

一、法国国有企业在国民经济中的地位和作用

法国是以生产资料私有制为主体的资本主义国家，但国有企业在国

---

① 本文是以魏礼群为团长的国家计委宏观经济管理研讨班于 1991 年 9 月 28 日至 10 月 11 日赴法国进行专题研讨和考察的研讨报告，代表团主要成员有许文清、党彤、林兆木、戴桂英等。

民经济中占有相当大的比重。1990 年，全国拥有国家直接控制和国家控股 50％以上的国有企业共计 2268 家；其中，由国家直接控制的国有企业为 108 家。国有企业产值占国内生产总值 18％，投资额占全国总投资的 27.5％，出口额占 25％。

国有企业主要分布在能源、交通通信、原材料以及加工制造、银行和保险等四大部门。在能源部门，国有企业产值占全国能源生产总值的 69％（其中电力占 95％以上），职工占 78.3％，投资额占 84.5％。在交通通信部门，法国国营铁路公司、法国国营航空公司等五家公司，几乎包揽了全法国的交通运输业。在原材料和加工制造部门，国营企业基本控制了全部的钢铁、铀矿以及大部分的玻璃、化学、电子、发电设备、公共工程等方面的生产。在金融和保险部门，国有金融机构掌握了全国 90％的存款、84.8％的贷款、97.2％的国际金融业务，国有银行和保险机构全面地控制了金融和保险系统的活动。除以上四大部门外，农业、商业、通讯业等其他部门也有一些国有企业。

法国的国有企业是经历三次私营企业国有化浪潮发展起来的。第一次是 1936 年，国有化范围主要是交通和军事工业。第二次是 1945 年，政府先后将雷诺汽车公司、法兰西电力公司、法兰西煤炭煤气公司、法兰西银行、里昂信贷银行、国民工商银行以及 30 多家保险公司收归国有。到 1946 年，国家控制了全国能源的 90％、全国银行业的 45％—50％。第三次是 1982 年，法国政府以不同方式将 11 家工业集团，以及存款在 10 亿法郎以上的 39 家大银行实行国有化。1986 年希拉克出任总理后，曾推行国有企业私有化政策，到 1988 年 5 月已将 12 家资本约 600 亿法郎的国有企业，通过出售股份实行私有化。1988 年 5 月社会党罗卡尔政府上台后，私有化政策中止执行。

据了解，从 30 年代以来，法国左翼力量始终反对资本的私人垄断性，把扩大国有部门看成是影响社会再生产和再分配的有力工具。国有企业在法国经济发展的各个历史时期中，也确实发挥着重要作用。

一是集中资金进行建设。二次大战后，法国能源、交通之所以较快得到恢复和发展，主要靠国有企业动员资金的优势，进行大规模建设。现在，国有企业在一些资金密集和技术密集型工业，例如电力、运输、宇航、电子等领域的投资中仍然起着支柱作用。

二是推动产业结构的调整。由于国有企业较多分布在垄断性强的基础设施和公用事业部门，政府具有较强的干预能力，能对经济发展方向起重大影响。80年代初的国有化，对传统工业部门的重组和改造，发展高新技术产业收到了明显效果。例如，核电迅速发展，已占全部电力的76%，水电开发程度达90%，不仅克服了石油、煤炭能源资源不足的困难，而且取得了富有竞争性的廉价电力，目前每年可向邻国出口500亿度电；计算机软件销量已占欧洲市场的1/3，居欧洲第一位；高速火车技术超过日、美，居于世界领先地位。汽车、钢铁、纺织等传统工业也发生了很大变化。

三是保证国家发展计划目标的实现。40多年来，法国政府连续制定和实施10个中期发展计划，由于国有企业在能源、交通、通信、银行等基础设施和公用事业部门占据很大比重，有利于政府贯彻干预经济的政策意图，有利于实行信贷定量管理、控制物价指数、抑制通货膨胀、保持对外贸易顺差，因而对国家计划的实施起了重要作用。

二、法国管理国有企业的主要方式和特点

在法国，国家赋予国有企业的主要使命是进行有效的经营，增加效益和盈利。但由于国有企业的所有制性质和与国家的特殊关系所决定，国有企业在经营过程中，还要承担国家履行经济调节器的职能，为国家全局利益和社会公共利益服务，包括帮助国家实现经济发展目标和战略发展规划，刺激和带动市场投资，完成工业项目和科技项目攻关任务等。基于这种情况，法国处理国家与国有企业之间关系的基本原则是，既要保证国家对企业的所有权和领导权，又要保证使企业拥有经营自主权，

让大多数国有企业能够像私人企业那样，按照一般经济法则和市场规律运作。国家管理国有企业的主要方式和特点如下。

（一）国家作为国有企业资产所有者，有明确的国家代表和所有权维护方式

股份制是法国国有企业最基本的资产组织形式。国家控股数额大致可以分为控股100%、50%以上和50%以下三种。控股的方式有直接控股和间接控股。直接控股由财政经济和预算部代表国家持股，间接控股由国家银行和金融机构持股。国家与国有企业的关系，首先表现为股份持有者与企业经营者之间的关系；其次表现为从属关系、稽核关系和监督关系。

法国政府对国有企业的管理，行使国家的资产所有权和管理权，主要通过以下四种方式来实现：

一是明确国有企业的资产管理部门，负责国有企业的资产管理和对企业进行领导，影响企业发展方向和战略。以国有资产的所有者身份行使管理职能的，主要有财政经济和预算部、计划总署、工业部、运输部、邮电部、国防部等。在参与国有资产管理活动的各部门中，财政经济和预算部拥有较大权力。国有企业的资产由财政经济和预算部管理，该部对所有国有企业进行经济和财政方面的领导和控制，决定对国有企业的财政拨款支持程度以及参股范围。企业经营管理则分别由有关主管部门负责。例如，五大工业集团、雷诺汽车公司的主管部是工业部，国营航空公司、国营铁路公司的主管部是运输部。

二是选派代表参加企业董事会，任命董事长或决定董事长人选提名，保证国家对企业的领导权。法国国有企业一般实行董事会下的经理负责制。董事会是决策机构，负责决定企业的发展战略、经营方针和红利分配，任免董事长、总经理。董事会中实行"三方代表制"原则，即国家代表、企业职工代表和与企业有关的专家、知名人士代表各占1/3。企业董事会成员中的政府代表，由国家任命；专家、知名人士代表，也由政

府任命。国家控股100％的企业，以及国家控股90％以上的企业，其董事长、总经理由主管部长提名、经内阁会议讨论通过，以法令形式予以任命。对于国家部分控股的国有企业，其董事长虽由股东大会选举产生，但如果国家控制了50％以上的多数股份，仍可以左右董事长的选举，实际上也是国家提名确定的。为了维护国家利益，政府在任命和选择董事长时，一般都是挑选那些曾在该企业任职多年、了解情况和业务，同时在政治上亲政府的人，或挑选政府部门的高级官员担任。国有企业中的高级管理人员来自政府行政部门的比例很大，这就保证了国有企业主要领导成员有较高的业务素质和较强的国家观念。企业董事长在作出重大决策时，一般都要同政府有关部门磋商。如果董事长与政府发生严重意见分歧，拒绝执行政府的意见，董事长可以自动辞职，政府也可以撤换董事长。

三是向企业派驻国家稽查员和主管部门代表，对国有资产经营进行监督。财政经济和预算部的常驻企业代表称为稽查员，负责监督企业的财务情况。财务稽查员的主要使命是，督促企业遵守各项财务规章制度，检查企业账目是否合乎规定，给政府提供企业各种信息，为企业经营提出建议。他们可以列席董事会，有发言权，但无表决权；有权查阅企业任何资料，在特殊情况下有权直接给财政部长写报告反映情况和意见。主管部门的常驻代表，负责了解检查情况，向主管部门汇报。

四是设立国家审计法院，对国有企业进行审计检查。国家审计法院每年都对国有企业的账目进行事后稽核。主要内容是检查企业财务收支是否合乎规定，并对企业经营效率和效益进行评估。审计法院拥有对企业进行监督稽核的广泛权力，有权查阅档案和情报资料，随时召见企业领导人，国家审计法院每两年都要提交一份有关国有企业账目情况的报告，分析其财务管理和经营情况，审计报告送交财政经济预算部、国民议会和参议院中负责监督国有企业的议员。审计法院可以对违反财务管理规定的行政机关公务员和企业职员课以罚款或审判。

（二）把国有企业分为垄断性和竞争性两大类，实行分类管理

法国政府根据企业是否具有竞争性、行业是否存在规模效益或网络效益、是否需要大量基础设施投资等三个标准，把国有企业划分为两种类型：一种是垄断性国有企业，一种是竞争性国有企业，并分别采取不同的管理方式。

垄断性国有企业，主要集中在能源、交通、邮电通信等基础产业和基础设施部门。法国政府直接控制的108家国有企业中，有8家大型垄断企业，包括电力公司、煤气煤炭公司、钢铁公司、航空公司、巴黎运输公司、电报电话公司等。政府对垄断性国有企业，采取直接管理和间接管理相结合，控制程度较高，管理比较严格，企业的自主权相对较少。在投资方面，政府通过"经济与社会发展基金组织"每年确定一个投资额度，控制企业的借债规模。在价格方面，政府参照国际市场价格对垄断性企业的价格进行干预，防止企业利用垄断地位随意提高价格。对企业亏损，在法律上国家没有补贴义务，但在垄断性和公益性强的企业（铁路运输、邮电通信）的亏损中，因服从国家总体目标而引起的政策性亏损，政府要按照计划合同规定的数额给予补贴；超亏部分，企业要用自有资金弥补，或向银行借款。近几年来，法国政府对垄断性国有企业的管理体制也在逐步改革，由主要采取补贴的办法，改变为扩大企业经营自主权，并要求企业逐步做到自负盈亏。

竞争性国有企业，是指所处的部门存在大量私人企业，国内和国际市场上有众多的竞争对象。这类国有企业，大都分布在加工工业、建筑业、商业、服务业。政府对竞争性国有企业基本上无直接控制，企业处于同私人企业相同的平等竞争地位，拥有更多的经营自主权。政府对这类企业的管理，仅限于任命企业主要领导人以及对资产流入或流出实行监督。

（三）政府通过与国有企业签订计划合同，明确国家与国有企业的权责利关系

法国对国有企业的管理，除了采取以上方式行使国家的资产所有权

之外，还重视运用计划合同的形式。计划合同的内容，主要是确定企业的中长期发展规划，包括一些生产经营目标，规定企业承担的盈利、自筹投资、就业、技术开发等义务，并对企业收益目标、服务质量、劳动生产率、价格变动等作出规定，企业在这套指标体系的约束下可以进行最优经营方式的选择。同时，合同还规定了国家在财政投资、补贴和外部环境等方面对企业承担的义务。所有补贴都摆在明处，单算单补。以往时期的计划合同，普遍存在着对双方义务规定得过多、过细的毛病，执行起来经常调整、修改，双方讨价还价，极为复杂。近几年进行了改变，主要是突出重点，不面面俱到。例如电力公司的合同，不包括新电厂的建设；同时，大致规定合同期的经济环境，不算细账。计划合同一经签订，对企业与国家双方都具有强制性。

政府与国有企业签订计划合同的程序是：先由企业提出自己的发展计划，内容包括发展战略、投资计划、财务计划，应承担的义务及其对政府的要求。在此基础上，政府代表（财政经济和预算部、计划总署、主管部的代表）与企业代表进行签订计划合同的谈判，一起分析和预测企业经营的外部条件及其变化，如经济增长、通货膨胀、市场前景、货币汇率等的变化，协商双方的义务。通过谈判，企业把自己的发展计划和发展目标，同国家的发展计划和发展目标衔接起来。计划合同的期限一般为3—5年。在国有企业内部，也层层下放自主权，签订计划合同，层层分解任务，建立各级严格的责任制。

政府与国有企业是否签订计划合同，有两个原则：一是看企业有无新的发展目标。如果没有新的发展目标，只进行日常经营管理，则没有必要签订专门的计划合同。二是看企业所处经济地位和企业经营战略的性质。对于信息工业、宇航工业、原子能工业等国家战略重点工业企业，以及电力、铁路、邮电等基础设施行业，其经营战略选择与国民经济发展密切相关，政府就要求与国有企业签订计划合同。目前，与政府签订计划合同的国有企业占全部国有企业的一半左右。

（四）加强对国有企业的财务和工资分配的硬约束，使之做到自负盈亏，增加盈利

法国一部分国有企业原来亏损严重，由政府补贴，增加了财政负担。80年代以来，政府特别强调国有企业在财务上收支平衡的原则。在法律上国家对国有企业的亏损无补贴义务，企业也无权要求补贴。垄断性和公益性强的企业政策性亏损也需逐项核算，将详细情况向国家报告，才给予相应的补贴。例如政府同法国铁路公司签订的1990—1994年的计划合同规定，国铁在经营上必须自负盈亏，对于政策性亏损和国铁职工的医疗保险费支出，国家每年提供40亿—50亿法郎的补贴。但同时要求国铁每年自有投资的比例不得低于总投资的20%，最后一年必须达到34%。

国有企业按照税法规定交纳增值税后的利润，还要向财政部交50%的所得税，剩下的利润分为两部分，一部分作为红利（红利一般占企业纯收入的10%左右）分给股东，一部分留给企业支配。留归企业支配的部分，大部分用于企业的技术改造和扩大再生产，小部分用于职工的福利和奖金（一般只占企业纯收入的5%）。

法国政府对国有企业，特别是垄断性的国有企业的工资分配实行严格的控制。因为这类国有企业不受市场竞争的影响，有一种自发增加工资的倾向。根据国家1950年颁布的法令，企业工资是根据行业公约，由企业老板与行业工会谈判确定的。1953年法国政府成立了一个专门管理国有企业工资增长事务的委员会，由财政部、劳工部和有关主管部门的代表组成。该委员会每年根据经济增长情况和通货膨胀等因素，确定一个工资增长幅度，提出工资增长的框架计划，上报政府总理签发后，下达给各主管部门和国有企业。同时，财政部将文件发给驻企业的财务稽查员，据此检查企业执行情况。国有企业按照政府下达的工资总额增长幅度，根据自己的经营情况执行。经营好、有盈利的企业，可以在预先确定的幅度内增加工资；经营不好、有亏损的企业，就不能达到计划规定的工资增长幅度。至于各个企业提高工资的具体办法，则由企业领导

人与工人代表谈判决定。

国有企业职工一般分为工人、管理人员和高级干部三类。除总公司董事长和经理的工资由政府主管部门决定，分公司经理的工资由总公司决定外，其余职工的工资按行业工会协商制定的工资等级表决定。同一行业，国有企业和非国有企业都执行同一标准；不同行业的企业工资等级和工资标准则不完全相同。

对职工奖金，国家没有统一规定，一般都由企业自定。奖金额大约相当于一个月的工资，有的企业不发奖金，年终一次发双薪；有的企业年中和年末发两次奖金。职工之间奖金差别很小，国家和企业一般不强调奖金，主要通过提职、升级和调整工资来调动职工的积极性。

（五）扩大企业自主权，充分发挥市场机制的调节作用

80 年代以前，法国政府对国有企业实行严格的管理，国家直接干预较多，管理权限过于集中，又要求国有企业实现多元化目标，结果导致国有企业财务预算软约束，效益低下。1982 年第三次国有化运动后，法国逐步对国有企业的经营体制进行了改革。国家对企业减少了行政方面的控制、监督，取消事前监督，只实行事后监督。特别是近年来，法国出现了放松集中管理，扩大企业自主权限和范围的趋势。如取消外汇管制，政府一般不再直接控制价格、信贷和汇率，给企业减税等。

法国经济的开放程度很高，为了增强国有企业的国际竞争能力，政府注意市场功能的完善，强化竞争委员会、证券交易委员会等调节组织的作用，保证企业平等地进入竞争。政府要求国有企业尽量扩大出口，鼓励国有企业在竞争中增强生存和发展能力。为使一些国有企业具有更强的盈利动机，目前政府准备改变某些竞争性国有企业的资本构成，在保持国家控股 50% 以上的前提下，将部分股份拿到市场公开出售，吸收私人资本加入。

（六）政府对国有企业的管理建立在比较完善的法律和法规基础上

法国从国家与国有企业的关系、国有资产的企业组织形式、企业领

导体制，到财务、税收、审计、雇工、工资以及计划合同等各个方面，都有明确的法律和法规，使政府对国有企业的各项管理工作做到法律化、制度化。法律具有稳定性、连续性和权威性，完备系统的经济法律体系为处理国有企业遇到的各类问题提供了法律依据，也使有关各方的行为有了统一遵循的原则，从而保证国有企业生产经营活动在法律允许的范围内正常进行。

三、几点思考与建议

我国是以生产资料公有制为主体的社会主义国家，社会经济制度、经济发展阶段和其他基本国情与法国都有重大区别，两国国有企业的性质、地位也根本不同。我们对法国国有企业管理体制和运行机制显然不能照搬。但是，通过这次考察，对如何认识国营企业，如何处理国家与国营企业的关系，如何改革国营企业的管理体制和运行机制，法国在这些方面的某些做法，值得我们研究、思考和借鉴。

（一）只要坚持改革，不改变所有制性质也能搞好国营企业

法国国有企业过去也存在着财务软约束、管理和技术水平落后、效益低下、亏损严重等弊端。由于法国政府对国有企业管理体制不断进行改革，包括电力、铁路、邮电等基础产业的国有企业大部分扭亏为盈，企业盈利近年来都有明显上升；有些企业还拥有比较大的自我投资能力。许多企业在国家的支持下，不仅在国内市场，而且在国际市场上具有很强的竞争能力，例如，法国的国有电力公司的核电技术、国有铁路公司的高速运输技术、国有电话电报公司的远距离通讯技术等，都达到了世界一流水平。这些都说明，在不改变企业国有性质的前提下，通过改革管理体制和运行机制，也能够把国有企业办好。有的法国学者也对我们说："经过80年代的改革、整顿，法国的国有企业已不再成为国家的负担""私有化不是万应灵药，克服国有企业过去的弊端，不一定要搞私有化"。在我国，国营企业也存在许多弊端，解决这些问题，绝对不能削弱

国营经济的地位，从私有化去寻找出路，而应该在坚持国营企业所有制不变的条件下，通过深化改革去解决。关键是使企业所有权与经营权适当分离、政企职责分开，使绝大多数企业真正成为自主经营、自负盈亏的社会主义商品生产者和经营者。当然，还可以探索国营企业在所有制方面的多种有效的实现形式，包括中央与地方之间、部门之间、地方之间国营经济相互参股，以及国家控股为主的公有制股份制形式，对国营小企业也可以继续实行租赁制等。

（二）采取有力措施，维护国家作为国营企业的所有者权益

国家作为国营企业的所有者，必须有明确的国家权益的维护者和体现形式。法国在这方面的做法可资借鉴。根据我国国情和目前存在的问题，建议采取以下改进措施。

1. 对国营企业特别是大中型国营企业的厂长（经理），一律按隶属关系实行政府委任制，对某些大中型企业要由国务院或省、自治区、直辖市政府委派任命，并从能维护国家利益、有专业知识、管理经验和有威望的干部中选派，对考核不称职的企业领导人要随时撤换。实行股份制的国营企业董事长和经理，也必须由政府决定任免。同时，要明确所有国营企业厂长（经理）的首要职责是维护国家的权益。

2. 向国营大中型企业派驻政府代表，由国家计委、财政部和有关主管部门的司局级现职或退休老干部组成联合小组（还可以考虑聘请资历深、有名望的专家学者参加）常驻企业。其主要任务是，监督企业贯彻执行党和政府的方针政策，遵守各项财务、成本、工资方面的规章制度，以及监督国有资产使用与变动、经营管理状况。可以考虑，这项工作先在国务院今年批准组建的 55 个大中型企业集团中试行。

3. 强化对国营企业的审计监督。应当明确规定，各级审计部门都必须定期对各个国有企业的财务收支、成本核算、工资分配和资产流动等，进行认真审计，并及时向政府提出审计报告，以防止国有资产的流失和侵蚀，并保证增值。

4.在有关法律法规中，要进一步明确规定，所有国营企业的资产流出和流入都必须经过国家国有资产主管部门批准。

（三）区别不同情况，对国营企业实行分类管理

法国把国有企业分为垄断性和竞争性两大类，并实行不同的管理方式。这一点尤其值得我们研究和借鉴。我国国营企业面广量大，仅国营工业企业就达 10.4 万个，其中国营大中型企业也有 1.3 万家。各类众多的国营企业分布在各个不同的部门和地区，各方面情况差别又很大。同时，不同行业以及同一行业不同的国营企业在国民经济中的地位和作用也不相同，是否具有垄断性或者具有竞争性也大不一样。因此，采用一个领导管理体制模式、一种管理方式方法，一刀切，是不科学的，难以奏效。这样，势必造成该管的管不住，该放的放不开。建议对我国国营企业也进行分类管理，根据企业和产品在国民经济中的地位和作用，是否具有垄断性、公益性或竞争性，并综合考虑其他方面因素，加以分类。一般说来，对能源、交通、邮电和某些国防军工等存在垄断性的企业，以及承担国家指令性计划任务较多的企业，国家直接管理和需要管住的部分相对多一些；对其他大量生产一般性产品、存在竞争性的企业，主要应当实行间接管理，放开由企业参与竞争，优胜劣汰。同时，无论对垄断性企业，还是竞争性企业，都应该使国家与企业的关系规范化、制度化，克服目前存在的在管理体制上一刀切，在具体管理上又随意性很大的弊端。

（四）在转换国营企业经营机制上下硬功夫，有区别地逐步把企业推向市场

要搞好国营企业，使其富有活力和效率，关键是转换企业经营机制，把企业推向市场。当然，目前我国价格体系不合理，市场体系不健全，市场发育水平低，缺乏平等竞争的条件；同时，一些大中型企业还承担重要产品的指令性计划任务。在这种情况下，不可能让所有国营企业都完全推向市场。现在的问题，是对非垄断性的生产一般性产品的企业，

国家（包括地方和城市政府）对企业的产供销、人财物的活动还干预过多、包揽过多，市场作用还没有得到应有发挥。建议：

1. 坚持逐步把国营企业推向市场，发挥市场对企业生产经营的调节作用。

2. 根据现实情况，分别确定把各类企业推向市场的措施和步骤，特别是把竞争性企业首先推向市场；对由于多种原因，不能主要由市场调节的企业，也要尽量发挥市场竞争的作用。

（五）完善企业承包和部门包干体制，实行严格的计划合同责任制

要强化企业的基础管理，切实改变"以包代管"的现象。特别要加强财务收支和工资增长的硬约束，对企业、行业的亏损要逐项进行核定，摆在明处，不该由国家补贴的要逐步减少以至取消。同时，还要明确规定合同期内，企业和行业自筹投资的比例和数额。建议在研究对石油、石化、煤炭、钢铁、有色金属、铁道等包干部门新一轮的包干方案时，认真实行计划合同责任制，由国家计委、财政部和其他有关部门代表国家与包干部门签订承包期的计划合同。合同中要明确规定包干部门的发展目标、主要任务、财务收支、重要经济技术指标和重要政策措施，并明确发包方与承包方双方的责权利关系，使部门包干体制规范化、科学化。

市场中的国有企业[①]

——法国国有企业运作模式

（一九九二年十一月）

一、三次浪潮　实力增强——法国国有企业的历史演变、地位和作用

（一）历史演变

法国国有企业的发展，从 30 年代以来经历了三次大的国有化浪潮。在三次浪潮之前，法国就开始对部分企业实行国有化政策。例如，在 1919 年第一次世界大战以后，政府将部分企业收归国有，通过不固定的法律形式对一些工业部门实行"国家管理"。其中最著名的氮气工业公司首先进入国有化的行列。但这个时期国有化企业数量少，所起的作用也不大。

1936 年，法国掀起了第一次国有化浪潮。当时，执政的社会党为了缓和人民反对大垄断组织的斗争，对铁路、航空、部分军火厂等，实行国有化，建立了法国国有铁路公司，控制了两大飞机制造厂，并以股份

---

① 本文是以魏礼群为团长的国家计委宏观经济管理研讨班于 1991 年 9 月 28 日至 10 月 11 日赴法国进行专题研讨和考察之后，由魏礼群、戴桂英撰写的研究报告，刊载于《市场中的国有企业——法、韩、意国有企业运作模式》一书，该书由魏礼群、戴桂英、贾康、毕礁出著，人民出版社，1992 年 11 月出版。

有限公司的形式将部分军事工业变成国有公司。这次国有化的特点：一是国有化的企业资本几乎全部为国家所有，但仍保留原有企业的法律地位；二是国有化范围主要集中在交通和军事工业，国有化企业的数量也少。

1945年，法国掀起第二次国有化浪潮。当时正值第二次世界大战结束，许多企业遭到战争和经济危机的严重打击，企业自身无力发展，迫切需要政府帮助。为了迅速完成经济恢复和重建工作，从1945年底到1946年间，政府颁布了一系列国有化法律，先后将雷诺汽车公司、法兰西电力公司、法兰西煤炭煤气公司、法兰西银行、国民工商银行等以及30多家保险公司收归国有。

这次国有化的最大特点，是集中在能源和金融领域，而且行业国有化程度高。到1946年，国家已控制全国能源的90%，全国银行业的45%—50%。此后，国家又通过在原有基础上扩大规模的方式进一步巩固和发展国有经济，如雷诺汽车公司为向美国出口汽车，在美国建立了分公司；有些国有企业不断开发业务范围，如航空公司建立旅游业服务设施等；有的企业与外国企业合作生产，不断扩大业务范围。据统计，到70年代末，国有企业已达150多家，参与的企业达1000多家。国有企业占全国固定资产总值的20%，占国内生产总值的12%，占工业总投资的15%，占工业营业额的22%，占工业部门就业人数的12%。国家银行掌握了全国存款额的59%。这次国有化对恢复法国经济，促进生产力的发展起了重要作用。

1981—1982年，法国掀起了第三次国有化浪潮。法国经济在经过1959—1974年的高速增长阶段后，出现了严重的比例失调，生产和市场需求的矛盾日益尖锐，企业产品在国内外市场滞销，国内生产能力不能充分利用，劳动生产率下降，致使法国经济又进入了缓慢发展时期，1973—1980年间的工业产值年均增长1.4%。与此同时，失业人数日趋增加，社会矛盾加剧。为启动生产，缓解社会矛盾，法国政府于1982年

2月颁布了国有化法律，决定采取大规模的国有化措施。当时，要求拥有2000名以上职工的工业企业都要收归国有，银行业全部实行国有化。经过这次国有化以后，有11家工业集团以不同方式收归国有，并将巴黎荷兰金融公司、苏伊士金融公司以及存款在10亿法郎以上的39家大银行等实行国有化。经过这次国有化运动，国家直接或间接控制的企业达4300多家。国有工业企业的营业额占工业企业总营业额的比重从22%提高到40%；出口额占工业出口总额的34.6%；投资额占工业投资额的比重从15%提高到30%左右；职工人数占工业企业职工人数的比重从12%提高到23%。到1982年1月止，国家控制的银行有124家，占本国银行总数的一半以上；境内营业窗口达到8800多个，占注册银行总数的90%以上；存、放款额在注册银行存、放款总额中分别占到87%和77%。

这次国有化浪潮具有两个显著特点：一是国有化的领域超出了以往的公用事业和基础设施行业，对具有竞争力的新兴工业和在国民经济中处于战略地位的部门，也实行国有。如这次国有化使政府控制了全国飞机制造业营业额的84%，钢铁工业的80%，化纤工业的75%，军火工业的74%，冶金和有色金属加工工业的66%，化学工业的52%，电子工业的49%，玻璃工业的35%。这样，国有经济不仅在基础设施行业起主导作用，而且在上述这些行业中也起着主导作用。二是国有化的对象是实力雄厚的大型企业。这次实行国有化的工业企业的一条重要原则，是拥有2000名以上职工的大型企业集团，包括通用电气公司、圣戈班—蓬阿穆松公司、佩西奈—尤吉内—库尔曼公司、罗纳—普朗克公司等五大工业集团，在电力、建筑材料、有色金属、化工、电子等国民经济部门中均具有决定性的战略地位。这次国有化运动，大约有47%的大型企业加入了国有行列。据统计，1982年，在雇员为2000人以上的企业中，国有企业的职工人数占雇员总数的比例从原来的15.8%上升为41%，而雇员在500人以下的小型企业中，国有企业占雇员总数的比重不足3%，比原来降低了1个百分点。国有化领域的扩大和实力的增强，有利于国家对整个国民经济运行的干预。

法国企业体制的变革，除了历史和经济上的原因外，还直接受到社会政治的影响。1986 年新政府上台以后，决定实行大规模的私有化政策。1986—1988 年的两年间，把部分国有企业私有化，使国有化企业的比重和范围进一步缩小。1988 年密特朗上台以后，宣布既不搞公有化，也不搞私有化，国有企业得到稳定发展。

法国国有企业经过三次国有化运动以后，逐步得到发展和壮大。尽管受到私有化政策的影响，但国有经济的原有规模与结构并未发生明显变化。1991 年法国国有企业共有 2268 家，其中由国家全部拥股和拥股在 50% 以上的企业有 108 家，从业人员达 130 万人，占全国就业人数的 7%。目前，国有企业的总产值占国内生产总值的 18%，企业投资占全国总投资额的 25%。

法国政府依据企业是否存在竞争、行业是否存在规模效益或网络效益、是否需要大量基础设施投资三个标准，把国有企业划分成两种类型：一种是垄断性国有企业，一种是竞争性国有企业。在国家直接控制的 100 多家企业中，有 8 家大型垄断性企业，包括电力公司、煤气煤炭公司、铁路公司、巴黎运输公司和电话公司等。其中最大的企业集团的就业人数达到 29 万，最小的企业集团的就业人数也有 2 万。8 家大企业的就业人员达到 90 万人，占全国就业人数的 1/4，总产值占国内生产总值的 6%，总投资占全国总投资的 4.7%。

法国国有企业从总体上说，生产建设发展较快。这不仅体现在产值逐年增多上，而且体现在投资增长速度上，如 1960—1975 年的 15 年间，国有部门投资每年以 10% 的速度增长，在 15 年中增加了 4 倍，在城市建设和西部地区的开发上取得了明显成效。但由于国有企业受服务方向和价格的影响，从 60 年代开始，有些企业亏损严重，由政府补贴，增加了国家财政负担。从 70 年代起，特别是近些年来，政府尤其强调国营企业的财务收支平衡原则，并给一些企业财务自主权，使绝大部分国有企业达到财务收支平衡，扭亏为盈。1987年至1989年，国营企业的财务状况普遍好转。1990年以来，由于受世界性经济不景气的影响，有些企业财务状况恶化，但经过努力，很快得到扭转。目前，法国国有企业财务收支平衡的基础尽管很脆弱，但企业正在力争通过开发新技术，扩展业务和加强经营管理来降低成本，增加收入。

（二）地位

法国是以生产资料私有制为主体的资本主义国家，但国有企业在国民经济中占有相当大的比重。1990年，全国拥有国家直接控制或国家控股50%以上的国有企业共计2268家；其中，由国家直接控制的国有企业为108家。国有企业产值占国内生产总值18%，投资额占全国总投资的27.5%，出口额占25%。

国有企业主要分布在能源、交通通信、原材料以及加工制造、银行和保险等四大部门，而且是规模大、实力强的大型企业。战后两次大规模的国有化高潮的目标基本上都是针对拥有强大实力并在经济中起关键性作用的大工业公司和大银行。戴高乐时期对"操纵国家命脉的主要企业"和"指导全国经济活动"的大银行实行国有化。密特朗强调"对法国经济都有战略特点"的大公司收归国有，并把它们作为"一支经济打击力量"。因此，许多公营企业规模大、集中程度高、实力强。从几个重要部门看，国有企业几乎占领了整个行业。在能源部门，国有企业产值占全国能源生产总值的69%（其中电力占95%以上），职工占78.3%，投资额占84.5%。在交通通信部门，法国国营铁路公司、法国国营航空公司等五家公司，几乎包揽了全法国的交通运输业。在原材料和加工制造部门，国有企业基本控制了全部的钢铁、铀矿以及大部分的玻璃、化学、电子、发电设备、公共工程等方面的生产。在金融和保险部门，国有金融机构掌握了全国90%的存款、84.8%的贷款、97.2%的国际金融业务，国有银行和保险机构全面地控制了金融和保险系统的活动。除以上四大部门外，农业、商业、通讯业等其他部门也有一些国有企业。具体情况，见下表：

1989 年国有企业在各行业分布情况

	企业个数	年平均职工人数	人数的行业分布%	行业工资雇佣者 万人	%
农、林、渔	20	14581	1.1	28.06	5.2
农产品和食品工业	28	9434	0.7	48.58	1.9
能源	37	195423	14.6	25.49	79.5
中间产品工业	225	166523	12.4	117.71	14.1
专用设备工业	94	151382	11.3	101.52	14.9
家用设备工业	12	9273	0.7	5.99	15.5
地面交通材料	16	98362	7.3	36.92	26.6
消费品工业	68	25285	2.0	107.71	2.3
建筑、工程和农业	16	486	—	124.99	—
商业	237	25039	1.9	215.64	1.2
交通	237	334235	25.0	77.00	43.4
商业性服务	913	74821	5.6	318.90	2.3
保险	34	40727	3.0	16.00	25.5
金融组织	305	159723	11.9	44.39	36.0
非商业性服务	26	33491	2.0	554.91	0.6
合计	2268	1338785	100.0	1866.48	7.2

（三）在国民经济中的作用

据了解，从 30 年代以来，法国左翼力量始终反对资本的私人垄断性，把扩大国有部门看作是影响社会再生产和再分配的有力工具。国有企业在法国经济发展的各个历史时期中，也确实都发挥着重要的作用。主要表现在以下方面。

一是抑制通货膨胀。1982 年，法国的通货膨胀率达到前所未有的12%，财政赤字、负债增加。为解决这个问题，1983 年春季，政府采取紧缩政策，国有企业首当其冲。当时政府决定冻结国有企业工人的工资，并允许解雇国有企业的工人，让企业最大限度地降低成本，减少国家补贴。通过对国有企业采取这些措施后，通货膨胀率迅速下降，法郎开始坚挺。

二是动员资金进行大规模投资建设。第二次世界大战以后，法国能源、交通和整个经济之所以较快地得到恢复和发展，主要靠国有企业动员资金的优势，进行大规模建设。目前，国有企业在一些资金密集型工业，如电力、运输、宇航、电子等投资领域中仍然起着支柱作用。

三是推动产业结构的调整。战后工业结构严重失调，一方面传统工业机器老化、工艺技术落后，产品在国际市场上缺乏竞争力；另一方面高技术新兴产业落后。为扭转这种状况，当时的社会党政府把大力推行国有化作为工业重组、发展高技术产业的重要措施，并取得了明显效果。由于国有企业较多地分布在垄断性强的基础产业和基础设施部门，政府具有较强的干预能力，能对经济发展方向起重大影响。80年代初的国有化，对传统工业部门的重组和改造，发展高新技术产业收到了明显效果。例如，核电迅速发展，已占全部电力的76%，水电开发程度达90%，不仅克服了石油、煤炭能源资源不足的困难，而且取得了富有竞争性的廉价电力，目前每年可向邻国出口500亿度电；计算机软件销量已占欧洲市场的1/3，居欧洲第一位；高速火车技术超过日、美，居于世界领先地位。汽车、钢铁、纺织等传统工业也发生了很大变化。

四是保证国家发展计划目标的实现。40多年来，法国政府连续制定和实施10个中期发展计划，由于国有企业在能源、交通、通信、银行等基础设施和公用事业部门占据很大比重，有利于政府贯彻干预经济的政策意图，有利于实行信贷定量管理、控制物价指数、抑制通货膨胀、保持对外贸易顺差，因而对国家计划实施起了重要作用。

从以上情况看，法国国有企业不仅对国家经济实力的增强有着重要意义，而且也是国家进行宏观经济调控的重要力量和手段。

二、面向市场　充满活力——国有企业内部的运行机制

（一）国有企业独立法人的权利与义务

欧共体委员会1980年6月25日对国有企业所下的定义是：由于所

有权关系、直接参股的原因或者是有关条款的规定，政府能够对其直接或间接地施加支配性影响的所有企业。

这个定义表明，即政府对国有企业只施加支配性影响，也就是说进行监督、引导及管理，而不直接行使经营权。法国的立法内容与上述定义是相似的，作为国有企业的构成因素有三个方面：进行工商经营、具有独立的法人地位、所有权的公有性。

国有企业的工商性质，意即是进行盈利性生产，也就是说，真正的国有企业应排斥行政性质。法国有些国有企业既进行工商活动，也兼顾行政任务，譬如国家信托局、法兰西银行等属于此列。但是，绝大多数的国有企业都是单纯的工商单位。

大部分法国国有企业属商法管理，少数则属公法管理。但是，所有的国有企业都具有独立的法人地位，负有明确的权利及义务。这就意味着大部分国有企业所发生的债权与债务关系，皆依循私法规定的途径及手段去处理，可以受到责任追究，包括财产抵押、司法整治、破产、拍卖等措施的制裁。因此，国有企业在经营过程中的地位与其他企业一样，属商人地位。至于少数属公法管理的国有企业，是在从事工商活动过程中所订立的某些契约应依循政法规定，有关冲突的解决则隶属行政法院。

国有企业的所有权属于国家，这就决定了后者对前者的领导权力。但是，法国最高行政法院在多项条例中指出，所有权属于国家不意味着政府可以随意调动或支配企业的财产，企业为发展经营可对其财产拥有支配权。因此，国家对国有企业的管理主要是通过确立领导制度去实现的。

（二）自主经营　自负盈亏

在法国，国家赋予国有企业的主要使命是进行有效经营。由于国有企业与国家之间存在特殊的关系，在经营过程中还考虑到以下三个方面：一是帮助国家履行经济调节器的职能。为完成国家制定的经济发展目标或工业发展规划，有关国有企业应首先有所行动，以便带动私营企业的经营。二是刺激市场投资。由于国民经济生活中存在一个市场投资周期的问题，当私营企业处在投资周期末期时往往会影响国家的经济增长速度，国有企业在此时进行适当的投资，以弥补市场投资不足。三是完成工业项目攻关的任务。国家在经济发展过程中往往要对一些新工业生产进行开拓，这类任务投资大、风险高，私营企业未必愿意承担。国有企业就要担当组织开发这些新工业生产的角色。

这些特点要求国有企业既要像私人企业那样通过有效经营增强自身活力，又要比私人企业更能进行长期规划及技术改造，更能克服短期行为。

对国有企业而言，经营自主是一个特殊问题。它首先意味着国有企业的负责人应具有类似私营企业主的条件，适应市场变化，来指挥生产。国有企业在经营过程中主要是遵循一般的市场经济法则。再者，国家当局对国有企业所进行的干预是一种先期性的计划部署，而不是经常性地下达具体指令。最后，国有企业的负责人所负的责任只限于完成国家当局所制定的计划部署。

具体地说，国家对国有企业的领导只限于发展规划及人事权方面。国家放弃对日常经营进行经常性的干预，一般情况下，国家当局更重视的是否决权的使用，即：当发现企业的日常经营与先期性的计划部署出现不符时对其否决，并要求作出必要的纠正。这是一种控制性的事后干预，而非具体的指令性干预。

国有企业经营自主权的内涵主要有两个方面：一是国有企业为适应市场变化及经营的需要，可以比较自主地决定集团组合以及经营内容。当然，这方面的权力仍是经常受到国家当局监督的。国有企业所作的决定应以不违背国家计划部署为前提。二是国有企业在保证财政平衡的前提下，可以较自主地决定各项投资以及资产分配。国家对国有企业财政制度的监督渠道是多方面的，但这不表示企业因此不具备相当程度的决策权。

特别是对竞争性企业，国家给予充分的自主权，包括：

（1）国家不控制竞争性国有企业的产品或服务价格。不过有时一些大企业要提高产品或服务价格时，财政和经济部（以下简称财经部）部长也会同企业领导进行协商。目前，随着竞争的增强，这种协商的做法已不适宜了，作用在逐渐减弱。如前几年，财经部长想阻止汽车行业提价就没有成功。

（2）在通常的情况下，国家不给予竞争性国有企业补贴。但也有例外情况，国家仍对一些科研项目进行补贴。这是因为某些科研成果是为整个国民经济的发展和全社会服务的，国家如果不予支持，企业就不愿意投入资金搞研究。国家给企业科研补贴的形式有两种：一种是国家直接给企业补贴资金；另一种是国家间接补贴，即通过减免企业税收达到补贴的目的。不过，这种例外情况很少。

（3）企业是投资主体，国家不进行直接投资。

（4）企业在生产经营上，包括人财物、产供销活动，完全由企业自主决定，允许引进私人企业经营机制，参与国内和国际市场竞争。

（三）纵横双向联合，企业组织结构多元化

法国有不少国有企业都是规模不大的单一型的企业。但是，许多企业也组成企业集团，这主要表现在那些全国性的大企业身上。历史的发展曾赋予某些国有企业以横向联合的结构，类似国家政体中联邦式的结构。当今绝大多数企业都组成垂直型的集团，形成一个跨部门生产的纵向联合体。

横向联合结构。这种国有企业集团组合的形式在战后出现过。近年来，不同部门的国有企业进行交叉参股，使横向联合的局面得到更新。

第二次世界大战结束后，当时的法国政府决定将法国电力、煤气及煤炭生产国有化。在此前提下，遍布全国各地的电力、煤气及煤炭生产及销售单位都由国家收购，成立了法国电力公司、法国煤气公司及法国煤炭公司。这些公司是全国性的统一决策中心，以决定发展战略及协调各地的经营。而各地区的生产及销售单位都自成一个经营单位。这也就是说，国有化使各地的经营单位的所有权发生了变化，但日常的运作仍立足于地方，全国性的公司只是进行统一决策的托拉斯。

近年来，由于国际及国内市场竞争的加剧，有些国有企业逐渐显出弱势。为了保护这些企业，使之不受到私人资本或国际资本的收购，一些国家资本的生产企业及金融机构之间交叉参股，形成新的横向联合体。当然，这种联合除了起到保护本国工业发展的作用外，也说明法国的金融资本与工业资本的联合在加强。事实上，近年来金融立法的一系列改革也大大促进了金融资本向工业部门的渗透。此外，有些工业集团的负责人也积极寻找打入银行管理机构的机会，为此愿意拿出一部分集团资产去换取银行的股票，从而形成资本的交织。银行与工业集团资本的相互交叉使法国的横向联合经济机体正发生越来越大的变化。

纵向联合结构。法国国有企业在进行纵向联合的过程中，主要是采取了组成控股公司或增设附属机构两种形式。以控股公司牵头或以众多的附属机构为基础的近百个工业集团，在各生产部门分别占了统治地位。主要形式有以下两种。

一种是组成控股公司。控股公司本身不是生产及经营单位，但由于对数个国有企业持有股权，可通过对受控股的国有企业的股权分配、调整，来建立一个拥有统一的决策中心的生产集团。控股公司可在受控的国有企业成立之前或之后组成。总之，其特点是着眼于财务控制。

在法国，由国家资本组成的控股公司不多，主要有：

原子能总署。这是一个成立于1946年10月的科研单位。随着科研工作的进展，工业及军事生产逐步跟上，1975年12月，政府决定成立"核原料总公司"进行投产，并根据需要下设附属公司。核原料总公司为原子能总署的下属公司。此外，该总署还先后成立了多个附属机构。为使这些机构之间形成有机的联系，法国政府于1983年12月决定成立原子能总署金融参与公司，成为下设附属机构的控股公司。于是，原子能总署变成一个集科研、生产为一体的原子能总署集团。

石油研究与生产公司。这是于 1965 年 12 月由"石油自治公司"及"石油研究局"兼并组成的公司，其任务是控制属下的埃尔夫·阿奎坦生产公司（进行石油生产）以及埃尔夫法国公司（进行石油提炼及销售）。

国家信托局发展公司。法国国家信托局对国有企业的参股可说是无孔不入，为了统管该局的所有参股，政府专门成立了该发展公司作为控股公司。

另一种是建立附属机构。企业层次集中化发展的结果，扩大了附属机构的向下辐射，并形成和增强了工业集团的自身地位。尽管每个附属机构在法律上是一个独立的法人，但由许多附属机构重叠而成的工业集团在生产上是一个有机的联合体。在通常情况下，工业集团主要是在一个工业部门从事经营。但是近年来，它们的活动却是越来越广泛、多样，形成跨部门经营。由于工业集团的特点是资本流动性大，有可能迅速筹集必要的资金向新部门渗透，当某个部门的利润率高于其他部门的利润率时，集团可以很快决定新的资金部署，增强对高利润率部门的投资。集团经营的扩大化就是由此而来的。但是，无论跨部门的经营程度如何，每个工业集团都会保留其基础部门，譬如贝西内公司至今仍保留有色金属的生产，圣戈班公司至今仍保留玻璃生产。

近几十年来，法国国有工业集团的情况几经反复，但总的趋势是母公司的数量有所减少，属下的子公司的数量明显增加。一方面，工业集团内部不断改变生产结构，使之合理化。因此，子公司之间不断发生资产再分配。另一方面，工业集团在必要时可以对私营公司进行兼并或局部收购，将其变成集团的下属公司。有的时候，国营的子公司与私营公司之间也会发生交叉参股的现象。因此，国有工业集团下设的附属机构不全是国家资本，其中有不少是国家只控制一部分股权的混合公司。

由于这些复杂的情况，国有工业集团下设的附属机构都是单独进行商业注册的公司，形成一个独立经营的单位。1982年12月30日通过的有关法国铁路公司下设附属机构管理办法的法令就明确指出：子公司必须在符合集团发展目标的前提下进行独立自主的经营，子公司与集团的资金不能发生混合，国家给予集团的财政支持不能拨入子公司。这是一条很关键的原则。因为如果附属机构不能进行独立自主的经营，其成立是没有意义的。因此，增设附属机构必须具备实际的经济价值以及保证效益上盈利。

（四）国有企业的领导体制为董事会制

法国国有企业一般实行董事会下的经理负责制。董事会是决策机构，负责决定企业的发展战略、经营方针和红利分配，任命董事长和总经理。

根据法国政府1983年7月国有经济部门民主化法律规定，在国有企业董事会中实行"三方代表制"原则，即在董事会成员中，国家代表、企业职工代表和与企业有关的专家及知名人士代表各占1/3。在工业企业中，董事会一般由18人组成，其中国家代表7名，职工代表6名，专家、知名人士代表5名。董事会成员中的政府代表，由国家任命，一般是财经部和主管部门的代表。1/3的专家、知名人士代表也由政府任命。

政府对国有企业的管理，首先是通过任命国有企业领导机构成员、董事、董事长和总经理来实施的。董事长直接由国家任命的主要是国家控股100%的企业和国家控制90%以上的企业。对于国家部分控制的国有企业，其董事长由股东大会选举产生，如果国家控制50%以上的多数股份，则可以左右董事长的选举，实际上也是国家提名确定的。法国国有企业中的高级管理人员来自政府行政部门的比例很大。据统计，在被调查的327名大型国有企业主要领导成员中，有119名是从政府部门中来的。而且国有企业的主要经理人员中，很多是来自几所精英训练学校。这就保障了企业主要领导成员有较高的业务素质和较强的国家观念。

董事长在对公司业务作出重大决策时，一般都要同政府有关部长磋商。如果董事长与政府发生严重意见分歧，董事长可以自动辞职或拒绝执行政府的意见，政府也可以撤换董事长。分公司和子公司的董事会人选，政府不加干预，由总公司或母公司决定。

（五）国有企业的内部管理制度

国有企业管理的全部内容集中表现在两个方面：一是技术性的管理，二是人事方面的管理。

技术性的管理，按商法规定：有企业发展战略规则；企业产供销运转计划；对企业财务预算和企业运行情况的控制。（1）企业制订中长期发展战略计划。法国商法允许企业制订不同时间的发展计划。根据企业生产性质决定中长期计划的长短时间，一般最短为3年，最长为10年，如计算机企业可以制订3—5年的发展计划，因为这类产品变化快，计划时间不宜太长。军工企业产品变化相对较慢，可以制订10—15年规划。（2）制订具体的分项目的运行计划。这个计划比战略性计划要详细、具体，为2—3年。如巴黎地铁运输公司的中期发展计划为期4年，分为15个具体运行计划，包括贷款、经营计划等。这些计划每年都要进行修订一次。（3）制订财务预算计划。这是年度计划，每个生产单位都编制这样的计划，并分级负责执行，如巴黎地铁运输公司有300个运输单位，每个运输单位都要做预算计划，并由300个生产单位负责人分别负责完成。通过预算计划的执行，加强企业的财务监督。（4）对企业的信息管理。这项工作主要由企业计划委员会主管，负责统计报表和分析工作，及时把企业经营、盈亏情况向政府部门报告，使政府部门及时了解到每个企业、每个经营项目的盈亏情况。企业计划部门可以到企业各部门了解情况，验证各方面的情况是否属实，如果发现与事实不符，可通报企业最高领导阶层进行处理。

人事方面的管理，主要是激励人的积极性和工作责任心。因此，需要下放权力，给基层管理人员一定的权力，让其负起责任。为了调动中层、下层干部的积极性，地铁公司建立了奖金体系，并在每年预算中加以考虑。奖金形式多种多样，如设立小组人员选定目标奖，即用来改善工作条件或劳动者参与奖；还设立升级奖和劳动者培训奖。尽管设立奖金制度，但奖金提取比例并不大，一般不超过工资总额的3%—5%。企业领导不设立奖金制度。

国有企业的用人以及劳动制度根据国家劳工法的各项规定执行。各企业在制定工资标准以及福利措施时还参照所属行业当年的劳资谈判所达成的协议内容。为协调各行业的工资水平，政府还于近年成立了"部际协调工资委员会"，经常研究各行业的工资变化情况，并制定出一些协调措施。

在国有企业内部管理及运作方面，有许多问题需要工会的配合和参与。尤其是1983年7月26日公布的关于国有企业民主化的法令，十分强调工会权利，对工人的工作时间调配以及如何缩短工时等问题工会很有发言权。而且，企业职工还可以推选自己的代表出任董事会董事职务，直接参与企业的决策，并达到上下沟通的目的。近年来，政府更加有意识地推动国有企业内部的这种对话，将国有企业变成推进劳资关系的试验场。

进行企业管理的目的，是使企业以最少的投入达到最好的效果。国有企业的追求目标是减少亏空，做到自负盈亏。所以，企业计划合同都规定，企业在几年内达到财务收支平衡。这是近几年来政府对国有企业进行考核的基本标准。企业内部也制订一些考核指标，如增加盈利、完善结构和提高劳动生产效益等。

（六）国有企业的财务制度

国有企业在所有权方面的特点决定了在资产来源、管理及分配等方面与私人企业的差异。同时，由于国有企业在经营过程中的双重地位，即一方面是进行符合市场规律的经营，另一方面则成为国家调节宏观经济的工具，故其资产管理及分配受到国家的支持是比较大的。总之，国有企业在财政体制上很能表现出与国家之间的先天关系。

1. 预算与会计制度。国有企业与公营机构不同。后者虽也进行工商活动，但不被纳入市场竞争体系中，故其预算的制定是纲领性的，只进行年度的收入与支出的预测。至于会计制度则被纳入国家会计系统中，主管会计人员属国库外派人员。国有企业的预算及会计制度的特点是依照私人企业的一套标准及规定办理，只是国有企业的预算必须预先提交主管部门审阅。在通常情况下，制定预算的过程是一个国有企业与主管部门不断对话、磋商的过程。有了这个过程，主管部门对属下的国有企业的预算便不会有质疑。在会计报表方面，有关当局经常根据各国有企业在经营活动方面的特点专门要求增加一些项目内容。

2. 资金来源。国有企业的资金来源与私人企业一样，主要靠经营上的盈利。国家对国有企业总的要求是实现财政平衡，但对各部门的盈利水平的要求却有所不同。一般来说，国家对交通运输、能源等部门的盈利率要求低一些；对纳入市场竞争体系的企业的盈利要求则是高标准的。近年来，法国实行物价自由化，取消控制措施，国有企业的价格也逐渐放开。

在经营亏损情况下或生产发展需要新的投资时，国有企业可以通过向国内外市场筹资或采取向国家拆借的方式筹措所需资金。

国家的贷款主要是通过"经济与社会发展基金"发放的。发放的形式主要有：

增加新资本。国有企业增加新的资本时原则上只能面向国家，不能面向私人。增加资本时，财经部长代表国家向企业提供股金。在有些情况下，主管部门可以允许国有企业发行可改换成股票的债券，由其他部门的国有企业认购。这种资金不直接来自国家财政拨款，而启用了其他国有企业的积累资金。在国家给国有企业斥资或增资过程中，有些资金属于取息的营运资金或从属于资本的贷款。企业对资金使用的前提是定期付息并于日后偿还本金。

财政补贴。这类投资国家可以作为补贴亏损，也可以作为生产投资。进入 80 年代以来，国家除了对某些部门企业继续提供补贴（譬如补贴交通部门以维持某些亏损的铁路或空运线路的正常运行）外，已大大削减了对企业的亏损补贴。现在的财政补贴主要是国家在与国有企业制订经营发展计划时所做的计划拨款，用以支持有关企业的技术开发或扩大生产规模。

市场筹资的方式较多，国有企业在向市场筹资时主要是防止股权发生变化。因此，筹资时主要采用具有债券性质的金融工具。（1）投资证书。这是一种公司股票，每张证书的价值与每股的股值相等，持证人可以在股市上进行交易，并可享有股息。但是，由于国有企业为国家控股，无股东大会组织，持投资证书人不能像一般企业的股东那样享有对企业决策的投票权。（2）参股券。这是一种支付利息的股券，持券人享息的方式是，一半利息以固定利率计算，另一半则根据公司盈利情况采取浮动计算办法。法国有些著名的大型国有企业利用这种形式向国际金融机构取得贷款。

3. 盈利分配。法国的国有企业基本上分成两大类，一类是追求市场利润的企业，另一类是在保证成本开支的基础上略有盈余的企业。第二类企业是类似法国电力公司或法国煤气公司这样的企业，其经营完全为满足公共需要。这样的企业数量不多，但却很有特点。追求市场利润的国有企业的盈利的分配情况有三种：（1）有些企业享有国家的特殊规定，可以将盈利完全拨入企业的积累基金，以用于自身扩大再生产的投资。（2）一般情况下，国有企业的利润按比例上缴国家。国有企业这样做无异于私人企业给股东分红。（3）个别企业的盈利除一部分留作扩大再生产所必需的投资外，其余则按比例分别上缴国家、给职工发奖金及拨出企业福利基金。

4. 税务。国有企业与私人企业一样地担负同等的税务及税率。这就是两类企业之间的"均等原则"。因此，不论是表现在间接税收方面（主要是增值税）或在直接税收（主要是公司税）方面，国有企业都不享有任何特殊待遇。但是，可以允许某些国有企业免缴极个别的地方税。

（七）国有企业运行的主要特点

法国国有企业尽管引进私人企业的竞争机制和管理方法，参与国内、国际市场的竞争，但国有企业无论在制订发展战略、经营方针方面，还是在人事、财务、服务方向以及生产经营等方面的管理制度和管理形式，与私人企业有很大的不同，尤其是在管理宗旨上存在着根本性差别。国有企业的管理既要兼顾企业的利益，更要兼顾国家的利益，为社会提供公共服务是国有企业的首要任务。国有企业具有服务与赚钱双重管理任务。因此，国有企业的管理方式有它独自的特点。

在制定企业发展战略方面。国有企业要与国家共同协商制定企业的中长期发展战略，企业的经营方针、发展目标和任务必须符合国家要求。而私人企业直接受市场支配，可以根据市场的需要，自主确定企业的发展战略。

在经营目标方面。由于国有企业的宗旨是为国家利益、为公共事业服务，大多数企业都有多个发展目标。一般分为两类：一类是企业自己制订的目标，一类是外部指标，即国家在企业提出的目标以外，要求企业必须增加的目标。这样企业的目标自然增多。企业提出的目标必须提交政府有关部门讨论，征得国家的同意，方能签订合同。如，法国邮局在制订1991—1993年计划合同时，提出5个发展目标：（1）增加邮件往来数量；（2）扩大邮政储蓄；（3）提高价格幅度，调整价格体系；（4）提高职工工资待遇，包括职工培训；（5）在经营方面扭亏为盈。国家从大局出发，要求企业再增加两个发展目标，即一要在农村维持现有邮电网络，特别在困难地区尤其如此；二要分发报纸和各种杂志。从国家提出的目标看，大多是亏本经营，与企业提出的扭亏增盈目标相悖，显然企业不愿接受。企业如果接受所有指标，必然增加农村的补贴，这样企业的最佳经营结果，也不过达到收支平衡。由此可见，企业无法同时完成两类发展目标。但企业必须接受国家提出的目标，因为国有企业的一个根本任务是为社会公共利益服务，企业领导受命于国家，应以国家利益为重。这样，国家和企业双方都要努力寻求妥协的办法，达成一致的意见。私人企业的目标明确——获取最大利润，企业最多2—3个目标。国家对私人企业的发展目标不实行直接干预。

在财务和人事方面。国有企业的财力来自多渠道。主要是：（1）企业自有资金。（2）在金融市场上借债。在发行债券方面，企业可以发行中长期建设债券，而且利息低。这些低息的债券主要由国家操纵的金融机构购买，实际上等于国家变相补贴，如国家电力公司可以得到长期低息贷款。（3）国家给予补贴。国家主要通过追加资本或提供政策性亏损补贴等形式给企业提供补贴。法航和巴黎运输公司出现政策性亏损，有关大区也提供补贴。国有企业的劳动力成本低，劳动力价格受国家控制。职工工资普遍比私人企业低，特别是领导工资水平低，私人企业领导的工资水平比国有企业领导的工资水平高出3倍左右。国有企业领导工资公开，工资标准由企业董事会确定。但企业职工可以享受国家公务员待遇或类似于公务员待遇，如享受养老保险、失业保险和医疗保险等社会保障待遇。职工一般按年功和资历晋升工资。国有企业没有破产制度，职工就业有保障，私人企业的资金来源渠道单一，主要靠自有资金和金融市场，国家没有任何补贴。企业领导的工资收入与经营效益挂钩。

在公共服务方面。国有企业必须遵守为公共事业服务的原则。有些原则直接影响企业的经营效果，如规定为公共服务不得搞区别对待，使每一个人都能得到均等的服务。但私人企业可以为顾客提供分类服务，如对富人和穷人分别提供不同的服务等。与此同时，在与用户的关系方面也不一样，现在国有企业与用户的关系大有改善，用户有权向企业提出服务要求，为用户提供好的服务质量是企业监督管理的重要内容。但国有企业往往不是迎合市场需要，即使认为可以赚钱的事也不能干，而是指导顾客如何消费。目前，国有企业尚未走到顾客就是"皇帝"这一步。私人企业可以迎合市场需要，把顾客视为"皇帝"，按需要提供服务。

在领导责任方面。国有企业领导由政府任命。政府选用企业领导的一条重要标准，是看他的政治态度是否与现任政府的政治态度相近。因此，企业高层领导要为政府的政治服务，负有政治责任。但中层以下领导一般都是专业人才，只对业务工作负责，不受政治风波的影响。此外，企业领导责任的大小与企业经营的好坏没有关系。但近几年企业开始明确责任制，公司经理定期向政府汇报企业经营成果，并对企业的效果进行评估。如果经营不好，也要对企业领导进行处罚。如中央电视二台，曾习惯背债，吃"大锅饭"，不注意财务收支平衡，亏损额逐年增加，两年内翻了三倍。政府决定撤换所有经理，并派稽查员对企业进行整顿。

三、宏观调控　健全管理——政府对国有企业的管理和监督

（一）以法治企业，实行规范化领导体制和管理

法国从国家与国有企业的关系、国有资产的企业组织形式、企业领导体制，到财务、税收、审计、雇工、工资以及计划合同等各个方面，都有明确的法律和法规，使政府对国有企业的各项管理工作做到法律化、制度化。法律具有稳定性、连续性和权威性，完备系统的经济法律体系为处理国有企业遇到的各类问题提供了法律依据，也使有关各方的行为有了统一遵循的原则，从而保证国有企业生产经营活动在法律允许的范围内正常进行。

1.通过立法规范企业的管理体制。第二次世界大战结束以来，法国的历届政府先后通过了一系列有关国有企业的组织、管理立法。其中主要有：

——1948年1月6日关于建立国有企业账目稽核委员会法令（1976

年 6 月 22 日的修改法令决定将该委员会并入到审计院中）；

——1953 年 8 月 9 日关于国家对国有企业进行管理的法令（1978 年 1 月 16 日法令修改）；

——1955 年 5 月 6 日关于国家对国有企业进行财经管理的法令；

——1958 年 12 月 30 日特别法令第 164 款有关国会有权监督国有企业的规定；

——1962 年 3 月 30 日关于委任国有企业负责人的法令；

——1972 年 3 月 20 日关于国有企业负责人退休年龄的法令；

——1983 年 7 月 26 日关于国有企业民主化的法令。

这一系列立法确定了法国国有企业的管理体制。

2. 国家对国有企业进行领导的制度。总的来说，法国对国有企业新确立的领导制度，主要表现出企业既隶属于国家，又是相对自主的关系。就企业与国家宏观发展规划的联系，企业自身的发展战略选择以及企业进行司法整治等重大问题，当局可以施加影响或者直接进行干预；但就企业的日常经营而言，其自主性是较明显的。企业的运作规则是，适应市场变化进行盈利生产。

法国没有一个对国有企业进行统筹领导的机构。尽管早在 1948 年就已提出建立一个统筹领导机构的建议，几十年来又进行多次讨论，但至今仍未能制定一个有效的方案。大体说来，法国政府及国会都是直接制定政策对国有企业进行领导的机构。在实践中，主要是政府提出政策，由国会讨论并通过立法确认。而且，国会对国有企业的运作及经营还负有监督的任务。就政府方面而言，对国有企业进行领导的部级机关主要有：

财经部。该部对所有的国有企业进行经济及财政方面的领导及控制，决定对国有企业进行财政拨款支持的程度以及参股范围。所以，财经部对全国的国有企业情况有一个比较全面的了解，其决策的涉及面也较广。

计划总署。该机构对国家中期经济目标进行规划，所以能确定国有企业在国民经济发展计划中的地位及作用。

工业部。该部领导能源及工业部门的国有企业，影响这类企业的发展战略。

国防部。该部领导宇航及军工方面的国有企业。

交通部。该部领导交通运输方面的国有企业。

国有企业最高委员会。此机构成立于1982年年初，隶属于财经部，由25名成员组成，属研究及咨询机构。

3.政府机构对国有企业进行领导的具体做法。在法国，领导国有企业的机构较多，于是就提出了部门之间进行协调的问题。国有企业与政府之间所形成的从属关系、稽核关系、监督关系情况如下。

在从属关系方面。主要表现了主管机关对国有企业的领导关系。在法国，国有企业基本上都受制于两层平行的从属关系：一是对技术主管机关的从属关系。工业部、国防部、交通部等都分别是国有企业的技术主管机关。各部分别对下属企业指定一名"政府专员"负责领导。但是，技术主管机关的领导主要管国有企业的发展方向及重大的经济决策。二是对财经主管机关的从属关系。财经部拥有几百名"国家稽查员"。这些稽查员可以在必要时前往大部分国有企业进行就地检查，并将检查结果直接报告财经部长。此外，财经部与技术主管机关配合，制定一套"请示制度"，规定国有企业在制定预算、通过年度资产负债报表、修改工资及退休条款时，必须预先征得当局的同意。

在稽核关系方面。财经部的稽查员也负有对国有企业账目进行检查的任务，但这种检查多是在企业经营过程中进行。此外，国家审计院每年都对各国有企业的账目进行事后稽核。在此基础上，国家审计院每两年都提交一份有关国有企业账目情况的报告，分析其财务管理及经营情况。

在监督关系方面。法国国会对国有企业进行长期监督。但是，国会内部并不存在常设的监督机构。政府在实践中应经常地将国有企业情况报告国会，并定期向国会提交一份国有企业分类名册。一般情况下，国会对国有企业的监督主要是财政方面的监督。国会的财经委员会负责通过各种渠道了解国有企业的经营情况。遇到特殊需要时，国会可以决定成立专门的调查小组，对有关国有企业进行立案调查。

（二）分类管理，权责利分明

1. 把国有企业分为垄断性和竞争性两大类，实行分类管理。法国把国有企业分成两大类：垄断性地位的国有企业和竞争性的国有企业。

垄断性地位的国有企业，所处行业高度集中，企业规模大，其中有企业占的比重大。能源、交通运输、邮电通讯等属于这类情况。这类基础设施部门要求的投资多，存在着规模效益或网络效益，使其具有垄断性质，进而要求国家所有。

竞争性的国有企业，这些企业在各部门中占有的比重很小，这类部门一般不需要集中，私人企业有一定规模也可以进入这类部门，例如汽车制造行业中国有雷诺公司和私人标致公司两家并存。在这类行业中国有企业的存在，或因其发展研究费支出较多（如计算机、电子、航空）；或因产品的必要性（如武器）；或因某一阶段亏损问题（如钢铁）；或因几次国有化运动造成的历史原因。

对垄断地位的国有企业，在管理形式上，采取直接管理和间接管理相结合。政府对企业行使权力时，不凭主观意志，而是依据市场规律进行。在组织人事方面，这类国有企业的负责人由政府任命。在投资方面，国家通过"经济社会发展基金组织"，控制企业的借债规模。国家每年确定一个额度，在这个总规模下，控制项目，考虑资金渠道，依据企业收益决定利息率，考虑项目对该企业的影响及整个经济的影响。在价格方面，政府对垄断性企业的价格进行干预，参照国际市场价格进行定价，使其产品的价格与国际市场可做比较，防止这些企业利用垄断地位，随意提高价格。在分配方面，企业的收入按照税法规定依法交税后，企业的留利比例一般由董事会根据企业的发展情况决定，大部分用于企业的技术改造和扩大再生产，小部分用于职工的福利和奖金。政府每年对国有企业工人的工资水平提出调整框架，控制工资总额增长幅度，企业领导人在幅度之内确定工资水平。关于亏损补贴，在法律上国家对亏损企业没有补助义务，但在垄断性公共事业企业（如铁路运输、邮电通信）的亏损中，大部分是因服从国家总体目标而引起的政策性亏损，政府要按照计划合同规定数额给予补贴。超亏部分，企业要用自有资金弥补，或向银行借款，财政不承担还款的责任。10年来，政府对垄断地位的国有企业，在管理方法上也在逐步改变。十年前，国家扶植这类企业主要是采取补贴的办法。近年来，鉴于欧共体布鲁塞尔委员会的压力，政府已逐步改变给企业补贴的办法，而是扩大企业经营自主权，逐步过渡到自负盈亏，政府给企业提出的经营目标就是力争盈利，而不成为政府的负担。目前，除少数公用事业企业还有政策性补贴外，国有企业基本上能盈利。

对竞争性国有企业，政府很少干预，他们要以私人企业一样的身份出现在市场上，进行商品或劳务的生产经营活动，其经营方式与私人企业完全一样。这类企业拥有完全的经营自主权，在不违背平等竞争的条件下，国家只限于任命企业领导人和对资产变动实行监督。

从近几年的趋势看，法国国有企业的经营自主权越来越大，每年都有新进展。对竞争性国有企业来说，面对国内国际领域的激烈竞争，不得不增强自己的竞争能力。对垄断地位的国有企业，不但面临相关行业的竞争（如铁路面临公路、航空的竞争），而且随着1993年欧洲统一大市场的到来，垄断地位越来越弱。欧共体将更多地对国家行为作出规定，国家对企业的干预将受到严格的限制，这就迫使法国政府把经营者的角色让国有企业去完成，国家只起协调作用。

2. 政府通过与国有企业签订计划合同，明确国家与企业的权责利关系。计划合同是20世纪60年代末提出来的。在此之前，国家与国有企业的关系没有明确规定，企业要求独立经营，国家要求企业实现自己的目标，为了协调企业追求利润与国家政策目标的矛盾，计划合同从法律上规定双方的义务，确定了解决国家与国有企业关系的基本原则，即：（1）保证国有企业财政收支平衡；（2）国有企业以企业身份开展自己的业务；（3）贯彻执行政府经济政策；（4）企业承担社会义务付出的代价，国家要给予补偿。计划合同的内容，一方面规定了政府承担的财政投资、利润分配义务，另一方面规定了企业承担的盈利、自筹投资、就业、技术开发等义务。合同中对企业收益目标、服务质量、生产率、提价等作出规定，政府据此对企业进行控制，企业在这套指标体系的约束下可以进行最优经营方式选择。

政府与国有企业签订计划合同的程序是：先由企业提出自己的发展计划，内容包括发展战略、投资计划、财务计划，承担的义务以及对政府的要求。在此基础上，政府代表（主管部门、财经部的预算司和国库司、计划总署的代表）与企业代表进行签订计划合同的谈判，一起分析和预测企业经营的外部条件及其变化，如经济增长、通货膨胀、市场前景、货币汇率等的变化，探讨国家与企业的关系，协商双方的义务。通过谈判，企业把自己的发展计划和发展目标协调和衔接起来。企业完成国家的发展任务，执行国家的政策，国家则给企业提供相应的财政援助和其他支持。计划合同的期限一般为3—5年。

政府与国有企业是否签订计划合同，有两个原则：一是看企业有无新的发展项目。如果没有新的发展项目，只进行日常经营管理，则没有必要签订专门的计划合同。二是看企业所处经济地位和企业经营战略性质。对信息工业、宇航工业、原子能工业等国家战略重点工业企业和铁路、邮电等基础设施行业，其经营战略选择与国民经济发展密切相关，政府就需要与这些企业签订计划合同。目前，与政府签订计划合同的国有企业占全部国有企业的一半左右。

3. 国家作为国有企业资产所有者，有明确的国家代表和所有权维护方式。股份制是法国国有企业最基本的资产组织形式。国家控股数额大致可以分为控股100%、50%以上和50%以下三种。控股的方式有直接控股和间接控股。直接控股由财政经济和预算部代表国家持股，间接控股由国家银行和金融机构持股。国家与国有企业的关系，首先表现为股份持有者与企业经营者之间的关系；其次，表现为从属关系、稽核关系和监督关系。

法国政府对国有企业的管理，行使国家的资产所有权和管理权，主要通过以下四种方式来实现。

一是明确国有企业的资产管理部门，负责国有企业的资产管理和对企业进行领导，影响企业发展方向和战略。以国有资产的所有者身份行使管理职能的，主要有财政经济和预算部、计划总署、工业部、运输部、邮电部、国防部等。在参与国有资产管理活动的各部门中，财政经济和预算部拥有较大权力。国有企业的资产由财政经济和预算部管理，该部对所有国有企业进行经济和财政方面的领导和控制，决定对国有企业的财政拨款支持程度以及参股范围。企业经营管理则分别由有关主管部门负责。例如，五大工业集团、雷诺汽车公司的主管部是工业部，国营航空公司、国营铁路公司的主管部是运输部。

二是选派代表参加企业董事会，任命董事长或决定董事长人选提名，保证国家对企业的领导权。法国国有企业一般实行董事会下的经理负责制。董事会中实行"三方代表制"原则，即国家代表、企业职工代表和与企业有关的专家及知名人士代表各占1/3。企业董事会成员中的政府代表，由国家任命；专家、知名人士代表，也由政府任命。国家控股100%的企业，以及国家控股90％以上的企业，其董事长、总经理由主管部长提名、经内阁会议讨论通过，以法令形式予以任命。对于国家部分控股的国有企业，其董事长虽由股东会选举产生，但如果国家控制了50％以上的多数股份，仍可以左右董事长的选举，实际上也是国家提名确定的。企业董事长在作出重大决策时，一般都要同政府有关部门磋商。如果董事长与政府发生严重意见分歧，拒绝执行政府的意见，董事长可以自动辞职，政府也可以撤换董事长。

三是向企业派驻国家稽查员和主管部门代表，对国有资产经营进行监督。财政经济和预算部的常驻企业代表称为稽查员，负责监督企业的财务情况。财务稽查员的主要使命，是督促企业遵守各项财务规章制度，检查企业账目是否合乎规定，给政府提供企业各种信息，为企业经营提出建议。他们可以列席董事会，有发言权，但无表决权；有权查阅企业任何资料，在特殊情况下有权直接给财经部长写报告反映情况和意见。主管部门的常驻代表，负责了解检查情况，向主管部门汇报。

四是设立国家审计法院，对国有企业进行审计检查。国家审计法院每年都对国有企业的账目进行事后稽核。主要内容是检查企业财务收支是否合乎规定，并对企业经营效率和效益进行评估。审计法院拥有对企业进行监督稽核的广泛权力，有权查阅档案和情报资料，随时召见企业领导人，国家审计法院每两年都要提交一份有关国有企业账目情况的报告，分析其财务管理和经营情况，审计报告送交财政经济预算部、国民议会和参议院中负责监督国有企业的议员。审计法院可以对违反财务管理规定的行政机关公务员和企业职员课以罚款或审判。

（三）对价格、投资、工资和财务的监督

法国实行市场经济，市场机制决定企业的主要活动。但是，由于法国政府把国有企业作为宏观经济调控与管理的重要手段，所以对国有企业特别是垄断性国有企业的价格、财务、工资和投资活动实施比较严格的监督。

1. 价格监督。法国政府既考虑价值规律和企业收支平衡的原则，更考虑抑制通货膨胀的目标。对垄断性企业的产品或服务价格实行控制的一个基本原则是抵偿边际成本。一般来说，如果垄断性企业生产的产品或提供的服务占一般家庭消费的 7%—8%，那么，这些产品或服务价格的变化就会引起其他产品价格的变化，国家必须加以控制。而垄断性企业所处的地位决定了它们具有提高价格的本能，国家要避免这些企业随意提高价格，也必须进行干预。目前，由国家定价的产品或服务有：煤气、电、邮资、火车客票、公路收费、出租汽车收费和电讯服务收费，这些产品和服务的消费占整个国民消费的10%。石油价格为半控制价格，即在一般情况下，国家不管；在特殊情况下，如海湾战争期间，由国家控制价格。

政府控制价格的基本原则，是不能过分地压低企业产品或服务价格，要使其抵偿边际成本。但也存在例外情况，如城市交通运输的价格通常只相当于其边际成本的1/3到1/2，这是历史上造成的，现今人们已经习惯了。财经部有关人员认为，这种例外情况是很危险的，一旦产生就很难消除。现在城市交通运输价格低于边际成本带来了四个后果：一是人们在选择企业和企业家选择厂址时，根本不考虑交通费用，从而引起过度消费和资源的浪费，并造成巴黎地区的交通路线越来越长。二是加重了财政负担。国家铁路公司的票价只相当于不包括基础设施投入在内的边际成本，国家为保证基础设施的建设，必须给以补贴，而这些补贴来自增加税收，对生产者和消费者都不利。法国的税收已很高，大约占整个国民收入的50%左右，如果再增加税收，就会引起很大反响。三是造成公共交通拥挤和道路建设缺乏资金。四是形成不平等竞争。如在通讯方面，总体来说，价格是能补偿成本的，但结构不平衡。长途电话费用特别贵，大大高于边际成本，而市内电话费用特别便宜，大大低于边际成本。由于电话线路终端装备业是竞争性的行业，所以市内电话的补贴会造成终端装备业与其他行业的不平等竞争。现在交通运输价格低于其边际成本的问题在短期内解决不了，因为提高价格涉及很多问题，尤其是涉及政治和社会稳定问题。法国财经部主张逐步缩小价格与边际成本的差距。

目前，除了法国国家铁路公司和巴黎运输公司以外，政府已要求所有垄断性国有企业都要做到财务收支平衡，并增加盈余。为此，法国电力公司和煤炭煤气公司已将价格定在平均成本上，而不是边际成本上，这两个公司基本做到了财务收支平衡。另外，八家公路公司中的七家国有公司也基本做到了财务收支平衡。

在确定价格的过程中，为准确计算生产成本，法国国有企业建立了一套非常完整的核算系统，计算生产成本时，包括劳动力费用、使用过的资本成本费用以及原材料费用。如果资本是借款，那么利息也要计入。对国有企业来说，许多资本不是借款，不能计入利息，所以只有盈利才能真正保持财务收支平衡。国有企业的盈利水平只有保持在5%—6%，才能使企业真正做到收支平衡。政府对垄断性企业产品或服务价格的干预，为控制通货膨胀奠定了基础，从1986年以来，通货膨胀率一直控制在3%左右。

2. 对投资活动的监督。政府一方面减少直接投资，把投资主体推向企业；另一方面对企业的投资规模和大的建设项目实行严格的控制。当然，对不同类型的企业实行不同的管理方法。对垄断性企业实行严格控制，而对竞争性企业则基本放开。对垄断性国有企业的投资决策和投资规模，实行严格的监督，主要通过"经济社会发展基金会"来实现。该基金会成立于1955年，设在国家财经部，负责对垄断性企业的投资规模和重大建设项目进行控制。这个委员会采取的通常办法是：每年于春、秋两季各召开一次会议，内阁大臣一般都要参加，在内阁大臣中，财经部长的意见起着主导作用。企业不派代表参加会议，但在会议之前，企业要把投资报告递交给基金会。按惯例，会议都是要削减企业所要求的投资额度的，财经部长最终批准的投资额度一般低于企业提出的投资总规模。基金会会议只控制投资总规模，不控制具体项目的投资，企业根据投资总规模决定如何投资。但是，对于那些关系国计民生的重要项目的建设，如核电站建设、高速铁路和重要公路的建设等，则要经过会议讨论决定。

政府通过财经部对垄断性国有企业的投资实行监督，其主要做法：一是控制项目。如对国铁公司的建设项目，规定投资额在1000万法郎以上的项目均要由财经部审批。二是控制投资收益率。如规定项目建成后的收益率必须高于资本利率。如果经论证，企业投资的预计收益率达到15%，资本利率为7%，那么财经部就积极鼓励企业投资；如果经论证，企业投资的预计收益率为7—8%，那么财经部对这些投资的审查特别严格。如法国国家铁路公司对巴黎至里昂间高速铁路的投资的年收益率就达到了15%，因此财经部对这个项目投资计划很满意。三是控制投资资金来源。垄断性企业的投资资金来源，一般由国家拨款、企业发行债券和企业自有资金三部分组成。为不断增加企业的自我积累能力，规定企业的自有资金占投资总额的比例为20%—30%，如规定国铁公司在1990—1994年的五年间，企业投资不得低于投资总额的34%，每年不得低于20%。

尽管投资主体是企业，但法国政府还要对垄断性企业的投资活动实行控制，主要出自以下两个原因：（1）垄断性国有企业不同于竞争性国有企业，它们不受竞争的压力。这些企业大多是公共服务性的，企业本身不拥有股份或资本，企业的投资只能由国家负责。（2）垄断性国有企业投资的数额大，这些企业的投资额占全国投资总额的20%以上。由于主要靠发行债券筹集建设资金，对整个经济活动影响很大。如果让这些企业在国内市场上无限借债，就会引起资金紧张、利率上涨，又会使法国的外贸产生逆差。

竞争性国有企业的投资基本不受国家控制，投资决策权由企业总经理控制，企业可以自主决定投资活动。因为这类国有企业必须遵守法国商法和私法的规定，如果企业的自有资金少于全部资金的1/2，企业就要破产。所以投资决策对于竞争性企业至关重要，政府不能乱加干预。

现在，国有企业投资渠道包括：企业自有资金、发行债券、财政拨款和提供无息借款、国家补贴和金融投资等。

（1）企业自有资金。不断提高企业自我投资能力，是近些年来国有企业发展的方向。目前，竞争性国有企业的自有资金比重已与私有企业不相上下，但垄断性企业的自我投资比例比较低，为此，国家财经部积极鼓励企业扩大自有资金比例，并规定企业自有投资资金不得低于当年投资总额的 20%—30%。

（2）发行债券筹集资金。这是目前国有企业投资资金来源的主要渠道。现在国家减少甚至取消对企业的直接投资，企业只能负债搞建设，因此，垄断性企业负债累累，大大超过竞争性企业。为减少企业负债，国家对企业发行债券的数额进行限制，并在企业计划合同中明确规定每年偿还旧债的比例。现在虽然政府不再为企业的负债担保，但国家仍是企业的大股东，国有企业的信誉高，债券行情一直见好。

（3）国家财政拨款和提供无息借款。由于政府预算很紧张，所以财政拨款数额很小，一般每年拨款 40 亿—50 亿法郎（不到 10 亿美元）。拨款主要用于汽车、航空和航天等领域的竞争性国有企业，近几年，这项拨款日益减少。改财政拨款为有偿使用制，是法国国有企业改革的又一重要步骤。目前，国家对某些行业的国有企业，如航空工业，预先给予借款，待企业盈利后，再还给政府。

（4）国家提供补贴性投资。主要体现在以下几个方面：一是国家对公共服务的补贴，如鼓励农村实现电气化，用于农村铺设线路的资金就由政府补贴；二是国家对其支持的科研项目所需资金予以补贴，如国家科研中心所需经费、军事科研投资等全部由国家补贴；三是国家对亏损或已经没落的工业企业给予补贴，如煤炭工业，其竞争力越来越小，国家为使其继续生产，必须予以补贴。近年来，这种纯粹性的补贴制度不断受到欧洲共同体委员会的抨击，国家的补贴数额正在逐年减少。

（5）金融投资。金融投资特别是国际金融投资也是法国经济的特点。最近几年，法国国有企业经营好的一个重要原因，就是购买了一些外国企业的股份，并把 1/3 的人员派往国外工作。垄断性国有企业也想超出自身的垄断领域搞多种经营，如现在国家铁路公司也经营旅馆业、船运业以及旅行社业。

（6）其他渠道投资。主要有两种：一是国家把亏损的企业买下来加以扶持。但这种做法受到欧共体的严厉指责，现基本已取消；二是对于那些没有发行股票权利的企业，通过银行发行投资债券来筹资，这种债券的持有者只参与分红利而没有投票权，国家将来可以再把债券买回来。

3. 对工资分配的监督。法国的工资管理体制与大多数市场经济国家大同小异，私人企业的工资原则上是"自由"确定的，主要通过劳资双方谈判，并签订协议。但对于不同时期和不同对象，政府干预的程度也有所不同。

第二次世界大战后，1945—1950 年法国处于恢复时期，主要发展重工业，工资完全由国家规定。

1950 年 2 月 11 日，政府颁布最低工资保证线法案，规定各行各业的最低工资不得低于最低工资保证线。这是通货膨胀的产物。为了保证消费者的最低生活水平，由政府、雇主、工会三方组成了一个委员会协商，确定最低工资标准，并报经总理核定，在实施过程中随着物价的上涨进行相应的调整。同时，规定私人企业的工资，由企业与工会通过谈判商定。对于公共事业和国家共股的企业，由国家根据物价上涨和生产经营的情况，核定指令性的工资增长限额。历届政府即使在石油危机时期，也都力争使实际工资的增长能够维持中等水平。

1977 年，政府规定，国有企业的工资需经主管部审核。同时，还专门设立一个部际委员会，由财政经济部领导，有各主管部的代表参加，专门负责协调 450 万国有企业职工的工资。对行政、事业单位的 400 万国家雇员和医务人员的工资，则由政府直接规定。国有企业不受市场竞争的影响，有一种自发增加工资的倾向。根据国家 1950 年颁布的法令，企业工资是根据行业公约，由企业老板与行业工会谈判确定的。1953 年法国政府成立了一个专门管理国有企业工资增长事务的委员会，由财经部、劳工部和有关主管部门的代表组成。该委员会每年根据经济增长情况和通货膨胀等因素，确定一个工资增长幅度，提出工资增长的框架计划，上报政府总理签发后，下达给各主管部门和国有企业。同时，财经部将文件发给驻企业的财务稽查员，据此检查企业执行情况。国有企业按照政府下达的工资总额增长幅度，根据自己的经营情况执行。经营好、有盈利的企业，可以在预先确定的幅度内增加工资；经营不好、有亏损的企业，就不能达到计划规定的增长幅度。至于各个企业提高工资的具体办法，则由企业领导人与工人代表谈判决定。

国有企业职工一般分为工人、管理人员和高级干部三类。除总公司董事长和经理的工资由政府主管部门决定，分公司经理的工资由总公司决定外，其余职工的工资按行业工会协商制定的工资等级表决定。同一行业，国有企业和非国有企业都执行同一标准；不同行业的企业工资等级和工资标准则不完全相同。

对职工奖金，国家没有统一规定，一般都由企业自定。奖金额大约相当于一个月的工资，有的企业不发奖金，年终一次发双薪；有的企业年中和年末发两次奖金。职工之间奖金差别很小，国家和企业一般不强调奖金的作用，主要通过提职、升级和调整工资来调动职工的积极性。

1982年11月13日国家颁布的法令规定，私人企业每年至少要与工会谈判一次，包括工时和工资等内容。谈判的形式主要有三种：

一是全国性的谈判，由三大工会（法国总工会、工人联合会、工人民主联合会）与法国雇主联合会及中小企业雇主联合会一起会谈，商定工资方面的重大问题。

二是行业谈判，包括行业谈判和同行业中生产某些相同产品的专业系统进行行业性或专业性的谈判，主要是商定本行业的最低工资等专业性的工资问题。

三是企业劳资双方的谈判，主要是结合本单位的经营状况和具体特点，对基本工资以外的各种奖金和补贴的谈判。近年来，这部分比重加大，比基本工资增加得快。在企业的工资谈判桌上，主要谈的是物价、劳动生产率、利润和劳务成本（工资加社会保险福利费占成本的比重或占净产值的比重），讨价还价相当激烈。在1984年前通货膨胀率较高的时候，每年要谈判 3—4 次。通货膨胀率下降以后，一年只谈判 1—2 次。私人企业劳资谈判的协议，政府一般不加干预。只是 1982 年在物价与工资轮番上涨、通货膨胀严重的时候，政府为了反通货膨胀，采取冻结物价和工资的措施，五个月以后才解冻。有关私人企业的劳资纠纷，由政府的社会事务与劳工部负责出面协调和仲裁。

国家规定最低工资增长线。1950—1969 年，为了保证职工的基本生活水平不受物价上涨的影响，国家实行最低工资保证线制度。法令规定，最低工资与消费物价指数直接挂钩，消费物价指数上涨 2%，则最低工资相应提高 2%。消费物价指数是通过对 296 类、14 万个商品和服务费的价格进行核算，从 106 个城市的 4 万个固定网点统计来的。实行这一制度后，对低工资者的基本生活有了保证。但是，由于这一时期职工平均工资的增长速度快于物价上涨的速度，最低工资与平均工资之间的差距扩大了。

1970 年以后，实行最低工资增长线制度，特点是"双挂钩"，既与消费物价指数挂钩，又与平均工资（小时工资率）挂钩。最低工资线的增长幅度，高于消费物价指数的上涨幅度，而略低于平均工资的增长幅度，扣除物价上涨的因素后，至少应相当于实际平均工资增长率的一半。例如，1986 年 7 月 1 日与上年 7 月 1 日比较，由劳工部统计的全国 10 人以上企业职工的平均工资指数增长 4.8%，国家统计局颁布的消费物价指数增长 2.6%，实际平均工资增长 2.2%，最低工资增长线的指数至少应增长 1.1%。有时政府出于政治经济原因可以适当调高，比如密特朗政府上台时，一下将最低工资增长线提高 10%。因此，实际执行结果，比平均工资增长还快。以巴黎地区为例，1985 年与 1970 年相比，消费物价增长了 295.1%，平均每年增长 9.6%；平均工资增长 525.8%，平均每年增长 13.0%；最低工资增长线增长 643.4%，平均每年增长 14.3%。由于最低工资增长线与平均工资之间差距逐步缩小，拿最低工资的人数比重逐步增大。据 10 人以上企业的统计，1974 年 7 月最低工资的人数占全部人数的 5.8%，1984 年 6 月上升到 7.3%，1985 年 7 月达到 9.7%。对最低工资增长线有两种不同反应：外籍工人、移民、收入低的妇女和双职工反应良好；雇主协会中有关负责人和财政经济部有关负责人认为，工资增多了对扩大就业和增强竞争能力都不利，近几年来，为了反通货膨胀，对最低工资增长线，不再额外放宽了。1987 年消费物价上涨 3.1%，最低工资增长 3.3%（1980 年到 1987 年最低工资变化情况，详见下表）。

最低工资（单位：法郎）

执 行 日 期	每小时毛工资	每月毛工资
1980年7月1日至12月	14.00	2426.62
1980年12月1日至1981年11月	17.76	3078.34
1982年1月1日至6月30日	19.03	3298.53
1982年12月1日至1983年6月	21.65	3752.60
1983年7月1日至12月31日	22.33	3870.46
1984年1月1日至6月30日	23.56	4083.65
1984年7月1日至11月1日	24.36	4222.32
1985年7月1日至1986年6月	26.04	4400.76
1986年6月1日至12月	26.59	4493.71
1987年1月至3月	27.57	4659.33
1987年7月1日	27.84	4704.96

（1）关于工资增长的速度。1984 年以前的 10 年里，工资的增长连年超过生产的增长。1973—1979 年，国民生产总值的年平均增长率为 3%，而实际工资的年平均增长率超过 4%；1979—1984 年，国民生产总值的年平均增长率为 1.2%—2%，实际工资的年平均增长率为 2.4%。

降低了投资率，影响了生产发展的后劲和商品的竞争能力。为此，政府在处理工资与物价的关系时改变了一些做法。一是劳资双方进行工资谈判时不再与上年物价实际上涨指数挂钩，而改与政府提供的下年度预计上涨数挂钩。二是政府在提供预测数时有意压低，以少支工资。

（2）在长期通货膨胀、物价持续上升的情况下，注意保持必要的工资差别。1968—1984 年期间的工资政策，旨在缩小不平等现象。但由于物价上涨，工人与技术人员实际工资的差距因工资的过快增长，在一定程度上加剧了通货膨胀，不仅没有拉开反而缩小了。因此，1984 年以后，技术人员和专业人员的工资提高得快一些。据社会事务与劳工部提供的 1987 年 7 月 1 日的统计，最低月工资为 4705 法郎，月平均工资为 6708 法郎，一般雇员为 6916 法郎，私人企业的技术员为 9750 法郎，私人企业的经理和高级管理人员为 17983 法郎。法国雇主协会的一位经理认为，目前科学技术发展很快，作用越来越大，专业技术人员应当得到更多报酬。

在物价上涨的情况下，如何确保职工的实际平均工资既不降低，又不打乱工资制度，还能体现适当鼓励先进的原则，法国对公职人员的工资制度和增资办法是：

第一，国家每年在确定公职人员增资幅度时，除了考虑与企业职工大体平衡外，首先要使平均货币工资的增长幅度适当大于物价上涨的幅度。比如消费物价指数预计提高 2.5%，平均工资确定增长 3%。

第二，把计划增加的工资分为两部分，一部分用于正常的提级提职和逐年增加的工龄津贴，一般每年约需增长 1.7%；一部分用于补偿物价，由于受总的增资指标限制，只能增长 1.3%。

第三，补偿物价是按"指数点"多少同步增长的，因为法国公职人员的基本工资是根据不同职务及资历分为若干等级，各个等级的"工资指数"不同。例如，中央行政管理专员、教授和级别较高的研究室负责人，"工资指数"为 633 个点，月毛工资为 14024.66 法郎；高中毕业、工作 25 年的技术员和税务局检查员"工资指数"为 403 个点，月毛工资为 8928.83 法郎；经过严格考核合格、工作 13 年的制图设计人员、主任监督员"工资指数"为 360 个点，月毛工资为 7970.08 法郎；没有学历但有 9 年工龄的一般干部"工资指数"为 217 个点，月毛工资 4807.83

法郎。如果总的物价补偿部分只剩 1.3%，那么"工资指数"每个点的"值"也相应增加 1.3%，各类人员内部的工资关系不变。

4. 对财务活动的监督。法国一部分国有企业原来亏损严重，由政府补贴，增加了财政负担。80 年代以来，政府特别强调国有企业在财务上收支平衡的原则。在法律上国家对国有企业的亏损无补贴义务，企业也无权要求补贴。垄断性和公益性强的企业政策性亏损也需逐项核算，将详细情况向国家报告，才给予相应的补贴。例如政府同法国铁路公司签订的 1990—1994 年的计划合同规定，国铁在经营上必须自负盈亏，对于政策性亏损和国铁职工的医疗保险费支出，国家每年提供 40 亿—50 亿法郎的补贴。但同时要求国铁每年自有投资的比例不得低于总投资的 20%，最后一年必须达到 34%。

国家对国有企业的财务审批权，因企业性质的不同而有很大区别。国家对竞争性企业的批准权非常小，对垄断性企业的批准权很大。

对垄断性企业的财务审批权主要体现在以下三个方面：

（1）国家对企业的账目以及年度预算拥有批准权。国家每年都要检查企业上年的财务账目，然后决定本年度的财务预算。企业财务账目都要定期上报财经部长，财经部根据企业财务账目状况，决定给企业何种投资，诸如新产品开发投资、扩大再生产追加投资等等。

（2）国家拥有对企业参股和变卖资产的决策权。企业在购进和卖出股票时，必须要由财经部批准，并将这一决定印发在政府公报上。另外，在企业出售资产时，事先须请专家进行评估，国家要求企业以高于评估价格出售。有时，国家也把批准权下放给派驻企业的稽查员。

（3）国家对企业职工的工资拥有批准权。

国有企业按照税法规定交纳增值税后的利润，还要向财经部交 50% 的所得税，剩下的利润分为两部分，一部分作为红利（红利一般占企业纯收入的 10% 左右）分给股东，一部分留给企业支配。留归企业支配的部分，大部分用于企业的技术改造和扩大再生产，小部分用于职工的福利和奖金（一般只占企业纯收入的 5%）。

5. 审计法院的监督。建立审计法院，加强对企业的监督和审计，是法国管理企业的一大措施。

法国审计法院已有 800 年历史。当时是国王的咨询机构，拿破仑一世把审计法院的权力用法律形式扩大了。1982 年法律规定在各大区成立审计法院分院，使其形成了一个组织严密的审计系统。与其他一些国家审计法院不同，法国审计法院体系具有两个特点：一是法院具有一定的独立性，审计员有法官地位；二是集体决定事情。而英国和美国的审计员则不具备法官地位，由审计法院领导人单独向议会提交审计报告。

（1）审计法院的组织结构和作用。法国审计法院最高领导人是第一院长，下设七个分庭，每个分庭设科。每个分庭都是独立自主的，一旦七个分庭作出了决定就代表了审计法院，由第一院长去执行，组织原则是少数服从多数，集体决定重大问题。七个分庭按行业划分，如邮电业、通讯、电子等行业归一个分庭管。若出现棘手的问题，可组成特别委员会，由最高法院大法官作出决定。最高法院负责每年向议会提交国民预算报告，其他组织形式按问题性质灵活机动，涉及有关分庭的问题，由有关分庭派代表组成小组专题审计。

最高审计法院有 600 人，其中审计法官 240 人，其余为报告员和行政人员。法官分最高法官（53 人）、一级法官、二级法官。一级法官均系国家行政管理学院的毕业生。而到审计法院工作的都是考试最好的学生。

审计法院法官为终身制，不得撤换。高级法官可以在某地任职，任职后仍回审计法院任原职。

除审计法院工作人员外，也聘请外部人员来工作，审计法院与行政院的人员可交流任职。为了适应税法，还要搞业务培训，法院均已采取现代化办公手段，每个法官都用计算机工作，以便提高工作效率。

全国设有 25 个地方分院，其中法国本土有 22 个，法国在美洲领地 1 个，在南太平洋领地和其他领地 2 个。

中央审计法院的职责范围，包括审计国家整个行政区机构、国有企业和社会保险等方面的机构，以及地方给政府的报告，同时检查和指导地方分院的工作。

审计法院的作用就是监督和保证行政机构、国有企业能严格遵守国家法律，对国有资产的经营活动实施国家管理。

审计工作要适应市场竞争的需要，尊重企业的自主权。例如，在价格的制定上，企业是自由的，取决于供需关系。国有企业在制定价格时要考虑到国内外的因素，国家审计只是表示同意或不同意企业的价格原则，并不直接参与制定；在利润的使用上，审计法院看企业是否考虑了在职职工培训，开发出口产品如研制新产品等费用的支出，比例是否合适，如法律上规定职工培训费用在利润中不得低于职工工资的1%，不少企业达到6%—7%，私人企业的比重更大。

（2）审计的主要内容。①报表。企业和分公司的综合报表，不仅查年度的还查月报，使审计工作不是事后的，而是在经营活动的同时就开始审计。审计员看企业是否按照国际统一的会计记账办法，是否符合标准。②企业制定的发展战略文件的手段是否合法。③评价企业经营状况；投资方式和投资行业的选择、资金控制部门（有否设立监督金融活动的机构）、国家资产（买、卖土地是否合适）、折旧率（是否合适，以达到更新设备时有足够的资金）、企业的准备金（是否能应付意外情况的发生）等。④审计每笔资金的入账时间（收款）、支出，人员缺勤情况，人员流出比例。⑤企业经济活动分析情况。

通过对企业全部经营方向、政策、结果的审计，找出企业亏损的原因，指出企业贷款的应用是否最佳，是否需要增加资本；企业的财务管理制度如何；检查企业上一年度预算执行结果与计划的差距，找出企业的失误，若发现企业有问题，审计法院可把企业负责人召到法院，以开庭的形式审计。由报告人提问，企业负责人答辩，部门领导人出席，这就是公开和当面的审计原则，并把审计结果公之于众。最后，审计院写报告提交政府和有关议员，根据企业负责人错误情节轻重给以不同的处理结果。部长要听从审计法院的意见，决定对企业领导人以撤职、转刑事法庭或罚款处理。审计法院每年出一期年报，公布当年分类审计结果，以取得公众监督。

（3）审计程序和方法。定期审计所有国有企业及其子公司、孙子公司，特别是海外的子公司是不可能的，所以只是对其中经营状况不好的企业进行审计。在选定审计某个企业之前，要先制定审计计划，明确审计内容，工作期限、交审计报告的时间及两次审计的周期等，并成立审计小组（一般由审计法院法官、有关专家和报告员组成）……审计法院把这份计划寄给被审计企业，要求收到企业的报表，并召见企业领导人或分公司领导人。

对国民预算的审计，每年年初，对上一年执行情况进行审计，每个年度结束时，就要完成当年关于国民预算的审计报告，一个月后召开全体二级法官大会，通过报告并上交议会，给议员们以下年度预算作参考。议员是人民代表，同时也对行政部门起监察作用。议员可以咨询的方式向国会质询，也可以以某企业的经营活动成立调查委员会（参众两院均可以成立调查委员会），在国家预算投票时审计；企业的利润，国家给予的补贴等问题。议员的审计大部分是利用审计院间接审计。审计院的报告先交给有关议员，议员根据报告对审计院咨询，也可委托审计院特别调查，召集审计院院长、调查员开会。

对国有企业审计，法律给了审计法院直接审计权，但实际上审计法院是二级审计。审计法院先委托私立会计师事务所审计员，像审查私人企业一样清查国有企业的所有账目、各种原始资料、文书和证件，考察企业财产及经营状况，调查第三者（企业），作出经营好坏的结论。然后，审计法院在这个报告的基础上再加以审计。审计法院拥有进行当场监督最大的权利：即有权调阅企业的所有账本和情报档案，查看仓库库存、召集企业任何工作人员谈话，查阅稽核工作案卷等。

总之，审计是一种系统工程，有六个审计层次：企业内部审计、企业稽查员审计、私立事务所审计、国家审计法院审计、政府有关部门审计、议会议员审计。一个好的企业家应该是一个好的审计专家，审计工作是与经营活动分不开的。因此，在审计法院中有 20 名法官曾是大企业的董事长，有的企业家同时也是审计法院的审计员，他们的职责是为国家服务，为人民的利益、公众利益服务，国家公务员是人民的公仆。

6. 国家稽查员的监察。法国政府对国有企业实行监督的一个重要方式——向企业派驻稽查员。稽查员的主要使命，是督促企业遵守各项财务规章制度，检查企业账目是否合乎规定，给政府提供企业各种信息，并帮助企业搞好生产经营。

私人企业受市场制约，如果经营不好，必然受到市场惩罚，即倒闭。而国有企业与市场作用不同，没有破产制度，如果国家不实行监督，容易把利润转化为工资，吃国家的"大锅饭"。因此，必须对国有企业实行监督。目前，全国有 50 多个稽查员，受稽查的企业有 600 多个，一个稽查员负责几个企业，除银行、保险业外，几乎所有总公司都派驻稽查员。

国家稽查员由年龄大、具有经验和较深资历，并精通业务的人员担任。稽查的范围，包括生产领域、分配和再分配领域。

国家稽查员主要在以下几个方面发挥作用：

（1）对企业实行监督和指导。首先，对企业实行财务监督。由于国有企业是由行政机构产生出来的，习惯用行政方法管理，而且经常发生问题。现在企业引入竞争机制，要与市场打交道，企业享有充分的自主权。因此，在监督管理上要区别于行政机构。稽查员与审计部门的审计员合作，共同完成对企业账目的审查，如果发现问题，及时通知有关部门进行处理。其次，对资金的使用和收入分配的监督。企业领导人的工资由上一级主管领导确定。稽查员的职责是监督企业领导人是否有以权谋私问题。例如，是否有腐败问题，搞特权，拿企业工资，却不到企业工作等。对企业的股票经营也要进行监督，比如，股票的购进和卖出，是否合乎法律规定，有没有损害企业财产的问题等。总之，按照有关法律规定进行稽查。第三，对企业的生产建设活动的监督。总的原则是企业享有充分的自主权。但对一些重要经济活动和涉及公共利益方面的问题，也要进行指导和合理监督。国家制定的经济政策，包括工资政策、劳动就业政策等，留有很大余地，对企业起指导性作用，如国家允许企业用人要适量，不能过多招用职员或照顾性用些残疾人等。

为使国家政策的运用和企业制定的政策趋于合理化，稽查员在一些重要问题上进行干预。①在经济出现过热时，干预企业不能用更多的人；相反，在经济萧条时，企业也不能拆员过多。②参与价格的制定。在垄断性行业，如电力、铁路等行业，参加研究制定价格的原则，特别强调稳定物价原则；对竞争性企业主要监督其遵守公平竞争的原则。③在采购原材料方面，督促企业要在市场价偏低时买进，否则将进行干预。如稽查员发现国家电视二台和三台的费用支出比电视一台（私人）高30%，原因是经营不善，有的节目主持人身兼双职，除本企业的工作外，还到外面开办公司，以高价买进节目，致使经营亏损严重。为此，稽查员建议企业采取节目投标的方法，降低价格，减少支出，帮助企业扭亏转盈。④严格预算制度。企业要本着节约的原则作下一年预算，如果增加预算，一定要讲清楚预算来源，防止多作预算。如稽查员发现国家电视台年预算太多，用不完，立即建议财经部下一年少给预算。⑤加强企业投资特别是基础设施方面投资的监督，一是防止企业投资项目超概算，二是防止投资用项不合理，如有的企业不愿增加基础设施方面的投资，而搞些短期见效盈利多的项目等。

（2）收集和提供信息。收集和向上一级主管部门提供企业各种信息，是稽查员一项重要工作。企业每个月末都要向稽查员报告财务结算、人员进出、工资增长和生产等方面的情况。稽查员将收集到的各种信息及时向财经部报告，并将这些信息提供给国库司、预算司等。在发生严重问题时，如企业领导挪用公款或其他不正常的事，稽查员可直接写报告给财经部长。除此之外，稽查员每年还要向财经部写一份信息报告。稽查员不能直接强迫企业做应该做的事，但可以直接向上一级主管部门反映意见。在一般情况下，企业很害怕他们，不敢不听他们的意见。为得到更多的信息，稽查员要与企业领导保持经常联系，及时预测可能发生的问题。同时，还要与财务会计人员建立密切关系，因为他们是搞好工作的天然盟友。

（3）行使建议权。为保障稽查员行使正当的权力，早在50年代开始，国家在颁布一系列相关法律法规中，都明确规定了某些特殊权力。例如，在1955年的法令中规定，稽查员参加所有董事会会议，但没有投票权；在任何时候都可以翻阅企业所有文件，企业不得拒绝。在有些企业有关法令中规定，在采买原材料、工资和价格管理等方面，稽查员享有某些权力。这样，稽查员的职责和作用有了充分的法律保证。

稽查员在行使职责的过程中，自己能解决的问题，尽量自己解决，实在解决不了的问题，方可报告财经部。通常稽查员对厂长和上一级主管部门的决策，行使建议权。根据企业规模不同，建议的作用程度也不同。在规模较大的企业，建议所起作用较小。但在小企业中，特别是需要财经部支持的企业，建议的作用则大。由于稽查员任期较长（一般为5年，比厂长任职时间还长），对企业情况了解多。因此，上级主管部门和厂长都愿意采纳他们的建议。

7. 计划手段的作用。在法国经济管理中，还有一个重要特征，就是运用计划手段。计划管理既是国家指导和干预整个经济发展的重要手段，也是处理国家与企业关系的主要形式。

从对宏观经济管理来看。法国在第二次世界大战后，一直比较重视计划在国民经济管理中的作用。制定明确的国家计划纲领，指导全国经济的发展，成为法国40多年来经济发展的重要因素。从1946年到现在，法国先后制定了10个长中期计划。1946年确定的法国计划管理原则是：①尊重市场机制；②保证对外开放，在国际间进行自由贸易。这两条原则至今仍在继续执行。法国计划管理的主要功能是：确定未来长中期发展的方向、目标和战略；建立政府与平民社会的协商对话；协调政府各部门的政策。计划只是指明经济和社会发展的基本方向、重点和优先发展的方面，不在于规定大量的具体指标。这也是法国中长期计划的重要特点。例如，1989年制定的法国1989—1993年第十个经济发展计划，其主要内容为四个部分：①雄心勃勃的目标。②法国经济发展战略。包括中心是逐步提高就业率，进行新的社会分配；增强竞争能力，增进社会协调与平等；协调与欧共体市场的关系等。③面向欧洲。包括加强欧洲的团结，面向欧洲的科学技术和欧洲的经济伙伴等。④重大领域，确定了五个优先发展的方面。

从对国家与地区、国家与企业的关系来看，采取签订计划合同的形式。

法国行政区划分为22个大区、96个省、36000个市镇。由于中央政府集中的预算收入占整个国家预算的70%，通过预算收入的分配，中央政府对地区经济和社会发展拥有较大的影响力。而地方在中央财政经济管理下仍拥有比较充分的自主权。

据了解，国家与地区之间的计划合同始于法国第六个计划（1971—1975年）。法国政府把对经济的直接干预集中在公共领域。为了鼓励地方进行公共投资，发展公共事业，国家与少数大城市的地方政府签订计划合同，并给予财政资助，使公共投资方案得以实施。1981年，密特朗当选总统后，对法国的计划工作进行了"分权化"的改革，"分权"前，地方编制的地区计划经过衔接后纳入全国计划，"分权"后，各大区自行编制地区性计划，确定本地区的发展项目和所需资金。为了使权力下放与国家经济干预结合起来，国家加强并扩大了与地方签订的计划合同，通过"合同化"使地区发展与国家计划目标协调一致。

国家与地区的计划合同，主要是指国家与22个大区签订的合同。当地区保证实施的工程项目与国家目标一致时，该地区就可以与国家签订合同。合同规定双方相互承担的义务，具有法律效力，合同期与计划期大体一致。计划合同规定的财政义务，在第九个计划期间（1984—1988年）国家承担 350 亿法郎，地区承担 270 亿法郎。其中 1984 年，国家72 亿法郎，地区 55 亿法郎。在第十个计划期间（1989—1993 年）国家财政义务增至 520 亿法郎，其中 80 亿法郎用于经济发展，82 亿法郎用于技术更新和培训，233 亿法郎用于交通运输，120 亿法郎用于国土整治与社会保险。

前面已经介绍过，采取计划合同制，是法国政府处理与国有企业关系的一个重要形式。据介绍，实行国家与企业签订计划合同制是从 1969年开始的。最早同国家签订合同的企业主要是公共服务企业，如法国电力公司。当时签订了一个 1970—1974 年的计划合同，后来由于发生石油危机，同时对核电发展又难以预测，这一合同没有执行下去。1971 年又恢复为传统的办法。计划合同真正实行起来是 80 年代的事。与此同时，国家与一些具有竞争性的国有企业也签订了一些目标合同。合同的形式是多种多样的，比如，有的由双方领导人在文本上签字，有的采取国家与国有企业之间交换信件的形式。合同的内容也视时期不同和企业不同而有所区别。从总的说，国家与国有企业之间的合同按其合同内容和约束程度可分为计划合同和目标合同两类。

与具有垄断性的公共服务企业（电力、交通、铁路等）签订的是计划合同，国家对这类企业的某些经营活动具有很大的影响。这种合同的主要内容是对价格、投资、财务、债务、生产效率和服务质量等方面作出规定。企业在遵循上述规定下，负责自己的日常管理。这些公共服务企业长期以来接受国家的财政资助。由于年年要谈判，一年一定，不利于企业长远规划。为了保证企业有一个比较稳定的外部环境，企业也欢迎以计划合同形式把这些变动的经济关系稳定下来。所以，实行计划合同制，则成为规范国家与企业关系的比较有效的形式。

为了较为详细地看看法国的计划管理制度，我们将法国 1982 年制定的《计划化改革法》原文录后。

计划化改革法 ①

计划化改革法经国民议会和参议院分别通过，宪法委员会宣布符合宪法，并由共和国总统颁布。本法律的内容如下。

第一部分　国家计划

第1条　计划决定国家的经济、社会和文化发展的战略选择和中期目标以及为达到这些战略选择和中期目标所采取的必要的措施。

政府按照本法律规定的条款吸收经济与社会委员会、社会和经济对话者以及地区参加计划的制定。

第2条（1）在国民议会和参议院分别建立一个由15人组成的计划化议会代表团。

（2）计划化议会代表团负责向各自的议会报告计划的制定和实施情况。为此，政府要向计划化议会代表团传达对完成其任务所必要的每一个文件。

（3）计划化议会代表团的成员分别由国民议会和参议院指定。

第一章　国家计划的内容

第3条　第一计划法规定5年中的战略选择和目标以及为达到预期的结果所提出的重大行动。

第一计划法可以审批由政府在本法律第6条规定的国家计划化委员会进行的工作和咨询基础上所起草的报告。

这个报告确定政府要求的社会和经济对话者之间根据计划目标进行谈判的范围。

报告还提及政府在考虑欧洲共同体活动时为缔结合作协定或合作项目所希望进行谈判的范围和国家。

---

① 全称1982年7月29日第82—653号计划化改革法；公布于1982年7月30日《政府公报》（法律和法令版）第2441—2443页。

第4条　第二计划法规定为达到第一计划法的目标所要实行的法律、财政和行政方面的措施。

第二计划法规定某些公共开支或收入的变化，并为一些新的活动以及特别必要的再发展提供资金确定不可缺少的措施。

第二计划法规定计划期间的项目拨款特别要与之相一致的优先实施项目。这种项目拨款是按照关于财政法的组织法1959年1月2日第59—2号法令规定的条款通过的。

第二计划法确定某些公共干预的特别是关于征收和社会转移的方针。

第二计划法根据本法律第1部分第3章的条款确定国家打算同地区签署计划合同的目的和范围。

第二计划法根据1982年3月2日第82—213号关于市镇、省和地区权利和自由法第5、48和64条确定市镇、省和地区的经济干预条款。

第二计划法在计划实施两年以后可以由按照同样的条款制定和通过的调整计划法进行修改。

第5条　所有部门性质的项目法连同可能出现的使第二计划法符合计划目标的必要的修改，一起列入紧接的下一个第二计划法或在必要时列入紧接的下一个调整计划法。

第二章　国家计划制定和通过的程序

第6条　每个计划建立一个咨询性质的国家计划化委员会，负责领导计划制定中的必要咨询和参与计划实施的全过程。

国家计划化委员会主席由计划和领土整治部长担任。计划总专员以及领土整治和地区活动方面的代表是国家计划化委员会的报告员。

国家计划化委员会的组成和职能均由行政法院的法令规定。其成员主要来自：每个地区，有代表性的领工资者和企业主的联合会组织，代表农业、手工业、商业和自由职业的组织，工业和银行的公营部门，合作的互助性质的部门，协会和文化团体。此外，还有由政府根据其在计划化方面的专长而任命的有资格的知名人士。

国家计划化委员会组织本身的工作。它提出的报告、意见和建议公布于众。

第 7 条 每个地区为制定第一计划法应在有效期内让政府了解本地区优先发展的生产活动。至少在计划开始生效前 18 个月，国家计划化委员会通过政府取得一份经地区咨询后制定的方针性文件。这个文件作为信息向地区转达。

国外法国人高级委员会要向国家计划化委员会转达对在上一段中提到的方针性文件涉及对外贸易和国际合作以及居住国外法国人需要方面的意见。

第 8 条 至少在计划开始生效前 1 年，国家计划化委员会必须向政府提交一份报告。政府在这个报告的基础上草拟第一计划法草案，并将草案送交经济和社会委员会。

第一计划法草案要在计划开始生效前的年议会第 2 次例会召开时提交议会。

第 9 条 至少在计划开始生效前 4 个月，政府在听取国家计划化委员会发表的意见并取得地区提供的信息以后草拟第二计划法草案，并将草案送交经济和社会委员会。

第二计划法草案要在计划开始生效前的年议会第 1 次例会召开时提交议会。

第 10 条 在每年议会第 1 次例会召开时，政府要向议会提交一份由负责计划和预算的部长共同草拟的并附入财政法草案的报告。

报告描述各种公共投资资金，特别是政府提议的专用于下一个财政年度中实施计划优先发展项目的预算资金。

第三章 国家计划的实施与计划合同

第 11 条 国家可以同领土行政单位、地区、公营企业或私营企业以及可能的其他法人缔结为实施计划和计划优先发展项目而互相承担义务的计划合同。

计划合同以有利于实现国家计划目标的活动为基础。计划合同规定国家参与这些活动的条款。

国家同地区之间缔结的计划合同规定国家和地区保证在计划期内通过合同规定的途径共同进行的行动，确定今后缔结这类合同的条款。

具体合同确定实施在计划合同中规定的活动所采取的措施。在地区的国家代表代表政府负责制定国家与地区之间的计划合同和具体合同。

国家同领土行政单位、企业以及其他法人之间缔结的计划合同必须通告所在的地区。

国家可以通过同企业缔结计划合同把确定的企业主要战略方针纳入该合同中，并强调企业的主要战略方针与国家计划目标的一致性。在计划合同缔结之前，计划合同草案作为信息转达给职工代表机构，合同实施条款也同样转告它们。

第 12 条　计划合同根据行政法院法令规定的程序缔结。计划合同在其正常实施期结束之前，只有国家按照计划合同明文规定的方式和条款才能解除。计划合同被认为只包括合同性的条款。

在由年度财政法提供的拨款限度内，凡是符合本法律第 4 条规定的项目拨款，国家在计划合同的范围内优先提供资本拨款、补助金、贷款、担保借款、税收优惠和一切财政援助。这些国家援助可以根据第二计划法规定的条款提供，同时要以受益者承担义务作为前提。

第 13 条　在每年议会第 2 次例会召开时，政府要向议会提交一份回顾上一财政年度内从事的全部活动和汇报计划合同实施情况的报告。

这个报告经国家计划化委员会的咨询以后拟定。

政府从计划实施的第 2 年起对计划取得的成果进行详细总结，在需要时将总结附入由第 4 条规定的调整计划法。

第二部分　地区计划

第 14 条　地区计划决定在国家计划实施期内地区的经济、社会和文化发展的中期目标。

地区计划规定由地区直接或者通过同国家、其他地区、省或市镇、公营企业或私营企业以及其他法人缔结合同的途径实施的项目。

第 15 条　地区计划按照各地区议会规定的程序制定和批准，地区议会应事先向省、地区经济和社会专门委员会以及地区经济和社会对话者咨询。

地区可以就计划实施期内地区活动所考虑的选择向本地区的每家公营企业或公营企业集团咨询。

在确定同国家签署计划合同的情况下，地区计划必须最迟在第二计划法公布日起 3 个月内由地区议会批准。

第 16 条　地区计划确定地区打算同国家签署计划合同的目的和范围。

为了实施地区计划，地区可以同除国家以外的其他公法法人或私法法人缔结本法律第 12 条第 1 段条款可适用的地区计划合同。按照同样的条款，地区计划也可以考虑同其他地区共同签署计划合同。

公营企业和私营企业同地区之间缔结的合同要在它缔结之前将其内容以及在每年实施的情况通告职工代表机构。

第 17 条　地区计划通过以后报送计划和领土整治部长，并由他转交国家计划化委员会。

根据计划和领土整治部长的报告，政府估计地区计划之间以及地区计划与国家计划之间的一致性。

地区计划同国家计划目标的一致行动只有由国家同地区缔结的计划合同以及作为实施该计划的项目拨款，国家在具体计划合同中才有可能作出规定。

第三部分　其他的和暂行的措施

第 18 条　对于制定第 9 个计划来说，本法律第 7 条和第 8 条规定的期限则分别确定为 16 个月和 11 个月。

第 19 条　暂时并一直到把地区建成领土行政单位为止，本法律赋予地区的权力由地区公共机构来行使。

第 20 条　1962 年 8 月 4 日第 62-900 号关于审批经济和社会发展计划法律的第 2 条和第 3 条予以废除。

第 21 条　本法律适用于海外领地和马约特领土行政单位，其条件是，如发生这种情况，须经领土行政单位的议会咨询以后通过法令采取符合于第二部分地区计划条款的措施。

本法律将作为国家法律予以实施。

1982 年 7 月 29 日于巴黎。

四、自主经营　参与竞争——铁路、电力、烟草公司的经营管理

（一）国有铁路公司的管理方式

法国国有铁路公司是负责全国铁路运营和建设，以及进行国际性竞争的经济实体，是完全由国家资本垄断的国有企业。在政府的直接监督管理下，该公司严格按照国家的规定，承担社会责任并充分发挥企业的自主经营权力和积极参与国际市场的竞争，在法国以及欧洲共同体的经济发展中发挥了重要的作用。特别是进入 20 世纪 80 年代以来，为提高企业的经济效益和扩大其自主权，国家与国有铁路公司签订了计划合同，以法律文件的形式规定了计划期的目标和双方的义务及责任，进一步明确了国家与企业的关系，并取得了比较好的效果。目前法国铁路与西方大部分国家铁路严重亏损的现象形成鲜明对照，国有铁路公司在财务收支上已实现赢利，并且有能力为新建铁路扩大能力提供部分自有资金；在国际市场的竞争上，铁路运营技术不仅在欧洲，而且在世界上也是十分有竞争力的。

1. 国铁及其与法国政府关系的演变。法国国有铁路公司是一家垄断性国有企业，下设 22 个大区铁路局，管理着全国 3.4 万多公里营业里程

的铁路。该公司现有职工20万人，1990年的货运收入达到130亿法郎，客运收入为300亿法郎，货运周转量为550亿吨公里，旅客周转量640亿人公里。每年以各种方式向国家上缴收入130亿法郎。国铁每年可支配的资金约800亿法郎，其中500亿法郎为铁路运输收入，其他部分由国家补给。目前，国铁正积极开展多种经营，努力成为多行业的集团性企业。国铁实行"金字塔"式内部控制制度，拥有许多子公司、孙公司、曾孙公司等等，以至于国铁总公司不能确切知道该公司实际控制了多少财产。子公司多为盈利企业，这改善了国铁的财务状况，但由于子公司不完全属于铁路行业，因而子公司的活动是否真正有利于铁路事业的发展还是个疑问。近年来，国铁推出了高速铁路这一新的服务项目，使得火车时速由原来的100公里提高到300公里以上。高速铁路的推出，吸引了大量的乘客，极大地提高了国铁在运输行业中的竞争地位。目前，高速铁路的票价收入占国铁客运收入的1/3到1/2。

国铁与法国政府之间的关系，最早可追溯到19世纪开始修建铁路时。那时政府特许一些企业或个人经营铁路，同时，国家也投资建设了一些国有铁路，并形成了国营铁路网。但由于达不到规模效益及其他一些原因，铁路企业不断亏损，而且人民对私人垄断行为也日益不满，对铁路运行安全和合理布局提出了新的要求。为此，当时执政的社会党政府于1937年将全国铁路收为国有，成立了统一的法国国有铁路公司。当时，原有企业的负责人都是国铁董事会成员，国铁很大程度上仍受他们的控制。第二次世界大战期间，政府基本上付清了国铁的收购基金，原有企业负责人开始退出董事会，国铁遂完全转入国家管理。但是，由于当时没有明确规定国家与国有企业的关系，企业要求独立经营，国家要求企业按规定的目标运行，国家与企业之间经常发生矛盾。为了减少摩擦，1969年政府提出了对国有企业实行计划合同式管理的设想，想从法律上规定双方的义务，确定处理国家与企业关系的基本原则。按照国有企业要以企业身份进行活动，并做到财务收支平衡和贯彻执行政府的经济政策、国家对因承担社会义务而造成亏损的企业进行适当补贴的原则，国铁率先实行了计划合同管理。但由于主客观条件的变化，计划合同未能得以执行，最终被放弃。因此，直到1983年，国家一直采用直接控制的管理方式。1983年后，国铁作为公共服务机构，开始逐步转入间接控制为主的责任制管理方式，并采用了国家与国铁之间签订合同的形式。国家不再直接干预国铁的经营活动，国铁拥有越来越大的独立性和自主权。

2.政府对国铁的监督和控制。法国政府认为，对于国铁这样的全国性大垄断企业，国家必须对其实施监督和控制。究其原因，一是历史的沿袭，二是现实的需要。前面已经讲到，国铁自成立以来，一直接受国家的监督和指导，在一个重传统的国度里，要割断这种联系是很困难的。从现实情况看，主要出于以下几点考虑：第一，安全。保证安全是运输部门头等重要的大事，国家必须在技术应用和安全管理方面对其实施严格的监督和控制。第二，公共服务部门的使命。作为公共服务部门，不能以盈利为唯一目的，常常为了公共服务的需要，诸如公众的方便、舒适、安全、准时，而牺牲盈利。国家为了确保国铁完成这些使命，必须对其实施监督。第三，财务问题。国铁是国有企业，国家有必要对其财务状况进行监督检查。

政府对国铁实施安全控制，主要由交通部负责，制定了一系列技术安全标准和安全管理标准。

政府对国铁公共服务使命的监督，主要包括运价管理和地区联网的管理。对货运价格，国家不实行控制，由国铁自行制定，原因是货运业务是一种竞争性很强的业务；对客运价格，国家严格控制，规定其上涨率不得高于通货膨胀率。地区联网是指对铁路线的管理。有些铁路线，由于旅客少而亏本，国铁从盈利原则出发自然希望关闭这些线路。但由于是公共服务，或出于国防需要，政府不同意国铁关闭这些铁路线，而是让其亏本营运。当然，因此而造成的亏损由国家给予补贴。国家的补贴面对整个国铁，而不直接对亏损地段补贴，地区间的盈亏由国铁自行内部调剂。此外，为了保证旅客更快地到达目的地，政府要求国铁开发建设高速铁路，使车速由原来的 100 公里 / 小时，提高到 300 公里 / 小时以上。

政府对国铁财务的管理，通过计划合同的约束和日常财务的管理来实现，主要表现在以下四个方面。第一，对公司预算和会计核算的管理。国铁必须将《关于企业预算情况的报告》和《关于企业账户情况的报告》递交财经部审查。在财务上，要求国铁自求平衡，国家对经营性亏损不作任何补贴，但对政策性亏损，如低票价、优惠票价造成的亏损，由于客源少而线路利用率低造成的亏损，以及铁路职工的医疗保险支出，国家给予补贴。例如，在 1990—1994 年计划合同期内，国家每年为此提供 40 亿—50 亿法郎的补贴。当然，上述补贴因素的详细情况，均需向国家报告，接受审查。此外，国铁像其他企业一样，必须交纳地皮税、增值税、所得税等。第二，对市场和投资的管理。国铁每年大约成交 5500 件生意，每件生意成交额在 10 万法郎以上，年成交额在 3200 亿法郎以上。这些生意都要让财务总监知道。当然，接受监督的只是大额生意和投资，只有 4000 万法郎以上的生意、1000 万法郎以上的投资才接受监督。每年大约有 170 亿法郎以上的生意要接受监督。第三，对资产转让的管理。国铁强调其国有性质，但不用的东西仍允许被出售。出售必须征得国家同意，并保证将所得用于铁路建设。第四，对工资政策的管理。国家通过与国铁领导协商确定工资总额，总理以命令的形式下达，国铁只能在该总额范围内支出。工资总额一年一定。

政府对国铁的控制权表现在以下几个方面。

首先，对企业领导人的任命。董事长和总经理都由国家任命，在一个计划期内一般不作更换，是否能够连任主要取决于计划合同的执行情况。法国垄断企业的董事长和总经理一般由政府里资历较深的官员担任，他们既具有丰富的行政管理经验，也具有较强的社会责任感，加上政治信仰上往往与执政党保持一致，因而能保证政府的意志在企业中得以贯彻执行。

其次，理事会的组成。理事会包括三部分人：一是国家官员，由国家任命，这些代表主要来自政府财经部、运输部和国土整治委员会。二是职工代表，由工会选举产生。三是专家代表，由消费者、商人、金融家、技术人员等组成，也由国家任命，但其身份不是政府官员。三类代表各占1/3，共18名。此外，财经部财务总监和交通部国务专员也参加理事会，但只有建议权，没有表决权。

再次，政府直接向国铁派驻代表进行监督。代表主要来自财政部和运输部。财经部派驻的财务总监负责监督公司的财务、国有资产的使用等，有权要求企业提供材料，并随时干预。现任驻国铁财务总监安贝尔·泽莱尔先生领导着一个包括财务监督、稽查员在内的15人小组常驻国铁。运输部的代表主要负责检查技术、设备等方面的情况，并向运输部汇报。财经监察审计法院可审查任何账户，并写出专门报告。

最后，财经部、交通部与国铁签订五年期计划合同，以合同的形式规范、监督国铁的行为。

3. 政府与国铁之间的计划合同。为了实现由政府直接管理向企业责任制的转化，从1985年开始，政府与国铁之间签订了为期五年的计划合同。1985—1989年的第一个计划合同已完成，效果不错，政府和国铁都比较满意，1990—1994年的第二个计划合同正在执行之中。计划合同经财经部、交通部与国铁领导之间充分交换意见后签订，合同主要就战略指导、价格、投资、财政、财务、效率、服务质量等方面作出规定。国铁根据五年期计划合同，制定本企业的内部计划，规定每年如何行为，以保证完成计划合同。企业计划制定后分发给每位职员。

政府与国铁之间1985—1989年计划合同，是在反复谈判和测算的基础上，前后经历了2年时间才签订。当时，由于管理不善和一些政策原因（如在此前，国家曾要求国铁大量吸收职员，致使劳动生产率下降），国铁亏损严重，每年的亏损额在 60 亿法郎以上，债务达到 200 亿法郎。因此，这一计划合同的主要目的是想经过企业和国家的共同努力，使国铁在财务上自求平衡。为了提高生产率，使国铁扭亏为盈，主要采取了以下措施：一是国家大量减免债务，政府认为，国铁之所以陷入财务困境，很大程度上是政府政策不当造成的，由此造成的亏损理应由国家负责补偿；二是大量裁减职员，国铁通过自动裁员（即职员退休后不予增补所造成的职员减少）的办法，使得职员人数不断下降，每年因此大约平均裁减 1000 人，加上其他形式的减员，五年共裁员 3 万人，年平均裁减 6000 人；三是应用先进科技，开拓新的业务，降低营运成本。国铁推出了高速铁路这一新的服务项目，使巴黎到里昂的时间缩短为 2 个多小时，吸引了许多乘客。吨公里营运成本也由 1984 年的 50 生丁降到 1989 年的 45 生丁。通过这些措施，国铁的亏损逐年减少，1985 年亏损 60 亿法郎，1986 年亏损 58.5 亿法郎，1987 年亏损 10 亿法郎，1988 年亏损 5.6 亿法郎，1989 年盈利 1.4 亿法郎，终于实现了扭亏为盈的目标。

1990—1994 年计划合同的目的是为了使国铁在保证财务自求平衡的基础上，利用一部分自有资金对铁路事业进行投资，要求每年投资额中至少 20% 由国铁的自有资金提供，五年内，自有资金占全部投资额的比重不得低于 34%。

为了保证国铁实现上述目标，政府必须履行以下义务：第一，每年在规定时间内为国铁提供资金支持，用于建设和补贴。补贴包括职工退休金补贴（目前，国铁的退休职工是在职人员的 2 倍，国铁无力负担巨额退休金，国家给予适当补助）、优惠票价补贴、地区性亏损线路补贴和巴黎地区铁路票价补贴四部分，每一部分补贴都有具体规定。第二，要批准计划合同中的所有投资项目。第三，继续允许国铁执行货运价自主、客运价随通货膨胀上浮的政策。第四，不强迫国铁进行合同外的项目投资，否则，亏损由国家补贴，亏损额由国铁决定。第五，帮助解决历史遗留的 380 亿债务。

因此，具体而言，这一计划合同的主要目标有五个：一是明确规定双方义务，且一定五年不变；二是国家保证一定数额的投资；三是在国家保证帮助解决 380 亿法郎的前提下，国铁保证收支平衡；四是企业的发展战略；五是要进一步扩大国铁的自主权。

第二个计划合同与第一个计划合同相比，主要有以下几点区别：第一，国铁与国家之间的关系有了新的变化。国家除了再补贴 380 亿法郎，以弥补过去补贴之不足外，不再负责国铁在经营上的亏损，国铁在经营上必须自负盈亏，并要求利用自有资金进行投资。国铁认为比较好的经营标准在第二个计划合同中得到了承认。在票价问题上，货运由国铁自主决定，客运由国铁上报国家批准后执行，但从目前发展情况看，国铁的定价权将会越来越大。第二，国家不再作具体的过细的数量规定，如吨公里营运成本、运行里程等，而只要求最终结果能自负盈亏。第三，在工资政策上，国铁的自主权亦有所扩大。总理只给一个大的规定，在规定范围内，国铁可自主调整，例如，国铁目前制定了一种新的工种工资标准。第四，在服务质量方面，提出了更高的要求，要求准时，准点，安全，舒适，顾客满意。第五，在提供公共服务的同时，更加强调效益。要求国铁既不失为公众服务的本色，又要努力追求经济效益，实现经营上的自负盈亏。此外，制定第二个计划合同时，进行了各种经济环境的模拟预测，分析了环境变化对国铁可能造成的影响，因而在此基础上签订的合同是硬性的，一经签订，不能调整，不像第一个合同那样具有可调性。

以上情况表明，国铁的经营自主权正趋向于年投资额越来越大，国家在财政财务上对国铁的要求也越来越严格。

综观两个计划合同的制定过程和执行情况，国家对国铁进行计划合同管理取得了成功。计划合同规定了双方的权利和义务，使得国家监督有据可查，国铁经营也有章可依，取得了较好的效果。至今为止，国铁能够自主经营，较好地完成了实现财务平衡、保持公共服务部门本色的目标。

具体来说，这一管理方式有五大好处。第一，国铁拥有经营自主权，国家不能对其进行过多的行政干预。第二，计划合同的目标十分明确，且一定五年不变，企业管理人员知道自己的目标，有利于提高管理工效。第三，对总目标进行层层分解，使每个单位都能做到责任明确，目标一致，改进了管理方式，调动了职工积极性。第四，合同外的一切要求，无论来自国家还是来自企业内部，都可以拒绝，为企业经营提供了相对稳定的环境。第五，计划合同是相互协商的结果，签订后对双方都有制约作用，能使双方都负起责任，这要比政府下达指令有效得多。

当然，计划合同的制定和执行并非一帆风顺，这一管理方式还没有达到至善至美的地步。目前，遇到的主要难题有：一是难以准确测算计划合同期内的经济环境变化情况，测算不准，风险很大。二是难以让企业职工理解，合同既然是谈判的结果，必然存在双方的妥协，因而初次谈判的结果不能让职工知道，但职工从自身利益出发，急于想知道谈判内容。三是和铁路工会的矛盾，要提高生产率，就要裁员，一裁员，工会就反对，并归罪于计划合同。

1993年欧洲统一大市场形成后，国铁的垄断地位必然会有所削弱。到那时，法国政府如何管理国铁将是一个新的问题。

现将上述两个计划合同原文附后。

政府与国有铁路公司签订的两个时期的计划合同文本

第一个计划合同（1985—1989年）

一、实行开放政策

1. 加强与顾客的联系，提高服务质量，通过现代化的电信手段建立起沟通客户的渠道。

2. 加强与国外的合作，参与欧洲的铁路建设。

3. 加强科技研究，保持技术领先。

4. 发展多种经营，健全运输服务网络。

二、积极的商业政策

5. 为本国和各国提供良好的服务，利用市场学，对顾客不分国籍、不分老幼和个人团体，提供方便适合的服务。

6. 客票价格，每年 4 月 30 日前把价格定下来，其中 1985 年提价 4.5％，以后允许铁路每年自行提价，但幅度不得超过通货膨胀率。

7.1985 年的客运计划目标是完成 468.50 亿人公里周转量，以后每年要有所提高，但其幅度不少于通货膨胀率，以 1984 年为基数，1989 年客票营业收入要增长 6.5%。

8. 支持地方发展交通，提高服务质量，具体项目与地方政府签订合同。

9. 货运战略，要提高铁路运输的竞争性，增加服务项目。

10. 提高运输能力，增大机车马力。

11. 国营铁路公司要从两方面提高竞争能力，一是在 1988 年以前完成配套服务网络；二是从基层售票开始建立成本评价系统。

12. 依靠分支机构，进行合理的复合联运。

13. 保证质量提高运输量，通过微机系统把服务送到顾客手中。

14. 货运价格自由，如违反这个原则，国家给予补贴。

15.1989 年货运量目标为 562 亿吨公里。

16. 运用市场推销学，为欧洲旅客提供服务。

三、在谈判与洽商基础上建立社会效果

17. 实行民主的原则，让每一个职工参与计划合同的承包。

18. 加强内部职工的岗位流动，使职工成为多面手，一专多能，论功晋级，增加企业的对外人事开放。

19. 要精兵简政，加强岗位责任制，提高效率。

20. 进行职工的在职培训。

21. 保证劳动安全，改善劳动环境。

22. 工资收入，在遵守政府的指令下，决定工资增长幅度和等级差别。

四、管理现代化

23. 提高管理水平，引进新的自我评估方法，特别是会计分析方法。

24. 管理电脑化、信息化，改进铁路和顾客的联系方法。

25. 配合商业政策，使国有资产增值。

五、投资与技术现代化

26. 计划合同期内投资规模为 456 亿法郎，其中大西洋高速铁路 1985 年 12.2 亿，1986 年 2.13 亿，1987 年 2.3 亿，1988 年 2.5 亿，1989 年 1.9 亿法郎。

27. 国家要提供补贴 30％的基础设施成本，重点是补贴西部和南部的两条线路。

28. 如地方和国家有建设铁路的要求，就提供投资。

29. 允许国铁在资金市场上借债。

六、国家提供财政支持

30. 为退休金补贴。

31. 为优惠票价补贴。

32. 为亏损线路补贴。

33. 为基础设施提供资金支持。

34. 为国防铁路线补贴。

35. 30—34 条的补贴内容和数额由国铁与政府谈判商定。

36. 计划合同外，政府的任何部委要求国铁投资，亏损就要补贴。

七、财务清理

37. 增强国铁的竞争能力，但不同的经济环境有不同的要求。

38. 成本目标，合同期内成本每年降低 2％。

39. 管理的总体目标是从 1985 年起，以后每年要增加盈利 10 亿法郎。

40. 管理指标包括两方面，一是人员费用，运营费用，人均劳动生产率，国民生产总值；二是自筹资金的增长幅度，长期债务的利息，为地区利益服务的开支。

41. 特殊支持，为减轻债务负担国家提供资金支持，1985 年为 32.5 亿法郎，1986 年为 30 亿，1987—1989 年平均每年 4.5 亿。

42. 国铁亏损预测，1985 年亏损 46 亿，1986 年 38 亿，1987 年 22 亿，1988 年 12 亿，1989 年实现收支平衡。

八、合同的执行和监督

43. 合同的执行，国铁每年要在 5 月 10 日前提交所有的数据检查指标，如没有完成计划，要研究完不成的原因，制定相应的措施。

44. 如果出现意想不到的情况，使合同无法执行，双方研究解决的办法。

第二个计划合同（1990—1994 年）

一、战略方针

1. 法律依据和合同期限。

2. 国铁的发展战略。

3. 合同期内新线的建设任务，重点是大西洋通路和北方铁路。

4. 主线路客运价格，要随消费品价格的上涨而提高。

5. 完成目标，为旅客提供良好的服务。

6. 关于货物运输的方针。

7. 货运价格完全自主。

8. 铁路内部的企业集团进行多元化的经营。

9. 安全运行。

10. 保护旅客的人身安全及货物的完好。

11. 提高服务质量。

12. 发展科研，对铁路管理实行电脑化，车站调度自动化。

13. 加强国际交往。

二、协调国铁的竞争条件

14. 基本原则。

15. 国家为基础设施提供资助。

16. 为退休金提供部分补贴。

三、为国铁的特殊使命提供补助

17. 谁要求建路，亏损谁给补贴。

18. 国防铁路的补贴。

19. 地区亏损线路的维持。

20. 巴黎地区线路亏损的补贴。

21. 优惠票价的补贴。

四、社会政策

22. 管理现代化，调动职工的积极性。其中：（1）提高专业素质和责任制，进行计划合同的逐级承包；（2）进行社会对话；（3）加强合同管理；（4）保护鼓励职工的表达权，实行全员参加管理；（5）对就业和人力进行预测管理。

五、投资

23. 在合同的结束年投资额的 34% 要由企业的自有资金提供，其余各年为 20%。

24. 合同期投资规模为 796 亿法郎。

25. 综合运输，国家参与综合运输项目的投资。

26. 计划合同外国家和地方要求铁路投资时，国家和地方要出资。

六、债务管理

27. 求助于金融市场，国铁可以在金融市场借债。

28. 清理债务。

29. 维持特殊的财政援助。

七、财务收支平衡

30. 管理指标，包括人员费、管理费、总产值等。

31. 总体的管理目标，至少要收支平衡。

八、合同的执行和监督

32. 合同的执行，国铁每年的 5 月 10 日前提交所有的数据检查指标，如没有完成计划，要研究完不成的原因，制定相应的措施。

33. 如果出现意想不到的情况，使合同无法执行，双方研究解决的办法。

（二）国有电力公司的管理方式

法国电力公司（以下简称法电公司或法电）是由国家作为唯一股东的国有企业，在法律上属于工商性公共机构。因此，它的经营管理活动具有一定的约束性，对国家承担义务。

法电公司作为法国八大垄断型公司之一，1946 年收归国有。它的年发电量占全国发电量的 93％，电力销售占全国电力消费量的 97％以上，垄断了全国的电力分配权。因此其年销售量大于生产量。1990 年电产量4000 亿千瓦时，公司职工 12 万人，顾客 2700 万户，营业额 1570 亿法郎，总投资 332 亿法郎。

1973 年第一次石油危机后，促使法国制定了发展核电计划，决心摆脱能源被动的局面，争取自主。经过几年的努力，1981 年出现了可喜的成果，到目前为止，核电占总发电量的 79％、水电占 14％、火电占 7％。正常情况下，主要以核电为主。因为：一是核电电价最便宜，二是能保证连续供电。

法电公司在世界上也是最大的电力公司，它虽不生产电力设备，但掌握着设备设计和生产的先进技术。法国不仅每年向其周围邻国出口约12％的电力，而且还积极与东欧各国合作、合股办电站。由于法电在国民经济中的特殊地位，它的战略目标明确：为消费者提供廉价、安全和保证连续供电服务。关于电的价格的制定有其一整套完善、周密的计算方法和原则。法律规定：全国出售的电价格统一由法电制定。在同一个地方使用一个电网是最经济的，所以法电的使命就是维持公共福利，以最低的价格满足最大的需求。很少一部分自备电厂为自产自销，另一部分电厂所生产出的电由法电公司统一销售，无论如何其售价必须与法电售价一样。因此，法电不仅垄断了输变电，也垄断了价格。即国家决定能源计划，法电定用电需求与价格。

制定价格有两个原则：1.平等对待顾客和用户。即两个顾客若要求同样的用电量和时间，不管其用途和目的如何，价格应该是一样的，这就是看需求而不看使用（生产或生活）情况。2.经济效益。因为电力的生产成本最终要反映到消费者身上，所以把成本明确标出，让消费者选择是否用电，企业也不会浪费电力。原因是电价按边际成本计算出售。总之，电价成本最终取决于需求，价格又反过来调整需求量。价格上涨的幅度必须低于物价指数，必须得到政府的批准，受到严格的约束。

为了企业有较好的经济效益，法电争取到了更大的自主权，这些均在国家和法电签订的计划合同中逐步确定下来。一般合同为期4—5年，合同中明确企业的发展目标、承担的义务及国家需承诺的投资额度等。计划合同具有严肃性和可操作性，所制定的目标一定要实现，但也有因经济危机和政治原因等冲击未能如愿的。

法电公司1971—1975年与国家签订了第一个计划合同。当时石油价格较低，法电以用油发电为主，为了提高企业的经济效益，围绕节约能源和增加石油的使用价值，合同中的指标只列了生产能力和输电能力，未和用户联系起来。属于政策性合同，主要是给企业定义了自主经营权利，没有具体生产指标。但是1973年由于石油出现危机，使企业和国家双方均无法履行合同，所以作废，原打算给企业下放的权利也因此未能实现。但是关于核能发展计划目标仍在与国家谈判之中。1978年法电又主动试图想与国家签合同，要求自主经营，但国家未予表态，原因是核能计划的实现需投资很大，而当时国家财政紧张，通货膨胀率达到14%。紧接着1979年第二次能源危机发生。

1982 年，法电公司大的投资项目已完成，能源问题缓解，法电又提出计划合同问题，政府基本同意，但双方在商业政策上未能达成协议，即采用电取暖，需增加电厂能力和取暖设施，工业部认为不合算，不同意。

1983 年正式签了第二个计划合同（1984—1988 年），同意企业发展新的电力用途，但未涉及电取暖问题。合同内容定得非常具体，如企业的效率、电价、用户受益等，但由于这期间政治原因影响，企业在电价格上不仅完成了每年上浮幅度要低于一个百分点，而且还为了三次大选连续降价。因政府给企业的优惠条件较多，计划指标又留有较充分的余地，核电运转良好，企业的经营状况没有因大幅度降价而造成大的亏损。但是发展核电的债务因此无法偿还，企业的盈利部分补贴了电价作出的牺牲。因此，第二个计划合同政府未遵守诺言。

在吸取了前两个计划合同的经验基础上，法电又与政府签定了第三个合同（1989—1992 年）。合同的主要目标是降低生产成本，提高生产率，选择最佳的组织结构，重点放在管理和配电上。这个合同的特点：（1）在企业内部也下放自主权，实行层层签合同，层层负责，责任制明确。（2）只订承包基数，即总体指标，国家不用管得那么细，比如只定价格原则，其余由企业自己安排。（3）总投资一定 4 年，简化审批手续，政府只控制投资规模。对于 10 年后的投资额和产量等均为未知数，合同中不予定量，但对建电厂的布局和规模透明度较高，在合同中可以明确。

据巴黎热电厂负责人介绍，电力公司与政府签订的计划合同内容，包括发电量和经济效益指标，都分解到各发电厂；各电厂又将下达的计划合同指标层层分解到车间、班组，把计划合同落到实处。但是，各分厂只计算和考核经济效益指标，不作为独立核算单位，由总公司统一进行经济财务核算。

现将法国国家与电力公司签订的计划合同原文附后。

国家与电力公司签订的计划合同文本

本合同的期限，为1989年1月1日至1992年12月31日。合同条款是以经济预测为前提，只有在经济环境过于优越或过于恶劣的条件下，才可考虑此合同的修订。

第一条，财务目标

到1992年底，企业的负债要比1988年末降低200亿法郎。企业财务盈亏指标在合同期内至少做到每个年度收支平衡。

第二条，价格

降低电价作为本合同的一个目标，降价幅度在1989年初的价格基础上每年按可比价平均降低1.5％。具体确定时要考虑总的经济环境变化，企业的现状，特别是电力消费总量的增长，经主管部门和电力公司协商后确定。

第三条，资本金的回收

国家资本金的回收率定为5％。

第四条，质量

产品质量，到1992年合同期满时，使在1988年对客户服务不太好的数量减少一半。另一方面，电力公司要在1988年向客户进行质量跟踪抽样调查的基础上，提出一个客户对其产品质量和服务的综合评价。

在本合同期内，对高压输电网和变电站的投资为215亿法郎。

第五条，工业政策

电力公司将积极参与1993年前国内能源市场的竞争，并扩展对国外的电力销售量。

电力公司将为电力更好地使用和发展进行研究，积极参与法国工业技术和设备在国外的竞争（商业）活动。

电力公司的根本任务是提供有竞争性的高质量的电力。在保证完成这个任务的前提下，不排除电力公司参与一些新领域的活动，但这些领域的经营活动要公开化，并不允许由完成根本任务的资金进行资助，还要与主管部门协商。

第六条，商业政策

为了最大限度地发挥生产潜力，企业将积极支持和进行增加竞争力的技术开发和革新，并注意对商业资助进行严格的管理。

促进与企业、工业集团用户的合作关系的发展。

第七条，劳资政策

要加强企业内部的合同关系，企业将改善其预报性的管理手段。制定中期劳资政策，贯彻到企业各个层次的管理中去。职工的报酬包括工资和分红两部分，它将根据国家的经济状况和电力公司的经济状况执行，这是企业内部合同关系的基本组成部分。

企业不断扩大对青年人的培训和提升其专业资格。

第八条，非强制性义务

电力公司或用户没有义务支付那些与业务没有直接联系的负担。但在涉及整体利益而需要对职工进行重新安置转业等情况时，有关各方应通过协商确定费用的分担；另外，在造成成本超支的情况时，将根据具体情况具体审定。

第九条，合同执行情况报告

对合同的执行情况，电力公司的领导人将在每个年度结束时向主管部门汇报，汇报中要针对合同附件中确定的考核指标进行检查，并对下一年度作出切实的展望。该汇报在每年的第一季度末以会议形式进行。

第十条，修订合同的程序

合同中确定的定量的承诺指标，在多数经济环境下都是有效的。但是，在合同期内一旦出现国内生产总值（GDP）年均增长率超过3.5％或低于1.5％时，所签合同可修订。所谓"年均增长率"的计算，指合同期已经执行的实际结果及剩余合同期的预测。

第九条附件，考核指标

1. 成本和生产率指标

——所售每千瓦时电力的平均成本，以加权平均，等值法郎计算；

——每千瓦时电力的生产、输送成本，等值法郎；

——每千瓦时电力的配电成本，等值法郎；

——每用户所需配电人员数；

——每兆瓦装机所需生产人员数。

2. 商业指标

——在工业、第三产业、居民三大用户中所提供的新服务网点数（或新用户数）。

3. 质量指标

①产品质量

——与 1988 年相比，处于下列情况的用户的减少数量或减少率：

* 供电电压降低超过 11%；

* 超过六次的长时间断电；

* 超过三小时的持续断电；

* 超过 70 次的瞬时断电；

* 超过 30 次的短时间断电。

——在下列各类用户中，用户对所供电力质量的满意率：

* 大企业；

* 企业；

* 职业性用户；

* 居民家庭用户。

——附加指标

* 在中压电网中，每个用户每年断电时间和平均长时间断电次数；

* 在低压电网中，每个用户的年断电时间；

* 中压电网恢复供电的平均时间。

②服务质量

——在每类用户中，用户对电力公司提供的服务质量的满意率。

——附加指标

* 对公众开放的服务时间；

* 十五天内架通支（岔）线的比率。

（三）国有烟草工业公司的经营方式

在法国国有企业中，烟草公司是一个颇有代表性的企业。

1. 烟草总公司由完全垄断变为半垄断的演化过程。法国烟草工业公司是国家半垄断型公司。现有职工 6000 人，其中销售人员 1000 人，管理人员 700 人，科研人员 300 人。公司下属两个火柴厂，两个雪茄香烟厂，六个香烟厂和一个烟丝厂。现在年产香烟 540 亿支，其中国内销售 470 亿支，出口 70 亿支。

法国很早以前就对烟草业实行了集产供销为一体的国家垄断。主要目的，是为了加强烟草的税收管理。1929 年成立了烟草工业开发署（即 SE1T），当时的税收集中用于第一次世界大战后法国的国家重新建设。1939 年又把火柴行业生产垄断也包括进来，改为烟草火柴工业开发署，作为政府机构，直属法国财经部管辖。1958 年建立了欧洲共同体市场，烟草火柴开发署按照共同体要求改为工商公共机构，实行财务独立，结束了 1958 年前公司由国库开支的历史，正式改变为企业性质。

随着生产发展和形势的变化，烟草工业公司的垄断范围逐步缩小，由完全垄断演化为半垄断性企业。

首先，取消对原料供应的垄断。在完全垄断时期，农民种植烟草必须先向公司提出申请，获得种烟处的许可，否则不得自由种植。其目的是为了保证烟叶收获如发酵等全过程的质量。由于种植烟叶面积少，限定人均种植面积为 0.5 公顷（7.5 亩）。公司制定收购价格，收购后集中储存。目前烟叶的种植已由个人分散改为合作社形式，由合作社与公司每年订收购合同。其中包括收购价格、数量和等级标准等。

由于消费习惯从强刺激型的雪茄转向柔和型。这样，对黑烟叶需求量下降，对黄烟叶需求量上升，使法国自产烟叶（黑烟）供应量下降，自给率仅占 48% 左右，其余靠进口解决。主要是进口美国、巴西、阿根廷、巴拉圭和中国的黄色烟叶，以调整其品种的缺陷。1971 年后，在共同体国家之间农产品可以自由流通，采购烟叶和选择品种极为方便，因此，法国种植烟草的垄断已经不存在。

其次，香烟销售的垄断也正在消失。原来香烟销售实行专卖，卷烟只能在公司设的专卖点进行销售，同时由公司独家批发经营国产和进口香烟。公司有一个覆盖全国的销售网络，外国商人们也要求法国烟草公司代销自己的产品。法国全国共有 3.7 万个销售点，销售烟丝和卷烟，这些网点均由税务局批准并管理。公司则通过 12 个批发点向全国开展批发业务，每个销售点可通过电脑直接向 12 个批发点定货，三天后即可送货上门。在产品的销售价格中增值税和烟草税占 70%—72%，其余 30% 左右是原料费和利润。

现在法国全国年消费香烟 950 亿支，其中国产品控制了国内市场的 50%，其余 50% 是由美国的大烟草集团的产品控制着。美国 60 年代就在欧洲的荷兰、波兰等地建卷烟厂，产品就近销售到法国。80 年代开始，外烟对法国的冲击越来越厉害，仅外烟品种即达 280 多种。1976 年法国卷烟的消费中黑色烟占 92%，现在只占 1/3，黄色烟却占 2/3，预计 20 世纪末国内市场将被黄烟占领。在法国香烟的广告很多，市场上各种烟竞争得很激烈。因此，销售垄断也逐渐被打破。

从上述情况可以看出，法国烟草公司在原材料供应和销售方面都不存在垄断问题，但在生产方面却完全垄断。

2. 公司的组织管理形式。1980 年以来，烟草公司已成为股份有限公司，但资本的 100% 由国家掌握。依据法律规定公司董事会成员由 18 人组成，其中 1/3 是职工代表，1/3 是国家政府代表，1/3 为商界代表。政府代表由财经部消费司、预算司、税务司的官员及卫生部的代表组成。董事会下设总经理部，董事长兼总经理。管理系统分为两大部分，一是负责香烟生产的副总经理主管财务部，财务部下设原料处、科研处、生产处、雪茄处和推销处；二是负责火柴销售的副总经理主管销售部。公司各专业处的主要职能是制定生产指标、设计产品方案、质量标准等，只有生产处负责与工厂联系。工厂的厂长只负责按公司的规定和标准生产合格产品，无权决定企业的投资、购买设备以及工资谈判等事情，这些均由在巴黎的总部负责。工厂独立核算，工人的工资则是全国统一由公司制定。公司要求工厂完成几项主要指标：劳动生产率、产量、质量、各项生产费用及预测销售量（公司以销量给工厂定产量计划，像对待私人企业一样）等。公司专业部与各厂订生产合同和指标，并按月、季进行检查。

3. 公司拥有自主经营和管理权。烟草公司有自主经营和管理权，国家只是订出指导方向、目标：（1）公司自负盈亏，国家不予任何补贴；（2）全力以赴对付来自其他国家的竞争，积极出口到国际市场上去竞争，但并不规定出口指标。其余事务全部由公司自己管理经营。1976—1986年间烟草公司亏损，所以国家给公司下达的任务就是要达到收支平衡。1991年扭亏为盈后才开始向国家交付公司所得税。为了支持企业技术改造、更新设备，国家允许公司每月上缴一次税后的盈利，可以到股票市场上去搞投机生意，以此增加公司的自有资金。法国香烟的零售价和涨价幅度由国家制定和控制。比如，原定香烟提价75%，为控制通货膨胀率，最终只提5%。财经部负责调节价格和税收这两个经济杠杆之间的比例关系。提高零售价可以增加税收，但价格上升15%，通货膨胀指数也随之上升2个百分点，调还是不调，就由财经部权衡利弊，决定增加财政收入还是压低通货膨胀率。通常法国全国税收为每年320亿法郎，增长速度10%，与此同时其他指数随之上升的速度更快，通货膨胀影响着法国经济与其他国家竞争的能力。

公司的生产设备现代化，人员对现代化设备控制能力不断增强。例如：七年前生产100万支香烟需35小时，现在生产同样数量却只用25小时，劳动生产率大大提高。但由于新设备使折旧增加了，盘纸等辅料价格也越来越贵。另外，为了符合欧洲市场要求，加强研究降低香烟中煤焦油的含量如尼古丁含量的工作，又使生产成本提高了，为此他们一面抓节约，一面抓质量以降低成本。公司为扭亏增盈采取了几项主要措施：（1）降低工资，10年内职工工资上升幅度低于通货膨胀率10%；（2）精简组织机构，裁减多余人员；（3）设备更新，提高生产率，加速现代化水平；（4）从销售中赚钱，以流通补贴生产资金；（5）合理库存，减少流动资金占用，提高资金利用率。

参加中国与韩国经济知识交流
国际研讨会的汇报 [1]

（一九九三年十月二十三日）

锦华、子玉、叶青、培炎同志：

经锦华、子玉、叶青同志批准，我于 10 月 17 日至 20 日在北海市参加了第三届中国与韩国经济知识交流国际研讨会。

参加这次研讨会的，有中韩双方高级经济研究专家、经济管理专家和企业家。中方有马洪、李灏、高尚全、雷宇、吴敬琏、张卓元、魏礼群等 25 人；韩方有前国务总理南德佑、前中央银行行长朴圣相、前汉城市市长李海龙和美国东西方研究中心副主任等 16 人。我在会上作了《中国经济发展中的"瓶颈"与产业政策》的发言。

现将研讨中几个值得重视的问题和不同观点报告如下。

一、关于当前中国经济情况和宏观调控的力度

会议普遍认为，中国三个月前开始实施加强和改善宏观调控的决策，是完全必要和正确的，这是避免整个经济出现大起大落的积极举措。马洪认为，目前宏观调控虽然取得了一些成效，但还是初步的，金融财政好转的基础不稳定，形势依然比较严峻，今后包括明年仍要坚持加强和

---

① 本文是魏礼群参加第三届中国与韩国经济知识交流国际研讨会之后写给国家计委领导的汇报。

改善宏观调控、深化和加快经济改革的正确方针。"当前需要把握好各项政策的力度，注意防止两种情况的发生，既要防止因物价涨势一时未减而过分加大宏观调控力度，以免减速过猛，经济循环阻滞；又要防止因资金供给紧张，部分企业和地区出现困难而放松宏观调控力度，以免物价上涨、货币偏多的矛盾进一步发展。"吴敬琏认为，宏观调控决策的方向是正确的，但一些具体措施未必妥当，例如实际上采取了冻结物价的措施，这样对稳定经济是不利的。

韩国前总理南德佑认为，中国经济所面临的重大问题有以下四个方面：一是宏观经济调控软弱无力，必然会引起大规模的经济起落，从而导致实行市场经济制度的改革不能完成；二是东部沿海地区与内地省份经济增长差距扩大，可能引起社会动荡；三是国有企业以及金融系统中的低效率，影响整个经济的活力和效益；四是公共设施包括交通、通信设施的严重滞后，妨碍经济持续快速增长。

二、关于经济增长与通货膨胀关系

韩方专家认为，在经济高速增长中通货膨胀是不可避免的，关键在于使之控制在社会可承受的限度内。韩国六七十年代经济高速增长时期，通货膨胀率年平均在10％以上，1979年通货膨胀率高达20％以上，结果导致朴正熙政权的垮台。中国去年以来经济增长率高达13％，不可能不出现通货膨胀。南德佑认为，从根本上说，通货膨胀是货币供应过量造成的。

至于货币供应量与经济增长率的关系，研讨会上有四种意见：1. 南德佑根据自己在朴正熙政权中工作的经验认为，因发展中国家货币化进程不断进行，必然要求增加货币供应；同时，经济增长加快后，银行体系迫于政府和企业的压力，也必然增加货币的供应。经验表明，国民生产总值增长10％，货币供应量（M2）必然会上升15％。2. 韩国前中央银行行长朴圣相认为，货币供应量应与经济增长率按一定比例增长，一般是货币供应量增长比经济增长率高出 0.5 倍。3. 张卓元认为，货币供应量（M2）增长幅度可以是国民经济总产值增长率的两倍。到 20 世纪末这段时间，国民生产总值增长年均保持在 10%，货币供应量年均增长20% 是可以承受的。其中，10% 是经济增长的需要，2% 是自然经济的货币化，6%—7% 是价格改革使隐蔽性通货膨胀释放量的增加。4. 吴敬琏则不同意上述三种观点，认为向市场经济过渡阶段，货币化在各年度表现不一样，不应按一个固定的比例增加货币供应。

关于中央银行的货币政策目标，有三种主张。一种意见是单一目标论，即只是保持货币币值的稳定；另一种意见是双重目标论，即不仅稳定币值，还要保证经济增长；还有一种意见则是主次兼容论，即首先保持货币币值稳定，其次是促进经济增长，货币政策的最佳目标，应是既能使经济以最大限度增长，又能抑制物价总水平上涨过高。

三、关于经济发展与经济结构和产业政策

朴圣相全面系统地介绍了韩国经济工业化、现代化的历史进程。主要观点是：1. 韩国近 30 年经济发展的轨迹与产业结构的变动是紧密相关的，而生产要素即劳动力和技术的构成变化，是产业结构不断升级优化的基本要素与动因。2. 韩国产业成功发展的关键政策，在于从 60 年代初期就由政府作出明确计划并成功地建设了电力、钢铁、水泥、石化等基础工业，以及大力发展走进口替代之路的出口产业。3. 韩国在工业化上升阶段以至完成工业化过程中，轻工业与重化工业二者比例的变化趋势，是在整个工业构成中轻工业所占份额稳步地逐渐有所缩小，重化工业所占份额则相应稳步地提高。1974 年到 1988 年，重化工业年平均增长率为 17%，而轻工业仅为 10%（对重化工业长时期大幅度高于轻工业增长的这段历史，韩国一些专家也有不同观点，认为重化工业高于轻工业增长的时间过长、力度过重）。4. "在韩国经济发展历史进程中，产业政策是所有政策中最重要和最成功的政策。""货币政策、财政政策、投资政

策必须服务于和服从于产业政策：产业政策主要是政府对扶持、鼓励的产业制定的政策""政府从来都是毫不犹豫地通过直接干预来对重点产业进行扶持。""大力扶持重化工业的计划不是一个政策性计划，而是一个指令性计划"，并多次通过制定重点产业扶持法来推行政府计划。积极地运用产业政策，这是韩国经济起飞阶段政府指导经济发展的最重要经验。以上这些观点，很值得我们研究和借鉴。

四、关于我国社会主义市场经济模式的选择和改革战略

吴敬琏认为，"目前世界上较为成功的市场经济有三种主要的类型：1.英美式的个人主义的市场经济；2.德国式的社会市场经济；3.日本式的社团市场经济。根据中国的历史传统、文化背景和目前所处的发展阶段，看来中国将要建立的市场经济将会比较接近于日本和亚太地区的市场经济模式。"吴敬琏认为，亚太模式在以下几个方面对于中国具有借鉴意义：1.企业组织，不是突出个人股东和股票市场，而是更加强调机构投资者的作用，企业追求的不是利润最大化，而是市场占有率；2.在金融市场上，不是以股票和债券的直接融资为主，而是以通过银行中介的间接融资为主，而且银行还是一种重要的间接投资者；3.在收入分配上，既要有差距，又不能像英美市场经济国家那样，高低差别过分悬殊；4.政府在促进市场发育、健全市场规则、改善经济结构、促进幼稚工业发展、提高国际竞争能力等方面，发挥更加积极的作用。

在讨论中，韩国金胤亨认为，中国更适宜于选择德国社会市场经济模式，德国中央银行是独立的，德国的公司非常集中，像中国的国有企业一样。台湾在运用日本市场经济模式中，也进行了较大的修改。美国东西方研究中心副主任赵利济认为，市场经济模式的选择，应考虑政治、经济、文化等多种因素，中国在文化上强调集体主义，市场经济模式应在介乎日本模式和德国模式之间做选择，与英美模式必然会有很大的不同。

至于我国经济体制改革的战略，高尚全、张卓元认为是市场取向、

渐进方式的战略。而吴敬琏则不同意这种观点，他认为是由体制外向体制内转移的战略，即先由国有经济以外改革入手推进，以后转向国有经济体制。比如，先从农村改革起步，发展非国有经济，对外开放，等等。渐进式改革战略，导致经济效益低下、腐败滋生、收入差别扩大。

南德佑认为，中国过渡到市场经济的改革困难在于，政治体制有障碍，经济基础变革了，上层建筑也必须改变。

处理中央与地方经济关系的
主要原则和基本框架 ①

——中央与地方经济关系、国家与企业关系国际研讨会主题报告

（一九九四年一月十日）

女士们、先生们、朋友们：

现在，我向诸位介绍"中央与地方经济关系、国家与企业关系"课题研究的背景情况和主要研究结果。

一、关于本课题的背景情况

经国家计委领导批准，国家计委政策研究室于 1988 年 7 月开始承担世界银行特别贷款项目《经济分级管理体制和调控方法》的课题研究，并成立"中央与地方经济关系、国家与企业关系"课题组。几年来，课题组组织国务院有关部委以及全国 9 个省、自治区、直辖市和计划单列市的有关同志对该课题展开了调查研究；同时，对美国、巴西、澳大利亚等市场经济国家处理中央与地方经济关系、国家与企业关系的做法进行了考察和比较研究，陆续提出了一批研究报告。关于中央与地方经济

① 本文系时任国家计委秘书长魏礼群于 1994 年 1 月 10 日至 12 日参加由国家计委政策研究室会同海南省计划厅和中国（海南）改革发展研究院共同举办的"中央与地方经济关系、国家与企业关系"国际研讨会上作的主题报告。

关系的研究成果已汇集成册，并已发给与会代表。对国家与企业关系的研究还在继续进行。

这次研讨会上，拟着重介绍我们对中央与地方经济关系研究的主要成果。

二、关于本课题的研究成果

通过几年来的调查研究，我们对理顺中央与地方经济关系的主要原则和基本框架有了一些初步的认识，现提出来同各位专家学者一起讨论。

（一）理顺中央与地方经济关系的主要原则

目前，我国中央与地方经济关系中矛盾的因素很多，但从根本上说，是由于传统的计划经济体制没有从根本上加以改革，新的社会主义市场经济体制尚未建立起来。有鉴于此，必须通过深化改革，进一步理顺中央与地方经济关系。这方面改革应遵循以下基本原则：

——市场为基础配置资源原则。新的中央与地方经济关系，要充分体现从传统计划经济体制向社会主义市场经济体制的转轨，有利于保证市场在资源配置中发挥基础性作用。过去在计划经济基础上长期形成的中央集中程度过高、包揽过多的状况，以及在体制转轨过程中出现的某些权力过于分散和人们称谓的"诸侯经济"现象，都是不利于国民经济持续、快速、健康发展的，应当切实加以改变。要保证全国经济的统一性和市场的开放性、统一性和有序竞争性。在中央统筹规划和宏观政策指导下，促进各地方因地制宜、合理分工、扬长避短、优势互补、共同发展。

——中央与地方权责对称原则。在新的中央与地方经济关系中，中央政府和地方政府的经济管理权力和财力最终支配权应与事权相对称。换句话说，也就是要使事权与财权、决策权相适应，改变目前某种程度上事权与财权、决策权相脱节的现象。同时，建立中央、地方经济管理权力与责任相一致的制度，做到权责结合、权责统一。

——集中与分散相协调原则。坚持适度集中和合理分散相结合，协调好集中与分散的关系，正确发挥中央与地方两个积极性。要保证中央维护国家利益，进行宏观经济调控所必需的权力与实力；同时，合理引导和调动地方的积极性，充分发挥地方优势和资源潜力。

——法律规范保护原则。中央政府与地方政府事权、财权、决策权、管理权的具体划分和调整，都要有明确的法律保障，经过法律程序，明确规范，保持相对稳定。

（二）合理划分中央与地方经济管理权限的基本框架

建立中央与地方经济关系新体制的总体目标是，通过改革，建立符合发展社会主义市场经济要求的、有利于发挥中央和地方两个积极性，合理分权的新体制和新机制。为了实现这一目标，需要逐步完成以下任务：

1.宏观经济调控权必须集中在中央。宏观经济是反映全局的、整体的经济活动和利益，因此涉及宏观经济总量平衡和结构调整的权力不能层层分散。宏观经济调控权，包括全国性的产业政策和生产力布局，收入分配政策，财税政策，货币政策和货币的发行、基准利率的确定、汇率的调节和重要税率的调整，以及涉外经济政策等，这些权力必须集中在中央。这是保证经济总量平衡、经济结构优化和全国市场统一的需要。

在我国，之所以要加强中央在宏观调控中的权力，主要是基于以下五个原因：（1）中国正处在由传统计划经济体制向社会主义市场经济体制转轨的阶段，市场体系发育不成熟，要保证这种转轨的顺利进行，需要中央政府进行强有效的宏观调控。（2）中国是一个后起的发展中国家，只有使中央保持宏观调控权力和实力，才能有利于实现赶超战略，促进产业结构和地区生产力布局的优化，也才能有利于发挥社会主义集中力量办大事的优势。（3）中国幅员辽阔，要保证全国经济的统一性，建立全国统一的、开放的和有序竞争的市场体系，中央必须行使强有力的宏观调控。（4）中国幅员辽阔，地区发展的差别很大，缩小地区间的差距，需要中央政府的协调与支持。（5）中国经济与世界经济的联系日益密切，经济运行体制和机制将逐步实现中外接轨，为了提高国际经济竞争力，使中国经济在世界经济竞争中处于有利地位，也需要中央保持应有的经济调控实力和决策权力。同时，几十年来的实践证明，中央统得过多，不利于充分发挥地方的积极性，妨碍社会生产力的更好发展，必须在保证中央政府有效宏观调控的前提下，赋予省、自治区和直辖市应有的经济权限。

2.明确中央与地方的权限与责任。在划清事权、财权、投资权，保证中央宏观调控的统一性和权威性，保证国家计划实施和全国市场统一的前提下，合理确定中央和省级政府在经济管理方面的权力、职责及相互关系。

大体说来，中央政府宏观调控的主要职责是：保持全国经济总量的平衡和主要比例、结构的大体协调；统筹规划和协调组织全国性及跨地区的重大基础设施、基础产业、支柱产业和高新技术产业项目的建设；制定正确的政策，并运用中央直接掌握的部分财力、物力引导全社会资金投向和调控全国性及大区域性的中心市场；促进各地区经济因地制宜、合理分工、优势互补、共同发展；制定全国统一的、符合国际规范的对外经济政策，协调关系国民经济全局和整体利益的涉外经济活动；确立并维护全国统一的国税制度和中央银行统一调控全国金融货币的制度；制定并监督执行全国性的经济法规和市场规范；确定国民收入分配的总格局，建立和维护全国统一的社会保障制度。

地方经济调控，主要是指省、自治区、直辖市以及计划单列城市，在一定地区范围内对经济发展和市场运行的调节。地方一级调控的主要职责是：在全国总体规划和宏观调控的基本框架内，运用计划与市场两种手段引导地方资源优化配置，发挥地区经济优势，促进经济健康成长；统筹规划和组织地区性的重要基础设施和优势产业的建设与发展，促进地区之间的经济交流和联合；为本地区内企业生产经营和市场运行创造良好的投资环境和外部条件；运用地方税收、财政资金和其他地方性收入，调节和促进地区经济和社会发展；制定并监督实施地方性经济法规等。

在划清中央与地方经济调控范围和职权的基础上，建立起各级政府相应的权责统一制度，以及自我平衡、协调、约束的机制，使各级经济调控各负其责。

3.下放和转移中央政府的一部分事权，将那些宜由地方政府、市场中介组织及企业行使的职权转出去。

在传统计划经济体制下，许多本应由地方政府、市场中介组织及企业行使职权的事务长期由中央政府包揽下来，虽然经历了十多年的改革，但这种包揽过多的格局并未完全打破。应按照分税制的原则，进一步改变这种状况。例如，可以将相当一些基础建设和大部分文化教育事业的事权下放给地方政府，在教育方面，中央可只保留一批重点院校，明确它们为国立院校，其余院校放给地方。又如，可以将社会保险、信息咨询、资信评估、会计服务等事务转给市场中介组织。

4.建立扶持后进地区经济发展的合理机制。为了缩小地区差距，中央运用一定的人力、财力、物力扶持后进地区，是完全必要的，但是要按照发展社会主义市场经济的要求，建立起合理的、规范化的扶持体制和机制，包括实行分税制后，建立适当的财政支付转移制度，按一定标准向欠发达地区倾斜；将过去直接调拨的"输血机制"，进一步转为培育市场环境和促使受扶持地区改善投资条件的"造血机制"。中央对后进地区的扶持主要是帮助这些地区进行基础设施建设、改善投资环境，特别是修建铁路、公路，以加强这些地区与发达地区的联系，加强中西部地区与东部地区的经济联系。最重要的是，要探索协调地区之间经济共同发展的合理机制。

在完成以上任务的同时，还要把建立合理的中央与地方经济管理权限纳入法制轨道。为了使中央与地方经济关系规范化，需要研究制定《中央与地方经济关系法》，对中央政府与地方政府事权、财权、投资权、涉外经济管理权和经济调节权限等作出明确规定，使合理分权的体制规范化、法制化、制度化。

由于中央与地方经济关系涉及的问题很多，我们的研究只是初步的，有许多问题需要做更加深入的探讨，请各位专家学者多提宝贵意见。

附件

建立中央与地方经济合理分权的新体制 ①

——我国中央与地方经济管理权限关系研究

中央与地方经济关系是整个经济体制中的一个重要组成部分。经过十多年的改革，我国中央与地方经济管理权限有了较大调整，促进了国民经济和社会的发展。但是，目前中央与地方的经济关系中还存在着许多突出的矛盾和问题，既制约着社会主义市场经济新体制建立的进程，也影响到中央与地方、地方与地方之间建立和谐的经济关系，对我国经济和政治格局产生着不同程度的负效应。因此，加快改革步伐，建立中央与地方经济管理合理分权的新体制是一项重大而紧迫的任务。

本报告的主要任务，是分析我国中央与地方经济关系中存在的矛盾和问题，探讨社会主义市场经济条件下中央与地方经济关系新体制的基本框架及其实现途径。全报告分为四个部分：第一部分，回顾近年来中央与地方经济关系体制改革的主要进展，在此基础上，分析存在的矛盾和问题。考察、分析的重点放在决定中央与地方经济关系的几个关键性方面，即计划、投资、财税、金融等。第二部分，比较和分析一些市场经济国家处理中央与地方经济关系的主要经验，以作为我国改革的借鉴。第三部分，探讨建立我国中央与地方经济关系新体制的基本原则和主要任务。第四部分，提出建立中央与地方经济关系新体制的若干措施。

一、改革中央与地方经济管理权限的必要性和紧迫性

1979 年以来，随着整个经济体制改革的深化和对外开放的扩大，我

---

① 此文系"中央与地方经济关系、国家与企业关系"课题的主报告，由时任国家计委秘书长、课题组组长魏礼群撰写。

国中央与地方的经济关系经历了比较大的改革，对于调动中央和地方的积极性，促进国民经济和社会的快速发展，起到了重要的积极作用。但是，由于多方面的原因，现行的中央与地方经济关系还存在着不少矛盾和问题，很不适应建立社会主义市场经济新体制和促进国民经济持续、快速、健康发展的要求。这些矛盾和问题突出地存在于在中央与地方经济关系中具有举足轻重地位的财政、金融、计划、投资四大方面。

（一）中央与地方的财政分配关系不协调

改革开放以来，规范中央与地方财政分配关系体制的改革，大体经历了以下三个阶段。

第一阶段，1980—1984年，实行"划分收支，分级包干"的体制。除北京、上海、天津等三个直辖市外，其他省市一律实行"分灶吃饭"的包干办法。这一体制具有三个要点：一是划分了中央财政与地方财政的收支范围，二是确定了收入和支出的包干基数，明确了分级包干、自求平衡的责任；三是包干期由一年一定改为一定五年。这是对过去长期实行的"统收统支"的"大锅饭"财政体制的一次重大改革。

第二阶段，1985—1987年，实行"划分税种、核定收支、分级包干"的体制。这一体制的基本内容是：（1）将国家财政收入分为中央财政固定收入、地方财政固定收入以及中央财政与地方财政共享收入；（2）按地方留成收入确定支出基数；（3）把地方固定收入和中央、地方共享收入加在一起，同地方支出基数挂钩，确定分成比例，实行总额分成。尽管在这一阶段的开始已经提出了分税制的基本思路，但是由于划分税种的困难和多年来遗留下来的矛盾，所以，实际上实行的是总额分成的体制，分税制未能付诸实施。

第三阶段，1988年以来，对不同地区实行不同的财政包干体制。主要有以下5种办法：

1. "收入递增包干"办法。实行这种办法的有北京市、河北省、辽宁省、沈阳市、哈尔滨市、江苏省、浙江省、宁波市、河南省和重庆市等 10 个地区。

2. "总额分成"办法。实行这种办法的有天津市、山西省和安徽省等 3 个地区。

3. "总额分成加增长分成"办法。实行这种办法的有大连市、青岛市和武汉市等 3 个地区。

4. "上解额递增包干"办法。实行这种办法的有上海市、山东省和黑龙江省等 3 个地区。

5. "定额补助"办法。实行这种办法的有吉林省、江西省、福建省、陕西省、甘肃省、青海省、海南省、贵州省、云南省、宁夏回族自治区、新疆维吾尔自治区；湖北省和四川省划出武汉市和重庆市后，由上解省变为补贴省，其支大于收的差额，分别由武汉市和重庆市从其收入中上交省一部分，也作为中央对地方的补助。

以上三个阶段的改革在四个方面具有明显的积极作用：一是扩大了地方财权，调动了地方的积极性，增强了地方经济的活力和经济实力；二是在一定程度上帮助地方缓解了长期积累的矛盾和问题，还了一些欠账；三是打破了财权高度集中的"统收统支"体制，改变了传统的吃大锅饭的计划经济模式的弊端；四是支持配合了价格、工资、企业等方面的改革。但是，与其他方面的改革一样，已有的财税体制改革并未有效解决中央与地方财税分配关系中的根本问题，有些方面又产生了一些新矛盾。

1. 国家财力过于分散，尤其是中央财力过弱。经过财政体制的几次变动，国家财政收入占全国国内生产总值的比重从 1979 年的 26.7% 下降为 1992 年的 16.6%，中央财政收入占全国财政收入的比重从 1981 年的 57.6% 下降为 1992 年的 45.0%。国家财政尤其中央财政困难日益严重。全国财政赤字由八十年代初期的 20 多亿元扩大到 1992 年的 237.49 亿元。过去只是中央财政有赤字，而从 1990 年开始地方财政也连续几年出现赤字。财政硬赤字的扩大，不可避免地带来了国家债务的增加。1992 年底，国家财政负担的内外债余额高达 1538 亿元，按国际通行的做法将债务收入列入赤字计算，1992 年的财政赤字总额为 905 亿元，占当年国内生产总值的 3.8%，高于西方工业化国家的一般水平（3.0%）。中央财政的困难更为突出，1992 年中央财政本级支出约有一半是靠发债券和借款解决的。国家财力的过分分散，减弱了中央政府的宏观经济调控实力，也使社会主义集中力量办大事的优势难以得到很好的发挥。

2. 中央与地方的财力分布同各自实际承担的事务不协调。国家急需进行的一些重点建设及社会发展事业，都受到财力的制约。对于许多急需解决的问题，中央政府往往力不从心。

3. 体制不规范，导致地方之间苦乐不均。在现行体制中，按上年或前几年的实际收入核定地方财政收入基数，及按既得财力核定支出基数，与各地的实际收支相差大，造成对地区间人为的不公平。同时，包干基数、分成比例及递增幅度的确定，没有统一的规范，都是中央与地方一对一谈判的结果，这种不规范的办法更加剧了地方之间的苦乐不均。

4. 中央对经济欠发达地区的财政支持不仅力不从心，而且支持的办法也缺乏规范，财政支持的重点尚未实现从"输血"到"造血"的转移。这种格局既不利于增强受援地区的经济活力，也不利于提高发达地区的积极性。

5. 现行的包干体制容易扭曲地方政府行为，不利于中央宏观调控。主要表现有四：一是容易助长地方不顾国家产业政策而竞相发展税高利厚的产业，妨碍全国产业结构的合理调整。二是容易助长地区保护和封锁，形成所谓的"诸侯经济"，影响全国市场的统一。三是企业按行政隶属关系划分收入，不利于各级政府积极、主动地实行政企分开。四是容易造成一些地方政府越权减免税收，搞所谓"藏富于企业""藏富于民"，导致国家财政收入大量流失。

（二）中央与地方在金融领域的关系不协调

改革开放以来，中央与地方在金融领域的管理体制进行了一系列改革。1983 年 9 月，国务院决定，明确中国人民银行是国务院领导和管理全国金融事业的国家机关，行使中央银行职能。随后，陆续成立了交通银行、中信实业银行、光大银行等国家综合性多功能银行和招商银行、深圳发展银行、广东发展银行、福建兴业银行等地方性多功能银行。同时，还探索了转变专业银行经营机制、提高各级银行管理水平的途径。经过十多年的改革，基本建立起了以中央银行为领导、国家银行为主体、多种金融机构并存和分工协作的金融调控体系。这一体系对我国币值的稳定和国民经济的发展起到了积极作用。但是，在中央与地方的金融管理关系中也存在着一些突出的矛盾。

1. 中央银行的职能未能得到很好地发挥。人民银行特别是各地分行在很长一段时期兼有行政管理和货币经营的双重职能，影响了中央宏观金融政策的有效性。

2. 中国人民银行各分行按现行行政区划设置，既不利于宏观金融调控，也不利于统一金融市场的发育。

3. 一些地方违反中央宏观调控政策的现象比较严重。一是部分地区越权批准，或擅自设立金融机构。例如，有的地方未经人民银行同意，市、县政府批准成立多家信用社，其性质与专业银行的职能十分相似，既承办存、贷款业务，又办理结算业务。但这些机构既不向人民银行交纳储备资金和风险资金，又不受银行业务管理。二是部分地方政府和企业通过集资，发债券、内部股票，拆借资金，委托贷款等手段，绕过人民银行的管理，直接向企业融资。三是相当一部分地方政府直接干预银行贷款决策。一方面导致银行货币经营行为的行政化，一方面也妨碍了中央宏观金融政策的贯彻执行。

（三）中央与地方在计划、投资领域的关系不协调

十一届三中全会以来，我国计划体制改革取得了重要进展，高度集中的计划管理体制已被打破。中央政府直接管理的生产、流通领域的实物计划指标大大减少。在生产领域，农业方面的指令性计划已经取消，少部分实行指导性计划，大部分由市场调节，粮棉等重要农产品由统购

包销改为合同订购；工业方面由国家计委实行指令性计划管理的产品，已经由 1980 年的 120 种减少到 1993 年的 36 种，占工业总产值的比重，由 40% 下降到 7% 左右。在物资流通领域，国家计委负责平衡、分配的统配物资已由 1979 年的 256 种减少到 1993 年的 12 种。在价格方面，目前由国家定价的产品，在农副产品中只有 10% 左右、在工业消费品中仅为 15% 左右、在生产资料中只有 30% 左右，其余绝大部分产品价格都已经放开，由市场调节价格。1993 年，对价格已经放开以及由部门内部组织生产的中间产品，不再列入国家计划指标目录，对供需矛盾不大或主要依靠市场调节供需的生产资料和消费品，有的大大缩减，有的完全取消指令性计划。与此同时，投资体制也进行了重要改革，中央与地方在投资领域的关系有了很大改善。中央政府逐步下放投资决策权，地方政府的投资决策权有所扩大。中央与地方投资方式也开始变得多样化，建设资金来源形成多渠道。计划、投资体制的这些改革，有力地调动了地方的积极性，推动了国民经济和社会的发展。但是，随着改革开放的推进，中央与地方在计划、投资领域中存在的问题逐渐暴露出来。

中央与地方在计划管理领域中的关系存在的问题主要是：（1）由于中央与地方事权和决策权划分不清，计划权限也不明确，往往造成计划的权、责界限模糊，影响中央和地方发挥各自应有的积极性，以及履行相应的职责。（2）随着改革的深化和开放的扩大，地区之间改革、开放的步子差别扩大，过去高度统一的计划体制被打破以后，中央与地方之间规范化的计划体制尚未建立起来。（3）计划单列体制不适应市场经济发展的新形势。改革初期，实行计划单列办法，虽然有利于调动计划单列城市和计划单列企业的积极性，但是，它也产生了行政分割等矛盾，给统一市场的形成和发展带来一些不利影响。

在投资领域，中央与地方的管理权限关系面临的问题主要是以下五个方面：

1. 中央政府负责投资的范围过宽。按照国务院 1988 年批准的投资管理体制的改革方案，中央负责的投资应主要是关系国民经济全局的重大项目，特别是基础行业的重大建设。但是，在实际执行过程中，中央负责的投资明显超过了这一范围，许多加工工业的建设项目和非骨干项目是由中央政府负责的。形成这种状况的主要原因有三，其一，中央政府经济决策权存在着某种横向分散的现象，各主管部门都掌握一定的投资决策权，相当一部分投资资金难免分散到其他行业，在项目规模上也难免出现小型化，倾斜到一些中型项目，有的甚至是小型项目。其二，国家专业投资公司的职能尚不规范。由于集国家政策性投资和经营性投资职能于一身，国家专业投资公司的投资范围过于宽泛，远远超出中央政府投资范围。其三，由于投资决策、审批程序和制度缺乏严格、有效的保证实施措施，有些项目也往往超出由中央政府负责投资的范围。

2. 中央政府和地方政府的财力与各自承担的建设任务不相协调。中央政府现在拥有的财力难以承担其已有的投资任务，其主要原因之一在于近年来财政体制改革与投资体制改革脱节。如前所述，经过财政体制的几次变动，中央财政收入占全国财政收入的比重下降很大，但是，与此同时，中央政府与地方政府的投资范围并未适应财力格局的新变化作出重大调整，各地、各行业要求中央增加投资的压力不仅未见减轻，反而愈来愈大。

3. 中央对地方投资的支持缺乏规范，存在着一定程度的随机性。我国幅员辽阔，各地情况差别很大，由于历史和自然环境等因素，总有一些地区的经济发展比较滞后，因而需要中央政府给予扶持。新中国成立以来，中央政府对老、少、边、穷地区采取了一系列扶持措施，为缩小这些地区与其他地区差距打下了一定的基础。但是，在实施过程中出现的一个重要问题是，这些扶持措施缺乏比较规范的办法，存在一定程度的随机性，地区之间的贡献和受惠不尽合理，以至于一方面影响贡献多的地区的积极性，另一方面，中央的投资支持在一些地区没有收到预期效果。

4.中央参与地方投资或中央与地方联合投资缺乏一整套完整、科学的管理制度。主要存在四个问题，（1）从短期增加财政收入考虑，许多地方倾向于多安排短、平、快的加工工业项目，而把本应由地方承担的基础建设项目尽量推给中央，其最为明显的原因在于中央参与的投资大多是无偿的或近乎无偿的，这类投资资金对地方来说当然多多益善。（2）在中央与地方联合投资建设中，一些地方往往在建设过程中要求中央追加的投资节节加码，使中央实际投资额大大超出地方在项目立项阶段要求中央投资的数额，形成各种门类的"钓鱼项目"。（3）中央与地方联合投资的项目建成以后，在投资回收中实际最先得到回收或最有保证得到回收的大多是地方投资，而中央投资的回收则没有保证。中央财政资金由拨款改为贷款以后，贷款回收的难度也很大。（4）中央参与地方投资或中央与地方联合投资建设项目建成以后的产权划分缺乏严格、科学的办法和制度，这类"拼盘项目"的产权如何确定，实际上并未明确解决。

5.中央对地方投资活动的某些干预过多与调控乏力的现象并存。中央对地方投资的管理同时存在着两个方面的问题，一方面，中央主管部门对某些领域的地方投资建设项目控制过多、管得过死，一些该下放的权力尚未放下去，同时，审批地方投资项目的手续烦琐，周转环节过多，拖延时间过长，以致耽误一些项目的建设。另一方面，对地方固定资产投资活动缺乏有效的宏观调控办法，我们多年来沿用的对地方的规模"笼子"，基本上徒有其名，不能产生预期效应。换言之，地方投资可以通过一系列办法绕过中央宏观调控，形成所谓"上有政策，下有对策"的格局，而中央投资宏观调控却没有一套有效的办法。

上述种种情况表明，我国中央与地方经济关系中的几个主要方面都存在着许多突出的矛盾和问题。近年来的所谓"诸侯经济"行为以及少数地区的矛盾和冲突等现象，也无一不在向我们昭示，在传统集中计划经济体制下形成而又经过体制转轨过程的现行中央与地方经济关系，带有明显的双重体制痕迹，在很大程度上集中了两种体制的许多弊端。中央与地方经济关系中存在的这种种弊端不仅直接影响到经济体制改革，从而影响建立社会主义市场经济新体制的进程，而且也涉及中央与地方、地方与地方的整个关系，从而影响到整个经济的健康发展和国家的长治久安。因此，无论从经济上说，还是从政治上说，加快改革我国中央与地方经济关系体制已是当务之急。

二、处理中央与地方经济管理权限的国际经验

如何妥善地处理并规范中央政府与地方政府的经济关系，是世界各国普遍面临的重要课题，无论实行联邦制的国家，还是实行单一制的国家，也无论发达国家，还是发展中国家，都未停止过对处理中央与地方关系包括经济关系的方式的探索和实践。一般说来，欧美国家和亚洲国家在处理中央与地方经济关系中的做法具有一定的代表性。深入研究这两类国家的做法，有利于我们探讨改革我国中央与地方经济关系的新路子。

（一）欧美国家处理中央与地方经济关系的主要做法

欧美国家大多实行联邦制，也有一些国家，如英国，实行单一制。这些国家市场经济发育、成熟得早。以美国为代表的联邦制国家在其资本主义发展的长期历史过程中逐渐形成了一套适合联邦制和市场经济的比较完整、比较成熟的处理中地经济关系的体制，在这些国家常常称之为财政联邦主义体制（Fiscal Federalism）。具体说来，欧美国家处理中地经济关系的办法主要有以下几个方面：

1. 中央政府与地方政府的职责或事权由议会明确规定。事权的划分一般主要依据范围原则，属于全国范围、跨多个地区的事务由中央政府承担，属于地方范围和一般区域性的事务由地方政府承担。大体来说，中央政府主要负责国防、外交、全国性基础设施和社会公益性工程建设、重要科研开发等。地方政府主要负责教育、文化、卫生、地方道路及其他地区性基础设施、公益性设施、治安、环境保护等。

2. 中央与地方财政收入划分的基本形式是分税制。分税制是发达国家普遍采用的一种方式。在分税制中，一般将税收分为三个部分，一部分归中央政府，一部分归地方政府，一部分由中央政府和地方政府分享。这些国家的情况表明，那些收入来源比较稳定、集中，或对经济调节影响较大的税种，如个人所得税、公司所得税，以及关税等，一般归中央。那些收入来源比较分散、具有明显的区域性的税种，划归地方。

3. 中央政府通过财政补贴、拨款等转移支付方式给地方政府以支持，这已成为中央政府影响地方政府活动的重要手段。即使在像美国这样各州权力很大的国家，联邦补助也发挥着相当重要的作用。联邦补助在各州政府的收入中一般占到1/4。补助的重点与国家的宏观经济政策取向密切相关。五十年代，美国联邦补助的重点是收入保险，在全部补助中约占一半；其次是运输，约占1/4，农业、教育及就业等项目约占1/10。七十年代末以来，联邦补助的重点逐渐转向卫生、地区发展、自然资源及环境保护等方面。

4. 通过法律规范中央与地方经济关系。许多发达国家不仅以法律形式规定处理中央与地方经济关系的基本原则，而且通过法律程序明确一些具体细节。这种办法有利于促使中央与地方经济关系保持相对稳定，防止随意性。

在欧美国家的中央与地方经济关系中，无论在联邦制下，还是在单一制下，分税制都具有关键性的作用，尤其英国的分税制有着一定的代表性，其中央税、地方税的设计很值得我们研究。

英国中央税按与所得有关、与资本有关及与支出有关分为三大类。

1. 与所得有关的税，包括三种：（1）个人所得税。个人所得税是英政府的一项主要税收，在国家财政收入中所占的比重最大，1992财政年度中该项税收占政府财政收入的26%。所得税的税率分为基本税率和最高税率两种。年薪收入在23700英镑和以下的，按25%的基本税率纳税；年薪收入在23700英镑以上的部分，按40%的最高税率纳税。为保证一些低收入者的生活不受过多影响，政府还规定了个人所得税的免税额。个人所得税的豁免对象很广，一般情况下已婚夫妇的免税额高于独身者及多子女家庭。（2）公司税。对公司利润按单一税率课征。在 1992 财政年度，公司税在国家财政收入中的比例为 7%。公司税率分为主要公司税率（33%）和小公司（年利润在 25 万英镑以下的公司）税率（25%）两种。对年利润在 25 万到 125 万英镑之间的公司，政府给予一定的税收减免。所有公司在从其税前利润中向股东发放股息时，必须代税务部门预先从股息中扣除公司税并上缴国家财政。（3）石油收入税。石油收入税是对英国陆地和大陆架获准生产石油所课征的一种税收。石油收入税的课征方法是：油田生产利润扣除一定数量的免税额和投资减免即为应纳税利润，按 75% 的税率课税，每半年计算一次。

2. 与资本有关的课税，包括两项：（1）资本收益税，是对由于变卖资产（如房地产、股票等）而获得的收益所征收的税。个人资本净收益总额在一年内不超过 5800 英镑或者信托收益不超过 2900 英镑者不交资本收益税。个人和公司资本收益税率都是按个人所得税最高税率和主要公司税率来征收。（2）继承税，是对个人财产发生转移时所征收的累进税。继承税是在个人生前财产转移（包括逝世前 7 年所用的财产转移）时征收的税。继承税的征收起点为 15 万英镑，税率统一为 40%。自 1992 年起，政府决定对大多数家庭工商资产的转移、夫妻间的财产转移，以及向英国慈善机构和主要政党的赠款免征继承税。

3. 与支出有关的课税，包括五项：（1）增值税，是对商品或劳务征收的一种税收，1993 年的税率为 17.5%。增值税是仅次于个人所得税的第二大税收项目，在 1992 财政年度，增值税在政府财政收入中所占的比例为 17%。增值税对生产和分配过程中的每一个阶段予以课征，最后一道税收由消费者负担。英政府还对出口商品实行退税，对进口商品实行征税，以鼓励出口，抑制进口。

（2）消费税，是对碳氢油、香烟、酒类、赌博及汽车牌照等方面支出所课征的税收。消费税是英国第三大税收项目。消费税在 1992 年政府财政收入中所占的比例为 10%。（3）车辆税，是对新上市的小轿车、摩托车按批发价的 5% 征税，对有篷汽车按 6% 征税。（4）印花税。价值在 3 万英镑以上的财产（不包括债券和股票）的转移或出售，按 1% 的税率征收印花税，债券和股票的转移或出售，按 0.5% 的税率征收印花税。（5）关税，是根据欧共体统一关税协定对从欧共体以外的国家进口的货物所征收的税。

4. 其他类型的税收。主要是国家保险税，由雇员和雇主将其工资收入按一定的比例向政府缴纳。这是一项特殊的税种，由税务部门代为征收，交由社会保障部投资于金融市场，取得较高的收益后用于支付退休金、失业救济金等社会保障费用。国家保险税在政府税收中的比重也很大，在 1992 年财政年度中占整个财政收入的 17%。

英目前的地方税都与房地产有关，主要有议会税和工商税两种。（1）议会税。类似于房地产税，是根据房产的价值向居民征收的税收。国家税务部门负责对每户居住的房屋进行估价，并根据价值将房屋分为 8 个档次。具体征收多少税额，由郡、区级的地方政府根据本地区的财政开支情况及从中央获得的拨款数量等自行确定。不过，中央政府每年都要提出每个档次议会税的参考税额，以供地方政府在确定具体税额时参考。议会税各档次的差额比较大，最高额是最低额的 3 倍，是中等额的 2 倍。地方政府可根据中央政府的有关规定对低收入或领取政府救济金的家庭、学生、护士等视情况给予全免或部分减免。（2）工商税。是根据工商企业所占用的厂房或建筑的价值由地方政府向工商企业征收的税，其税率由中央政府确定。

大体说来，英国的分税制具有以下特点：

（1）在税收划分前，中央政府与地方政府具有明确的事权分工。地方政府主要承担本地区发展规划、运输体系、地方公路、交通管理、教育（包括提供大学以外的其他各种教育）、消费者保护、警察、消防、环境卫生、图书馆、住房、个人社会服务等职责。中央政府承担国防、外交、司法、医疗保健、国有工业、高等教育、科研、社会保障及福利、国家公路等地方政府所无法行使的职责。在此情况下，中央政府就可以根据地方政府所履行的职责每年提出各地方政府的开支限额，这些开支首先由地方政府的税收、其他收入及借贷等自筹资金支付，不足部分则由中央政府以"专项拨款""辅助拨款""资本拨款""税收拨款"和"一次性拨款"等形式予以补足。

（2）地方税同中央税相比，无论是在税种数量上，还是在税收金额上，所占的比重都很小。从英国1992财政年度来看，地方税仅为225亿英镑，在整个中央财政收入中所占的比重约为10%。在地方政府的财政支出中，约有35%来自地方税收，约有40%来自中央政府的拨款，其余部分则来自地方政府出售土地、公房租借等方面的收入。中央政府向地方政府提供的财政拨款在整个政府财政支出中所占的比重也比较大。根据1992财政年度报告，中央政府向地方政府提供的财政拨款为584亿英镑，占整个政府财政支出的25%。由于地方政府财政开支中有高达40%的部分来自中央政府的拨款，所以财政手段是中央政府有效控制地方政府的一个重要手段。同其他西方国家相比，英国中央政府对地方政府的控制是最为严格和有效的。

（3）中央政府较多地控制财政税收，从而能从税收中提出一定数量的资金作为地区发展基金，并由中央直接派驻当地的专门机构负责，用于改善投资环境，促进这些地区的经济发展。

（4）地方政府除提供一些公共社会服务外，几乎没有自己的工业企业或经济实体。按规定，地方政府有权自行决定减免工商税，但如地方政府减免工商税，不但得不到直接的经济利益，而且还有可能影响地方政府的财政收入，这就迫使地方政府不得不对整个经济利益进行权衡后再决定是否实行免税。地方政府促使当地经济发展的一个主要的途径就是改善投资环境，如在职业培训、交通设施、社会服务等方面发挥优势，为吸引外资和当地的企业创造和提供较好的外部环境。

（二）亚洲部分国家处理中央与地方经济关系的主要特点

与本国社会经济制度和市场发展进程相联系，亚洲一些国家在处理中央与地方经济关系中形成了自己的特点。一般来说，这些国家的中央政府的权力比欧美国家大，地方政府的权力较小。

1. 事权比较集中。例如，韩国的事权主要集中在中央政府，除国防、外交外，中央政府还负责国土综合开发，基础产业中重要项目建设，邮电、社会保险、高新技术开发等。地方政府负责地区开发、社会福利等与居民生活直接相关的事务。

2. 财权主要集中于中央。具体体现在四个方面：第一，在全国税收中，中央政府的税收所占比重较大，韩国为80%，泰国更高达90.6%。第二，地方政府税收的税种设置和税率确定，必须由中央政府确定，如韩国的地方税税种、税率由中央政府统一制定，经国会批准。第三，地方政府财政支出的相当部分来自中央政府的税收，实际运行中采取中央财政收入对地方的转移支付形式。第四，地方政府发行债券要由中央政府批准。泰国法律规定，地方政府只能从各类信托基金和财政部取得借款，而不能向私人金融机构发行债券。印度法律虽然授予邦政府借款权，但在具体操作中邦政府要受到联邦政府的严格限制，未经联邦政府批准，邦政府不可发行公债。

3. 地方银行不受地方政府控制，而由中央银行进行指导和调控。例如，韩国经济进入高速成长阶段后期才允许设立地方银行，直到现在，地方银行的资产在全部商业银行资产总额中的比重只有16%。

（三）主要市场经济国家处理中央与地方经济关系的基本共同点

由以上可以看出，尽管各市场经济国家在处理中央与地方经济关系中的具体做法有所不同。但是，通过比较分析，我们不难发现它们具有许多共同点。

第一，在中央与地方经济关系中，中央政府占有主导地位。不论联邦制国家，还是单一制国家，中央政府都不同程度地运用其政治和经济的特殊优势影响地方政府，而中央对地方的转移支付通常是中央影响地方的一项重要经济手段。

第二，地方政府具有相当的自主性。中央政府的主导地位，并不意味着把地方完全统死。这些国家的实践表明，中央政府的主导地位与地方政府的一定自主性是可以并存的。

第三，中央政府与地方政府的事权和财力支配权相一致，在中央与地方的财政分配中，分税制是一种通行的制度。

第四，法制是这些国家规范中央与地方经济关系的基本手段和重要保证。

市场经济国家处理中央与地方经济关系的上述共同点，给我国改革中央与地方经济关系体制提供了多方面的启示，需要我们加以深入研究。

三、建立我国中央与地方经济关系新体制的总体构想

中央与地方经济关系处理得如何，既直接关系到整个经济体制的状况，也对全国社会和政治格局产生重要影响。我国中央与地方经济关系的现状有力地表明，中央与地方经济关系中存在的问题已经并正在对全国经济的统一和市场的开放，以及中央宏观调控产生负面效应。如果不尽快改革中央与地方经济关系的现行体制，我国社会主义市场经济新体制的建立和完善势必受到不利影响。因此，我们需要认真研究、借鉴国外市场经济条件下处理中央与地方经济关系的经验，结合我国实际，通过改革加快建立我国中央与地方经济管理权限合理划分的新体制。

（一）建立中央与地方经济关系新体制的基本原则

导致我国中央与地方经济关系中矛盾的因素很多，但从根本上说，是由于传统的计划经济体制没有完全打破，新的市场经济体制尚未建立起来。有鉴于此，建立中央与地方经济关系新体制，应遵循以下基本原则：

——市场基础原则。新的中央与地方经济关系要有利于促进从传统

计划经济体制向社会主义市场经济体制的转轨，有利于保证市场在资源配置中发挥基础性作用。过去在集中计划经济基础上长期形成的中央集中程度过高、包揽过多的状况，以及在体制转轨过程中出现的权力过于分散和人们所谓的"诸侯经济"现象，都需要切实加以改变。

——两权对称原则。在新的中央与地方经济关系中，中央政府和地方政府的经济管理权力和财力最终支配权与事权保持对称。也就是要使事权与财权、决策权相适应，改变目前某种程度上事权与财权、决策权相脱节的现象。

——集分协调原则。协调好集中与分散的关系，保证中央进行宏观经济调控所必需的权力与实力，同时正确引导和充分调动地方的积极性，发挥地方优势和资源潜力。

——市场统一原则。保证全国经济的统一性和各地市场的开放、统一，促进各地方因地制宜、合理分工、扬长避短、优势互补、共同发展。

——法律规范原则。中央政府与地方政府事权、财权、决策权、管理权的划分和调整，都要经过法律程序，明确规范，保持相对稳定。

（二）建立中央与地方合理分权新体制的总体目标和主要任务

建立中央与地方经济关系新体制的总体目标是，建立有利于发挥中央和地方两个积极性，符合发展社会主义市场经济要求的合理分权的新体制和新机制。为了实现这一目标，需要逐步完成以下任务：

1. 宏观经济调控权必须集中在中央。宏观经济是反映全局的、整体的经济活动和利益，因此，涉及宏观经济总量平衡和结构调整的权力不能层层分散。宏观经济调控权，包括全国性的产业政策和生产力布局，收入分配政策，财税政策，货币的发行、基准利率的确定、汇率的调节和重要税率的调整，以及涉外经济政策等，这些权力必须集中在中央。这是保证经济总量平衡、经济结构优化和全国市场统一的需要。

为了使宏观经济调控权有效地集中在中央，需要增强中央政府宏观经济调控的实力，保证其在政府调节中的主导地位。在我国，之所以要保证中央政府在政府调节中的主导地位，主要是基于以下五个原因：（1）中国正处在由传统计划经济体制向社会主义市场经济体制转轨的阶段，市场体系发育不成熟，要保证这种转轨的顺利进行，需要一个有力的中央政府。（2）中国是一个后起的发展中国家，国家财力和经济调控权过于分散，不利于实现赶超战略，不利于地区生产力布局的优化，也不利于发挥社会主义集中力量办大事的优势。（3）中国幅员辽阔，要保证全国经济的统一性和各地市场的完整性，也需要有中央强有力的宏观调控。（4）中国地区发展的差别很大，缩小地区间的差距，需要中央政府的协调与支持。（5）中国经济与世界经济的联系日益密切，为了提高国际经济竞争力，也需要中央保持应有的经济调控力量和决策权力。

2. 明确中央与地方的权限与责任。在划清事权、财权、投资权，保证中央宏观调控的统一性和权威性，保证国家计划实施和全国市场统一的前提下，明确确定中央和省级政府在经济调控方面的权力、职责及相互关系。大体说来，中央政府宏观调控的主要职责是：保持全国经济总量的平衡和主要比例、结构的大体协调；统筹规划和协调组织全国性及大区域性的重大基础设施、基础产业、支柱产业和高新技术产业的建设与发展；运用中央直接掌握的部分财力、物力引导全社会资金投向和调控全国性及大区域性的中心市场；促进各地区经济优势互补，共同发展；制定全国统一的、符合国际规范的对外经济活动政策，协调关系国民经济全局和整体利益的涉外经济活动；确立并维护全国统一的国税制度和中央银行统一调控全国金融货币的制度；制定并监督执行全国性的经济法规和市场规划；确定国民收入分配的总格局，建立和维护全国统一的社会保障制度。地方经济调控，主要是指省、直辖市、自治区以及计划单列城市，在一定地区范围内对经济发展和市场运行的调节。地方一级调控的主要职责是：在全国宏观调控的基本框架内，运用计划与市场两种手段引导地方资源优化配置，发挥地区经济优势，促进经济健康成长；统筹规划和组织地区性的重要基础设施和优势产业的建设与发展，促进地区之间的经济交流和联合；为本地区内企业生产经营和市场运行创造良好的外部条件；运用地方财政资金和其他地方性收入，促进地区经济和社会发展；制定并监督实施地方性经济法规等。在划清中央与地方经济调控范围和职权的基础上，建立起各级计划的权责统一制度，以及自我平衡、协调、约束的机制，各级调控各负其责。

3. 下放和转移中央政府的一部分事权，将那些宜由地方政府、市场中介组织及企业行使的职权转出去。在传统计划经济体制下，许多本应由地方政府、市场中介组织及企业完成的事务长期由中央政府包揽下来，虽然经历了十多年的改革，但这种包揽过多的格局并未完全打破。应当改变这种状况，例如，可以将一些基础建设和部分文化教育事业的事权下放给地方政府。在教育方面中央保留一批重点院校，明确它们为国立，其余院校放给地方。又如，可以将以下事务转给市场中介组织：社会保险、信息咨询、资信评估、会计服务等。

4. 改革中央宏观经济综合管理部门，归并和逐步减少专业经济主管部门。在主管部门过多的情况下，往往出现宏观调控作用相互抵消，进而导致中央与地方关系不顺的弊病：一方面，综合经济部门给地方下放权力，一方面，有些专业主管部门又往往以某种形式截留这些权力。实践表明，中央政府经济管理部门设置过细，既不利于改善国家与企业的关系，也不利于协调中央与地方的经济关系。在适当的时机和充分做好准备的情况下，可以考虑采取以下措施改变这种局面：一是归并某些专业管理部门。二是减少工业生产主管部，有的可以成立相应的行业协会。三是进一步转变中央宏观经济综合管理部门的职能，把协调中央与地方的经济关系作为一项重要任务。这是一项新职能，在传统的高度集中的计划体制下，地方政府除完成本身任务外，主要是贯彻执行中央计划，中央与地方经济关系中的矛盾似乎不多。而在发展市场经济条件下，随着经济决策权的下放，地方的自主权扩大，中央与地方经济关系中的矛盾逐渐显露出来，调整中央与地方经济关系的任务愈来愈重。日本政府设有自治省，其职能主要是协调中央与地方政府的关系，自治省代表各都府道县同大藏省、通产省等打交道。自治省是适应市场经济要求的一个机构。我国目前没有类似的专门机构，但是，随着市场经济的发展，这项工作将越来越重要，它直接关系到宏观调控的效率乃至社会稳定。我国即使不像日本那样设置专门机构处理中央与地方经济关系，也应明确现有的宏观经济综合管理部门专门行使这一职能。

5. 合理发挥和引导地方的积极性。毛泽东同志早在五十年代《论十大关系》中就说过，两个积极性比一个积极性好。中国地域辽阔，人口众多，各地差异很大，几十年来的实践证明，中央统得过死，不利于发挥地方积极性，不利于更快更好地发展生产力。应在保证中央政府的有效宏观调控的前提下，赋予省、自治区和直辖市必要的权力，使其能够按照国家法律、法规和宏观政策，制定地区性的法规、政策和规划；通过地方税收和预算，调节本地区的经济活动；充分运用地方资源促进本地区的经济和社会发展。同时，要规范地方政府的行为，改革对地方政府领导人政绩评价的办法，把经济总量指标考核与经济结构、经济效益以及社会发展指标考核结合起来。

6. 改进中央对贫困、后进地区扶持的办法。为了缩小地区差距，中央运用一定的人力、财力、物力扶持贫困、后进地区，是完全必要的。但是在过去的实践中，往往采取直接调拨的方式，既不利于受扶持地区的发展，也影响了经济发达地区的积极性，进而影响中央与地方的经济关系。因此，要建立起规范化的扶持体制，包括实行分税制后，建立合理的财政支付转移制度，按一定标准向欠发达地区倾斜。要将直接调拨的"输血机制"改为培育市场环境、促使受扶持地区改善投资条件的"造血机制"。中央对贫困、后进地区的扶持主要是帮助这些地区进行基础设施、改善投资环境，特别是修建铁路、公路，以加强这些地区与发达地区的联系，加强中西部地区与东部地区的经济联系。最重要的是，要探索协调地区之间经济共同发展的合理机制。

在完成以上任务的同时，还要把建立合理的中央与地方经济管理权限纳入法制轨道。为了使中央与地方经济关系规范化，建议着手研究制定《中央与地方经济关系调整法》，对中央政府与地方政府事权、财权及经济调节权限等作出明确规定，使合理分权的体制规范化、法制化、制度化。

四、建立中央与地方经济管理合理分权新体制的主要措施

中央与地方经济关系新体制的确立，需要采取多方面的配套措施。财政分配关系在整个中央与地方经济关系中具有十分重要的地位，加快财政体制改革是当务之急。但是，我国现实的中央与地方经济关系不单是一个财政分配关系，除此之外，金融、计划、投资等领域的分工关系也具有举足轻重的分量。显然，仅有财政体制改革难以建立中央与地方经济关系的新体制，必须把着力点放在中央与地方的财政分配关系、金融、计划、投资、对外经济关系包括外贸外资外债等管理权限分工关系的综合配套改革上。

（一）加快建立新型的中央与地方财政分配关系

中央与地方财政分配关系的核心问题是，中央财力与地方财力如何划分以及各占多大比重，前者主要是指中央政府与地方政府财政分配关系的确定方式，后者是指中央财力和地方财力各占多大份额。针对我国目前实际情况，这两方面都要进行重大改革。

1.适当提高中央财政收入在全部财政收入中的比重

八十年代初我国中央政府财政收入占整个财政收入的比重约为60%，现在这一比重下降到只约占45%。这种格局与国外情况形成强烈对比。从发达国家来看，不论是实行单一制的工业国家，还是实行联邦制的工业国家，在国家总的财力分配格局中，中央集中的财力比重一般保持在60%以上。以1985年为例，这一比例最高的为西班牙，达90.2%；卢森堡、新西兰、比利时、法国分别为88.9%、86.9%、86.4%和84.0%。英

借石攻玉
　　——涉外交流见闻与思考

国、奥地利、意大利、德国（前联邦德国）、澳大利亚、美国分别达到
69.9%、67.6%、65.5%、64.2%、61.3% 和 60.1%。在工业化国家中，日
本的这一比例较低，但也达到 59.1%。从发展中国家来看，除个别国家
以外，中央集中的财力比重一般都在 70% 以上。同样以 1985 年为例，
这一比重在 90% 以上的有亚洲的泰国（90.6%）、中东的伊朗（94.7%）、
以色列（97.7%）和拉美的智利（91.9%）、哥斯达黎加（95.8%）、巴拉
圭（95.4%）。还有不少发展中国，其中央财力比重基本保持在 70%-85%
之间，如马来西亚为 82.4%，巴基斯坦为 72.1%，阿根廷为 83.5%，巴西为
76.3%，等等。在发展中国家中，印度中央政府集中财力程度较低，但也
达到 53.8%。（资料来源：《经济日报》1993.10.2）

　　以上比重虽然具有若干不可比的因素，但是，它们毕竟显示了一种
趋势。从我国具体情况看，这一比重过低已经并正在产生消极效应，突
出地体现在三个方面：一是中央政府的宏观经济调控能力减弱；二是全
国性重大基础设施、基础产业及支柱产业缺乏必要的财力基础，难以发
挥社会主义集中力量办几件大事的优势；三是一些必要的改革措施缺乏
相应的财力支持，改革的进程受到制约。

　　当然，中央财政收入所占比重并不是越高越好。本着发挥中央与地
方两个积极性的原则，基于我国实际情况，这一比重应大体保持在 60%
左右。在建立新的中央与地方经济关系中，需要努力实现这一目标。

　　2. 实行具有我国特点的分税制

　　如前所述，分税制已被国外实践证明是一种适应市场经济条件的财
政分配体制，尽管这一体制本身还有些缺陷，但从总体上说，它是现有
办法中实施效果最好的一种。分税制把中央与地方的讨价还价过程集中
起来，并加以规范。中央政府不必分别与各个地方政府一对一谈判，在
相当程度上可以减少人为因素和游说作用，保证中央与地方经济关系的
规范度、稳定度及透明度。根据我国的具体情况，分税制的设计和实施
应突出抓住三个环节：

第一，在明确中央和地方事权的基础上，划分各级政府财政的支出。从我国现状来看，中央财政主要负责国家安全、外交和中央国家机构运转所需经费，调整国民经济结构、协调地区经济发展的政策性支出，以及由中央直接管理的事业发展支出。地方财政则主要负责本地区政权机关运转所需开支，以及本地区经济社会事业发展所需要的支出。

第二，在明确各级政府的事权和财政支出范围的基础上，根据财权与事权一致、收入与支出一致的原则，划分中央与地方的收入，包括划分税收。由于中央政府所承担的任务具有全局性和特殊重要性，所以需要首先满足中央政府的基本支出需要。为此，显然有必要将那些收入稳定、税额较大、关系到维护国家权益和实施宏观调控的税种划为中央税。地方税要反映地方特点，宜将那些与地方经济和社会事业发展关系密切、税源分散、适宜地方征管的税种划为地方税。同时，还要将某些与经济发展直接相关的主要税种作为中央和地方共享税。具体操作中有两种选择：或者由中央与地方分率计征，或者统一计征，按比例返还。

根据以上原则，在现行税制结构的基础上，可考虑将下列税作为中央税：关税、产品税、增值税、工商统一税；地方税主要是营业税（扣除银行、铁道、保险缴纳的部分）、农牧业税、城镇土地使用税、耕地占用税、盐税、固定资产投资方向税、城市维护建设税、车船使用税、个人收入调节税。属于中央与地方共享税的主要是企业所得税，以及资源税。

第三，与分税相适应，分设中央税务机构和地方税务机构，中央税种和共享税种由中央税务机构负责征收，其中的共享收入按比例返还给地方；地方税种由地方税务机构征收。

3、建立规范的中央政府对地方政府的转移支付制度

中央政府对地方政府的转移支付或补助，是中央政府必须掌握的一种手段。这一手段具有以下功能：其一，转移支付是中央政府协调中央与地方经济关系的一项重要手段，它可缓解中央财政与地方财政发展中

的不平衡矛盾。其二，转移支付是缩小地区经济发展不平衡的重要手段，中央政府以其掌握的财力扶持经济不发达地区的发展和老工业基地的改造。其三，转移支付是中央政府进行宏观经济调控的重要手段，为了有效地实施对经济的调控，中央政府需要使用必要的财力。中央政府对地方政府的转移支付必须规范化、制度化，保证透明度，防止个人批条子的不规范做法。

（二）加快建立新型的中央与地方金融管理关系

新型的中央与地方金融管理关系的建立，与金融体制改革密切相关。金融体制改革的内容很丰富，其中包括，建立在国务院领导下独立执行货币政策的中央银行体系和中央银行领导下的国有商业银行为主体、多种经营机构并存的组织体系和有管理的金融市场体系。就中央与地方的金融管理权限来说，主要是实行两个分开，即地区性银行与全国性银行分开，中央银行职能与地方政府行为分开。

首先，中央政府集中掌握金融调控权，地方政府不能影响和妨碍中央政府的金融调控。中央银行在国务院领导下独立执行货币政策，主要运用存款准备金率、中央银行贷款利率和公开市场业务等手段调控货币供应量，保证币值稳定；同时，监管各类金融机构，维护金融秩序，不再对非金融机构办理业务。

其次，为了保证货币在全国范围流通和集中统一调节，应积极创造条件，按经济区划设置中央银行的分支机构，转变目前按行政隶属关系层层设置的地方各级人民银行分行的职能，使它们主要发挥监督作用。

再次，将全国性银行与地区性银行分开。全国性大商业银行主要为全国性大中型企业提供融资服务，这些企业的供、产、销环节跨地区，生产规模大，是以全国性市场为依托的。地区性银行主要是为地区性企业提供融资服务。

（三）加快建立新型的中央与地方计划管理关系

改革现行的中央与地方的计划管理关系，是建立新型的中央与地方经济关系的重要一环。在市场经济条件下，国家计划总体上是指导性计划。随着计划体制改革的深化，指令性计划、指导性计划和市场调节的划分及其制度已完成历史使命，代之而起的将是新型的指导性计划制度。而新型的中央与地方的计划管理关系必然是这种指导性计划制度的一个重要组成部分。需要采取的措施是：在计划的制定、实施、调整、评估等环节中，建立中央和省区市密切配合的制度。中央计划主要提出全国经济和社会发展的目标、任务、重大项目和方针、政策。中央计划任务和指标一般不层层分解下达，主要作为各级政府及其经济管理部门制定具体调控措施的重要依据。计划的实施，主要运用经济政策和经济杠杆调节市场参数、通过利益关系的调整引导市场主体行为。省区市在制定、实施、调整自己的计划时，要首先考虑国家计划的目标、任务和方针、政策。在这个基础上，统筹规划和协调本地区的发展目标、任务、重要基础设施和优势产业的建设与发展。为了适应市场经济发展的要求，中央与省区市的计划要建立起反馈、协调制度，及时沟通信息。

（四）加快建立中央与地方新型的投资管理关系

建立新型的中央与地方的投资管理权限关系，是深化投资体制改革的重要内容。深化投资体制改革的总体目标包括：规范各类投资主体的投融资方式，充分发挥市场对投融资活动的调节作用；建立投资的激励机制和风险约束机制，谁投资、谁决策、谁承担投资风险，彻底打破投资领域的"大锅饭"体制；完善与社会主义市场经济体制相适应的投资总量和结构调控体系。与深化投资体制改革的总体目标相适应，建立新型的中央与地方投资管理关系，需要从以下几个方面着手。

1. 规范中央政府和地方政府的投资行为。按照全社会固定资产投资的使用方向和不同投资主体的主要活动范围，将投资大体划分为竞争性项目投资、基础性项目投资及社会公益性项目投资三大领域，并采取不同的办法：（1）在竞争性投资领域，将投融资推向市场，由企业通过市场筹资、建设和经营，企业自主决策，自担风险，所需贷款由商业银行自主决定，自负盈亏。无论中央政府，还是地方政府，都应逐步从竞争性项目中退出。对中央政府或地方政府已经参与投资的这类项目，应创造条件向企业转让股份，收回投资。（2）在基础性投资领域，分为两部分，一是在一定时期基本具备市场竞争条件的项目，在政府加以引导的前提下，有的项目放给市场，有的项目政府只给予少量的投融资支持；二是基本不具备市场竞争条件的项目，则主要由中央政府或地方政府投融资采取多种方式投资。（3）在社会公益性建设领域，分为两部分，一是具有一定盈利性的项目，如盈利性影剧院、俱乐部、体育馆、高尔夫球场等，实行项目法人责任制；二是完全不具盈利性的项目，由中央政府或地方政府拨款建设。除了特别重要的项目和中央负责的项目由中央政府投资外，绝大部分项目应按受益范围由所在地方政府承担投资。

2. 在加强中央政策性投融资的同时，加重地方政府的投资责任。基于事权、财权一致的原则，把中央与地方的投资责任划分与财政分配关系调整结合起来，与分税制和中央转移支付制度相适应，加重地方政府承担基础性项目投资的能力和责任。除关系国计民生、跨地区的重大基础设施、重大基础工业项目和重大水利工程项目由中央政府投资主体为主承担外，地方性的交通、邮电通讯、能源工业、农村水利设施和城市公用设施，按照谁受益、谁投资的原则，由所在地方政府投资主要承担。对于经济较不发达省区，中央政府采取多种方式给予支持。

3. 建立有效的投资宏观调控体系。在对投资总量、结构的调控中，实行中央统一确定调控目标、中央和地方（省区市）两级负责的原则。中央政府负责制定投资宏观调控的总体目标和方针，采取全国性的政策措施。省区市政府主要承担对本地区投资总量和结构的调控，保证国家重点建设顺利进行。

4. 改革投资的计划管理方法。国家继续编制中长期年度固定资产投资总量指标。对集体投资实行指导性计划，主要由省区市根据国家产业政策，通过调整信贷、税收政策以及环保、土地使用管理等方式进行间接调控。国家对个体投资实行预测性计划，全国只列总数，不再分解下达到省区市。

（五）加快建立中央与地方新型的外贸、外资、外债管理权限关系

改革中央与地方的外贸、外资、外债管理体制，是建立中央与地方经济管理合理分权新体制的一个重要步骤，在我国对外经济联系日益加大的情况下，加快这一改革尤为必要和迫切。外贸、外资、外债管理体制改革涉及的问题较多，从中央与地方的管理权限关系来看，需要着力实现以下两个目标：

其一，中央政府要统一有关外贸、外资、外债的基本法规和政策，加强和改善对外贸、外资、外债的宏观调控。为保证我国对外经贸制度和法规在全国各地统一实施，应由全国人大统一制定全国性的有关对外经贸法律法规，由国务院统一制定有关规章和政策。在外贸领域，中央要对外贸进出口总额、出口收汇和进口用汇制定有效的管理办法，对一些关系国计民生的重要大宗进出口商品实行配额总量控制；在外汇领域，中央银行要把稳定汇价作为货币政策的一个重要目标，加强对汇价的监测，并通过运用外汇平准基金等措施对外汇市场进行适时调控，逐步建立以市场为基础的有管理的浮动汇率制度和统一规范的外汇市场；在利用外资领域，中央要通过产业政策等手段调节和引导外资的投向，提高利用外资的效率；在借用外债领域，应统一各级政府对外债务的政策管理。根据世界各国利用外债的经验和教训，外债必须由中央集中统一管理。这是维护国家债信，促进债务资金有效运用和减少国家财政负担的客观需要。

其二，正确发挥和引导地方积极性，继续推进经济特区、沿海开放城市、沿海开放地带，以及沿边、沿江和内陆中心城市的对外开放，充分发挥开放地区的辐射和带动作用；加快主要交通干线沿线地带的开发开放；鼓励中、西部地区吸收外资开发和利用自然资源，促进经济振兴；统筹规划，切实规范和认真办好经济技术开发区、保税区，形成既有层

次又各具特点的全方位开放格局。

构建中央与地方经济管理合理分权的新体制，是社会主义市场经济体制建立过程中的一项非常重要而艰巨的任务，需要各方面的不懈努力。我们相信，随着改革的进一步深化和对外开放的继续扩大，一个适应发展社会主义市场经济要求的中央与地方经济管理合理分权的新体制将逐步形成并日臻完善。

关于墨西哥市场经济体制下制定
和实施《计划法》的考察报告①

（一九九四年四月十五日）

　　根据国务院法制局的安排，应墨西哥财政信贷部的邀请，由国家计委秘书长魏礼群带领一行6人（国务院法制局1人）于1994年元月中旬赴墨西哥，对该国的计划立法工作特别是制定和实施《计划法》的情况进行了考察。考察期间，代表团分别与墨西哥财政信贷部的发展计划司、财政信贷司、预算政策司、预测统计司、法律咨询部等部门进行了座谈，并走访了墨西哥州计划财政部和联邦电力委员会。通过座谈和走访，对墨西哥在市场经济条件下进行计划管理和健全计划法制工作有了基本的了解。

　　墨西哥是一个拥有196万平方公里国土和8000万人口的发展中国家。80年代以前，由于革命制度党长期执政，政策相对稳定，经济发展也比较快，1950—1970年20年间国民生产总值平均每年以6%的速度增长，1978—1982年连续4年突破8%的增长速度。到80年代初，已成为拉美国家中的第二经济大国，目前人均国民生产总值达到2800美元。自1982年始，墨西哥纠正了70年代末一度出现的政策失误，采取一系列宏观调控措施，逐步摆脱困境。尽管经济发展中存在着社会分配两极分化，今年年初以来，恰帕斯州贫困地区发生农民暴动等严重问题，但从总体上看，该国现代化建设取得了显著成就，综合国力在发展中国家行列中是居于前列的。之所以如此，有着不少国内外因素，而该国在市场经济基础上重视计划手段的运用，建立健全一套法制化的计划管理制度，使计划工作在法制化轨道上运行，则是一个重要原因。

一、计划工作的特点和民主计划体制

考察中了解到，墨西哥在市场经济基础上实行计划管理制度，有着以下五个特点。

（一）从事计划工作历史悠久

墨西哥早在 20 世纪 30 年代初，就开始重视计划工作，几十年逐步得以完善和加强。起初的计划工作既零散，又不成体系，也不那么奏效。到了六七十年代，计划工作进一步法制化、制度化。

（二）计划期限与总统任期制密切配合

墨西哥实行总统制，总统任期为 6 年。每届总统候选人在竞选中都要提出 6 年发展计划设想，竞选获胜后的 6 个月内，要将其 6 年计划设想加以修改、充实，并经议会审查批准，成为国家的经济和社会发展 6 年计划，公布后实施。每年初，总统都要以 6 年发展计划为依据，制定年度实施计划，把中长期计划与年度计划有机结合起来。

（三）国民经济和社会发展计划与财政预算计划紧密结合

计划目标、任务与预算收支挂钩。财政预算与计划、发展目标、国家直接支持项目、公共设施建设等投资活动相衔接，并实行严格的监督制度。墨西哥的联邦、州、地方三级都设立计划工作职能机构。1992 年前，联邦、州都有经济计划部。

（四）计划工作以《计划法》为依据

墨西哥在《宪法》中确立了计划工作的性质、内容、程序和要求，并早在 1930 年就制定了《计划法》，计划的制定程序、内容、实施和监督等，一律按《宪法》和《计划法》规范行事，计划行为规范化、法制化。总统每年向议会提交的工作报告，都要符合《计划法》，而且报告的第一句话就强调："依据《计划法》提出计划报告。"

（五）实行严格的评估制度，国家计划有始有终

对每一个年度发展计划的执行结果进行评估，是墨西哥计划工作的一个突出特点。评估的对象，是总统提交的《政府工作报告》《全国综合计划执行报告》和《财政预算报告》以及各行业、各部门的计划报告。评估的原则和要求是：（1）成果是否属实；（2）目标是否达到；（3）政策是否执行；（4）税收是否完成任务，是否按规定返还；（5）拨款用项是否合理，等等。《政府工作报告》评估的内容包括政治、经济、投资和统计数字等。由总统在每年11月1日提交议会讨论。《计划执行报告》的评估内容包括：国家主权安全；民主生活的保障与人权保护；公务员监督制度执行情况；财政使用是否合理；稳定物价和投资状况；税收、金融政策执行情况；各行业发展状况；国有企业经营情况和存在的问题；能源、通讯、科技、旅游业发展情况；居民生活改善及社会保险情况等。执行报告要在第二年3月前提交议会。这个评估报告是财政决算评估的基础。

墨西哥的计划工作制度有较完善的体系，具体表现在以下几个方面。

一是地方计划服从中央计划。墨西哥实行三级计划管理，即联邦政府计划、州政府计划和市政府计划。计划管理的原则是，下级计划必须服从上级计划。州和市有权根据本地方的特点和实际情况自主灵活地制定6年和年度计划，但州和市一级计划要根据联邦政府计划来制定，联邦政府计划中涉及全国性和州、市范围的总政策、发展目标、重点任务和优先发展的项目，所有地方都必须执行，这些方面下两级计划必须与联邦政府的计划相一致，以保证全国性计划的贯彻实施。

二是实行以中期计划为基础的计划体系。从时间期限看，有年度计划和中期计划（6年），年度计划以6年计划为基础，年度计划是6年计划的实施性计划。从层次性看，有联邦政府计划和地区规划，以及行业

规划，如卫生规划、环保规划、水资源利用规划、农业规划等。为保证重点发展，也制定一些专项规划，如扶贫规划、国土开发规划等。此外，还有总统指定的特别规划。

三是计划内容涉及多个领域。墨西哥国家计划内容相当宽泛，包括政治、经济、社会各个方面。例如《1989—1994年全国发展计划》，其内容共分为六个部分：（1）对计划基期进行全面总结；（2）计划期全国发展的目标和战略；（3）国家主权、国防和促进墨西哥对外关系的发展；（4）扩大人民民主权利（国家权利的保护、民主政治进程的完善、人权的保护和改善）；（5）稳定价格，恢复经济增长；（6）居民生活的提高和社会保障，旨在创立生产性和高酬金的职业，保证社会优先需求，加强环境保护，消除极端贫困，等等。

四是计划的编制和实施严格按程序办事。墨西哥的计划过程共分四个阶段：第一阶段草拟计划。其任务是酝酿和准备中期计划；确定发展目标和优先发展项目、实现计划的战略和政策；充分听取社会各界的意见和建议。第二阶段制订计划。其任务是对总计划和中期计划以及短期目标的主要内容和实施战略进行说明，在此基础上制订出有短期和中期计划的发展纲领。第三阶段为计划实施。其任务是对各项计划任务和要求的实施情况进行监督；同时，对总计划和中短期计划发展纲领的实施进行监督。第四阶段是计划评估。其任务是对总计划，以及各项具体发展计划和全国民主计划体制在一年中的运行结果，从数量和质量上进行评估。

五是计划的制定充分体现民主性，即墨西哥称作民主计划体制。墨西哥《宪法》规定，制定计划必须吸收社会各阶层人士参与，反映公众的意愿和要求。为此，各计划机构采取多种方式吸收社会各方面人士参与计划的制定和监督。例如，建立国家与社会团体之间，包括国有经济部门代表和企业、私有经济部门代表和企业，以及土著部落、普通社团和居民点的协商对话制度。为制订计划举行民众座谈会，吸收工人、农民、技术和专业人员参加，充分听取他们的意见，同时，还注重听取政党、众议员和参议员的意见。1993 年 3—9 月间，墨西哥州制定计划时组织各个方面发表意见，共产生 6000 多份文件，都作为计划文件存档。社会的参与性不仅体现在制订计划上，还充分体现在对计划实施的监督以及执行结果的评估上。

二、坚持依法规范计划工作

墨西哥通过法律形式规范计划行为，以及所产生的各种关系，保证计划工作依法进行。

墨西哥是联邦制国家，与其政治体制相适应，除联邦外，各州也有立法权。因此，墨西哥的计划法分为两个层次：联邦计划法和州计划法。

在 20 世纪初，墨西哥的计划工作就已逐渐在法律上得到确认。早在 1917 年墨西哥的宪法中就曾规定，必须通过政治组织和自由市政管理，制定国家发展计划。1930 年 7 月 12 日颁布的《墨西哥共和国总计划法》，标志着墨西哥的计划工作正式纳入法制轨道。进入 80 年代后，墨西哥国内外经济形势发生很大变化。从 1982 年开始，墨西哥进行经济体制改革，目的在于使经济从封闭走向开放，从公有制向更多私有制转化。在这种背景之下，由当时担任经济计划部长、现任总统的萨纳利斯主持，修改《计划法》，于 1982 年 12 月 29 日颁布了《墨西哥合众国计划法》即新《计划法》，重新调整和规范了各种计划关系。

新《计划法》的施行，对稳定和发展墨西哥经济起到了积极推进作用。首先，增强了国家宏观经济调控的效果。《计划法》规定了协商机制，这种机制可以保证联邦政府同联邦各单位管理机构协调行动，以使这些单位在其职权范围内协助完成国家计划项目，并使各州同联邦的行动相一致，从而保证了宏观调控计划和政策的贯彻实施。特别是 1988 年起始的现政府，实行宏观经济调整政策比较成功。这几年中经济连续增长。1992 年通货膨胀率由 1988 年的 51.7% 降到 12%，1993 年进一步降到 8%；1988 年财政赤字占国民生产总值的 11.7%，到 1992 年基本消灭财政赤字；外来投资大幅度增加，外债总额减少。其次，减少了政府部门对企业的行政干预。按照新的《计划法》规定，国家计划对于广大私有企业是一种指导性的计划。计划的这种性质，使私有企业的经营范围和生产积极性不断扩大和提高，联邦政府通过行使其法律赋予的职权，引导企业和社会团体共同实现国家发展计划。第三，社会参与计划是新《计划法》确立的重要原则。这样，国家发展计划获得社会各界广泛的支持与理解，从而有利于计划任务的实现。因此，新的《计划法》实施后的两个 6 年计划执行得都比较好。

墨西哥的《计划法》在明确规定了计划活动所涉及的一般关系外，对各类计划工作主体相互间（包括制定计划的机构）的一致性，以及计划的民主性和协调性、计划协商制度等方面进行了重点规范。全法共分为七章二十八条，包括总则、国家民主计划体制、社会参与计划、计划与规划、协调、协商与引导、法律责任等。其主要内容是：

（一）规定了计划立法宗旨和制定计划的原则

第一，关于立法宗旨。墨西哥《计划法》的立法宗旨有五项：1. 该项法律应当成为国家发展计划以及根据国家发展计划指导联邦政府行动的原则；2. 使国家计划体系能够完整地运行；3. 联邦政府可以依法协调联邦各方面的计划行动；4. 鼓励和保证社会各界民主参与计划的制定；5. 引导企业和个人的行为与计划纲领规定的目标相一致。第二，关于制定计划的原则。依照墨西哥宪法规定，制定计划是政府履行其职责，保证国家整体发展的手段，它应当顾及墨西哥的各项政治、社会、文化和经济目标。

（二）规定了国家的计划管理机构与职能

根据《计划法》的规定，联邦政府各个部门内具有计划职能的管理单位构成国家计划管理体系。各部门根据《计划法》规定的权限，分别履行不同的职责。《计划法》还对联邦政府计划机构和下属机构具体职能分别加以明确，以保证各机构各司其职。此外，根据《计划法》的规定，一些国家机构和总统设立的有关委员会，也在各自的权限内参与计划的制定和执行工作。

（三）规定了全国计划与部门规划、地区规划之间的关系

《计划法》规定，国家发展计划（全国综合性计划）指导部门规划和地区规划的制订和实施；部门规划、地区规划应当与国家发展计划相一致。部门规划要在国家总的发展计划指导下，具体确定建设项目、发展重点及为实现上述目的而采取行动的方针，同时提出和明确完成计划的手段方式及责任人。地区规划也必须与国家计划相衔接。如果某地区涉及国家发展计划中安排的国家级项目，该地区则被认定为国家重点或战略性地区。为了保证部门规划和地区规划与国家发展计划衔接，《计划法》还规定，地区规划和部门规划必须提交总统审议批准后方可实施。

（四）规定了计划民主协商制度

为了使联邦政府和地方、部门之间能够协调一致，保证各项计划的顺利实施，《计划法》还规定了通过协议协调有关方面关系的制度。第一，联邦政府可以同联邦各部门达成下列协议：1.通过提出建设性意见，参与国家计划制定；2.联邦政府、州、市要协调行动，并与国家计划要求相一致，同时鼓励社会各部门参加拟定计划的活动；3.在各自的职权范围内确定计划活动的方法。第二，联邦政府或者其下属机构可以同各社会团体或者有关个人签订完成国家发展计划的协议。这种协议是各方签订的具有约束性的协议，协议中应明确规定对于不能履行协议所造成的后果应采取的制裁措施。为了保证上述协议的履行，《计划法》还规定了在履行协议的过程中产生的纠纷由联邦法院裁决，从司法审查方面为计划的实施提供了法律保障。

三、几点建议

第一，我国实行社会主义市场经济，既要发挥市场机制的基础性作用，也应重视发挥计划手段的作用。墨西哥国家的经验，清楚地说明现代市场经济与计划手段不是对立的。改革传统的计划经济制度，建立社会主义市场经济体制，是要使市场在国家宏观调控下对资源配置起基础

性作用。在充分重视发挥市场作用的同时，不能否定计划手段的作用，国家计划仍应是国家指导、管理和调控经济的重要依据和手段，真正做到像小平同志所讲的"计划和市场都得要"。这一点，党的十四大报告、十四届三中全会通过的《决定》都已做了明确规定。在深化改革中，从理论到实践上都应全面把握社会主义市场经济体制的内涵，一方面，继续大力推进整个经济的市场化进程，以充分有效地发挥市场机制的基础性作用；另一方面，改革计划工作，按照建立社会主义市场经济体制的总要求，逐步建立科学有效的计划工作制度，使计划手段在组织、指导和管理国民经济与社会发展中发挥重要作用。

第二，继续抓紧制定《计划法》，把计划工作纳入法制轨道。墨西哥国家在制定和实施计划过程中是严格依法办事的。我国《宪法》赋予全国人民代表大会行使的职权中明确规定："审查和批准国民经济和社会发展计划和计划执行情况的报告"；全国人民代表大会常务委员会行使的职权中也明确写着："在全国人民代表大会闭幕期间，审查和批准国民经济和社会发展计划、国家预算在执行过程中所必须作的部分调整方案"。《宪法》在国务院的职权中规定"编制和执行国民经济和社会发展计划和国家预算"。《宪法》对地方各级权力机构和政府也作了类似的规定。我们认为，只要国家进行计划工作，编制和实施国民经济和社会发展计划，就需要有计划工作的法律依据。最近党中央批准的八届全国人大常委会立法规划中，明确把制定《计划法》列入了本届人大常委会立法规划。因此，应当澄清某些模糊认识和议论，加快《计划法》的起草进度，以保证我国计划工作依法正常运行，更有效发挥计划手段的应有作用。

第三，进一步加强中墨两国政府经济计划工作部门的友好往来。中国与墨西哥同属发展中国家，经济发展阶段处于大体相当的水平，实行市场经济体制，特别是墨西哥的计划工作有进一步研究借鉴的地方。加强两国有关部门之间的友好往来，既可以加深两国人民的友好往来，也可以借鉴实行市场经济的有益经验，互相取长补短。

附件

墨西哥合众国计划法

（一九八二年十二月二十九日）

第一章　总则

第一条　本法规定具有社会公共意义，旨在建立：

一、确立执行国家发展计划以及根据国家发展计划指导联邦政府行动的规定和原则；

二、保证国家民主计划体系得以完整运行；

三、保证联邦政府与联邦各单位协调计划行动的基础；

四、鼓励和保证社会各团体通过其代表民主参与各计划纲领的制定；

五、使个人行为有利于达到计划纲领规定的重点目标。

第二条　应把制定计划作为有效履行国家政府对国家整体发展责任的一种方式，应顾及墨西哥合众国宪法规定的各项政治、社会、文化和经济目标。因此，制定计划应遵循下列原则：

一、在政治、经济和文化上巩固国家主权、独立和自主；

二、保持和完善宪法规定的民主、共和、联邦、代表制度，将民主作为一种建立在不断改善人民经济、社会、文化生活基础上的体系而加以巩固，鼓励人民积极参与政府的计划活动；

三、在人民权利、满足人们基本需求、多方改善社会生活质量诸方面实行平等，以实现一个更加平等的社会；

四、绝对尊重个人隐私和社会政治自由与权利；

五、加强联邦制，鼓励各市自由，在保证国家的均衡发展的情况下，促进国民生活的多样化；

六、保持生产系数平衡，在社会经济稳定的情况下，保障和增加就业机会。

第三条　贯彻本法过程中，在联邦政府行使其调节和推动经济、社会、政治、文化活动职能基础上，遵照宪法和本法的各项规定、原则和宗旨，以改善国家境况为目的而进行的全国统筹安排应视为国家发展计划。

计划应确定各项目标、战略和重点，确定实行计划的手段、责任和时间，统一各项行动，并评估结果。

第四条　引导各社会团体按照本法规定民主参与制定国家发展计划是联邦政府的责任。

第五条　共和国总统将国家发展计划提交国家议会审议。议会行使其立宪和法律职能，可以在本法规定的各种情况下，提出其认为与执行、修订、调整国家发展计划有关的建议。

第六条　共和国总统向议会报告国家政府总体工作时，应明确提出其有关执行国家发展计划及各纲领部分的各项决定的情况。

国家政府应于每年3月向国家议会常务委员会提交有关执行计划及前段所提纲领结果的报告。

联邦财政部及联邦各单位年度账目报告应包括本条前两段所指内容，以便众议院对报告中有关国家计划项目和重点的账目进行分析。

第七条　共和国总统在向众议院提交收入法动议及支出预算草案时，应报告上述动议和草案的主要内容以及它们同按照本法第二十七条的规定为执行国家发展计划制定的年度规划之间的关系。

第八条　国务秘书及各管理局负责人向议会报告其年度账目时，应报告其负责的国家计划项目及重点的完成或进展情况，以及各预期行动的进行结果。同时还应报告其在完成上述项目及重点过程中使用经济、社会政策手段的结果。

在报告中还应解释出现的偏差及采取的改进措施。

本条款第一段所指官员及各半官方单位负责人在议会讨论某法律或者研究某与其所属单位或活动有关事务过程中受到召见时，应向议会报告该法律草案或事务与其部门负责的国家计划项目之间的关系。

第九条　中央政府分支机构应按照国家发展计划各项目及重点安排和引导其活动。前段规定适用于各准国家政府单位。为此，各国务秘书处及政府负责人应履行其法律赋予其作为该部门协调员的职责。

第十条　联邦政府提出法律、法规、法令、协议的动议草案时，应指明该动议草案与国家发展计划及各规划之间的关系。

第十一条　对本法规定文字表达不解之处，由联邦政府规划预算秘书处解释。

第二章　国家民主计划体制

第十二条　由联邦政府各部门负责的国家计划部分应在本法规定范围内通过国家民主计划体制制定。

联邦政府各部门内具有计划职能的管理单位构成国家民主计划体制的一部分。

第十三条　本法规定国家民主计划体制的组成及行使职责的原则，并规定制定计划的程序。提出、制定、监督、评估国家发展计划及此类规划均应按照这种程序进行。

第十四条　规划预算秘书处负责：

一、协调国家发展计划的各类活动；

二、参考联邦政府下属单位和各州政府的建议及有关社会团体的意见拟定国家发展计划；

三、在各州市政府的参与下草拟协调地区计划，拟定共和国总统指定的特别规划；

四、注意国家民主计划体制内产生的各计划和规划在拟定和内容上保持一致；

五、协调联邦政府下属各部门为制定计划进行的调查、培训活动；

六、参考各部门及州政府协调机构的建议，拟定有关实现国家发展计划和各地区及特别规划的年度规划；

七、定期检查联邦政府所属各部门的规划、预算及其完成情况与国家发展计划、本法所指地区规划、特别规划项目和重点之间的关系，以便在出现偏差时采取相应措施，以致必要时修改国家发展计划及其有关规划。

第十五条　财政公共信贷秘书处负责：

一、参与国家发展计划中财政金融信贷政策的拟定工作；

二、根据实际需要和公共信贷的使用情况，筹划和估计联邦政府、联邦各单位、各准国家政府机构在完成国家发展计划及各规划的过程中的进项；

三、行使其计划、协调、评估和监督银行体系的职能，力图完成国家发展计划及其各规定规定的项目和重点；

四、核实公共信贷的使用情况，以保证国家发展规划及各规划规定的项目及重点顺利完成；

五、考虑金融信贷政策、材料价格及联邦政府施工价格的因素，保证完成国家发展计划及各规划规定的项目重点。

第十六条　联邦政府下属机构负责：

一、根据其权限参与国家发展计划的拟定工作；

二、协调共和国总统根据联邦政府组织法指定部门内各准国家单位拟定计划的各种活动；

三、参考各部门、各州政府的建议及有关社会团体的意见，拟定部门规划；

四、保证部门规划与地区纲领及共和国总统确定的特别规划的一致性；

五、制定完成部门规划的有关年度规划；

六、考虑实行该规划的地域范围，争取使之符合于各州政府计划、规划的项目和重点；

七、监督其协调部门、单位的活动符合国家发展计划及有关部门规划，并完成第十七条第二部分所指机构规划规定的内容；

八、定期核查其协调部门各准国家单位的规划预算及其完成结果与部门规划规定的项目及重点之间的关系，以便在出现偏差时采取相应的措施，以至必要时修改其规划。

第十七条　各准国家单位负责：

一、按照其职能及性质提交建议，以此参与拟定部门规划；

二、当联邦政府作出明确决定时，根据有关部门规划的要求拟定本单位相应的规划；

三、拟定完成部门规划乃至本单位规划的年度规划；

四、根据各州政府的建议，通过其所属协调机构并按照该协调机构确定的地域，考虑本单位规划的地域范围；

五、保证机构规划与各部门规划的一致性；

六、定期核查其行动及完成结果与本单位规划规定项目和重点的关系；

第十八条　联邦政府计财秘书处应提供监督与判断国家发展计划及各规划项目及重点的依据。

第十九条　共和国总统应设立秘书处间委员会，负责应由数个国务秘书处或管理机构共同开展的拟定国家计划活动。

该委员会可以设立负责总统指定的特别规划的小组委员会。

如果与其事务有关，各准国家单位可以参加上述委员会和小组委员会。

第三章　社会参与计划

第二十条　国家民主计划体系应有各社会团体参与协商，以便人民对国家发展计划及本法涉及各规划的拟定、制定和执行提出自己的意见。

工人、农民、人民团体、学术团体、专业研究人员、企业组织及其他社会团体的代表应作为常设咨询组织，以参加民主协商座谈会的形式，参与拟定与其有关的计划。国家议会议员应同时参加上述座谈会。

为此应制定有关方面的法律，在国家民主计划体制内规定参与协商国家发展计划的组织形式及作用、程序、期限和范围。

第四章　计划与规划

第二十一条　国家发展计划的拟定、通过和公布应在共和国总统就任之日起 6 个月内完成。该计划可以包括其长期设想。但有效期不得超过总统任职期限。

国家发展计划确定国家整体发展的目标、战略和重点，包括实现上述目标的方法；确定实现该计划的方式和负责方；确定整体部门和地区性的基本决策；其计划涉及整个经济社会活动，并指导各类规划。

第二十二条　国家发展计划指导按照本章内容拟定的部门、单位、地区及特别规划。

上述规划应与国家发展计划一致。上述规划可以建立在更长期设想的基础上，但其有效期不得超过通过上述规划政府的执政立宪期。

第二十三条　部门规划服从国家发展计划，并具体确立项目、重点及该管理部门为实现上述目的而采取行动的方针，同时还确定完成规划的手段方式及责任方。

第二十四条　准国家单位拟定的单位规划服从国家发展计划及有关部门规划。准国家单位拟定其单位规划时应遵守有关组织和行使职能的法律。

第二十五条　地区规划涉及根据国家发展计划确立的国家级项目，该地区被认为是重点或战略性地区，其地域面积可以超越该行政区域。

第二十六条　特别规划涉及国家发展计划确立的国家整体发展重点或者与两个或两个以上部门协调机构有关的活动。

第二十七条　为完成国家发展计划和各部门、单位、地区特别规划，各部门和单位应制定包括管理和有关经济社会政策在内的年度规划。此年度规划应相互一致，并在本年度对联邦政府的活动进行宏观指导，为该部门和单位遵照有关立法拟定年度预算草案一体化奠定基础。

第二十八条　国家发展计划和上述条款所指各种规划将确定与各州政府和有关社会团体协调的具体行动。

第二十九条　国家发展计划和地区、特别规划应由规划预算秘书处提交共和国总统审议批准。

部门规划应在征求规划预算秘书处意见之后，通过有关部门的协调机构提交共和国总统审议批准。

单位规划应由核准国家单位管理机构提交部门协调机构负责人批准。

如单位非属某特定部门，上述规划应由规划预算秘书处批准。

第三十条　国家发展计划及各部门规划应在联邦政府的《官方报》上公布。

第三十一条　国家发展计划及各部门规划须按照有关法规规定的周期接受监察。监察结果以及后来对国家发展计划和各规划的修改，经联邦政府负责人批准后，也应在联邦政府的《官方报》上公布。

第三十二条　国家发展计划及各规划一经批准，联邦政府各部门均有义务履行其各自的职责，完成上述计划和规划。

根据有关可行法规，各准国家单位同样有完成上述计划和规划的义务。为此，其部门负责人应行使法律赋予其部门协调员的职权，对其单位的管理机构履行义务。

完成国家发展计划及各规划可以按照本法规定同有关社会团体的代表机构或同个人协调行动。

联邦政府通过行使其法律赋予的职能，引导个人乃至市民总体协助完成国家发展计划及各规划。

协调完成国家发展计划及其规划的行动，应首先向各州政府提出建议，并签订有关协议。

第五章　协调

第三十三条　联邦政府可以根据具体情况，同联邦各单位协调行动，以便联邦单位参与国家发展计划；在其职权范围内协助完成国家计划项目，并使联邦同各州的行动一致。在任何时候都应顾及各市的参与。

第三十四条　为实现上述目的，联邦政府可以同联邦各单位达成下列协议：

一、通过提出认为有关的建议，参与国家计划；

二、联邦、州、市应当协调行动，以保证每个州、市的整体发展计划顺利完成，并与国家计划保持一致，同时鼓励社会各部门参加拟定计划的活动；

三、在各自的职权范围内确定进行拟定计划活动的方法；

四、拟定本法第十四条第二部分所指地区规划；

五、采取各联邦单位应该采取的行动，让双方领导机构行使职权，同时顾及各有关市及社会各部门的参与。

为此，规划预算秘书处应提出适合于上述行动的建议，同时应考虑各部门协调机构在其职权范围内提出的意见。

第三十五条　签订本章所指协议时，联邦政府应明确中央政府机构有权参与各单位领导机构拟定计划的活动。

第三十六条　联邦政府的安排将与各联邦单位签订的协议在《官方报》上刊登。

第六章　协商与引导

第三十七条　联邦政府本身或者通过其下属单位，以及各准国家单位可以同各社会团体的代表处或同有关个人协调完成国家发展计划及各规划的行动。

第三十八条　实施上一条款所指的协调行动，应由各方签订具有强制性义务的协议。协议应明确规定对于不能履行协议所造成的后果应采取的制裁措施，以保护整体利益，保证协议能够按时如约完成。

第三十九条　根据本章签订的合同和协议应视为公法。

在签订和履行合同以及协议过程中产生的纠纷应由联邦法院裁决。

第四十条　联邦政府和联邦各单位的支出预算草案、非上述草案包括的准国家单位规划和预算、收入法动议、联邦政府下属单位为引导社会各部门的行动，以及执行经济社会政策的方式，都应与本法所涉及国家发展计划及各规划规定项目一致。

联邦政府本身及各准国家单位同社会团体代表处或有关个人协调完成国家发展计划及规划时,应着重上述项目和重点。

第四十一条 为加强、推动、调节、限制、引导、禁止私营经济、社会活动,法律赋予联邦政府行使职权的政策,应符合国家发展计划及各规划的项目和重点。

第七章 责任

第四十二条 对于在行使其职权时违反了本法有关国家发展计划及其规划规定的联邦政府官员,应给予警告纪律处分;如其错误严重,部门或单位负责人可以将其停职或调离岗位。

该部门或单位负责人应将本规定所指纪律处分结果向上级主管部门汇报。

第四十三条 本法所指责任不影响可能因同一过失引起的民法、刑法或公务员法责任。

第四十四条 联邦政府同联邦各单位签订协调协议时,应提议增加对未能完成协议及附属协议者进行制裁的条款。

因上述协议产生纠纷时,应按照共和国宪法第105条的规定,提交最高法院处理。

附 则

第一条 本法自联邦政府《官方报》公布第二天起生效。

第二条 第六条第二、三部分自1984年起生效。

第三条 1930年7月12日在联邦政府《官方报》上公布的《共和国总计划法》失效。其他与本法有抵触的法律失效。

第四条 本法规定发布后,以前颁布与本法无抵触的规定仍然有效。

第五条 本法一经公布,联邦政府应着手对现行其他有关计划法规进行审议;必要时提出修改动议。

在《中国煤炭运输研究》项目报告会上的讲话①

（一九九四年四月二十五日）

各位女士、各位先生：

十分感谢瓦德华先生、史清琪女士两位项目负责人的报告，以及库比先生、孙旭飞先生对项目的具体介绍，也十分感谢几位专家的发言。在各位的关心与支持下，《中国煤炭运输研究》报告会开得很好！这是一个研究项目的报告会，也是项目成果的宣传推广会，对各方面了解项目的研究过程、研究方法、研究成果及其重要价值，起到了很好的作用。国家计委甘子玉、叶青、桂世镛、佘健明副主任对这项研究很关心，今天他们未能出席会议，我受桂世镛、佘健明副主任委托，并代表国家计委对 CTS 项目的圆满完成及其取得的可喜成果和对此次报告会的成功召开，表示祝贺！

《中国煤炭运输研究》从 1987 年立项，到 1991 年底完成，并在中国通过了鉴定。同时，世界银行也进行了审定，已准备向世界公开发布。1993 年 6—9 月，在甘子玉副主任向世行提出支持中国加强煤、电、运研究的建议后，经济研究中心根据桂世镛副主任的指示，又与世界银行共同进行了一段工作。在世界银行的帮助下，采用了世界先进的

---

① 本文是时任国家计委党组成员兼秘书长魏礼群带领国家计委代表团参加在美国波士顿由世界银行组织 CTS 项目弗朗茨·爱德曼奖决赛项目《中国煤炭运输研究》项目报告会上的讲话。此次同行者有史清琪、曹威、周大地、孙旭飞、于小东、朱浩文。

研究方法，为解决中国煤、电、运的综合平衡与布局问题，提供了一个很好的决策工具。虽然世界上一些产煤大国，如美国能源部也在应用这个模型进行规划，但中国与美国有所不同，一是中国一次能源消费以煤为主，美国以石油为主；二是中国交通运输业是瓶颈产业，不像美国那么发达；三是中国煤炭产地远离工业消费区，更进一步带来了运输的困难。所以，解决中国煤炭运输问题，必须把煤、电、运统一起来加以考虑。国家计委和有关部委一直是按煤、电、运综合平衡来进行规划和考虑发展战略的。CTS 研究组的工作，不仅借鉴了西方国家的先进方法，还把我国多年的实践经验放入了模型，这是一项很有意义的研究尝试。国家计委领导和在座专家对该项目的咨询多达十几次。这样，模型运转出来的结果，比较接近实际。这个项目的研究目标明确，具有很大的针对性和现实性，是关系我国经济当前和长远发展的重大课题。研究方法里有创新性，研究成果里有实用性，有着很高的实践价值。这是 CTS 项目小组全体人员花费大量心血的成果，也是各方面领导、专家关心和支持下的成果。

当然，这项研究成果还有待进一步开发，今天大家为推广和应用这项成果提出了一些问题和建议，希望研究中心的领导和项目成员认真考虑，也希望有关司局、有关部门、行业的领导和专家继续关心与支持这项成果的完善，并考虑推广应用。

世界银行驻京办事处高级官员达吾德先生是原中国局交通处处长，对这个项目一直给予关心和帮助，让我们向他表示感谢！瓦德华先生是 CTS 项目负责人，同时也是负责对中国第六期、第七期交通项目贷款的负责人，他谈到该项目研究不仅达到了预期目的，而且还对第六期、第七期贷款提供了重要参考，我们听了十分高兴。从 CTS 这张图上可以看出，在能源基地附近的运输线路几乎全是"瓶颈"区段，其他地方"瓶颈"也不少，希望达吾德先生、瓦德华先生向世界银行反映这些情况，在资金和技术援助方面能对中国给予积极考虑。

另外，瓦德华先生、库比先生都提出要继续共同研究、推广和应用
CTS 成果的建议，这是我们共同的愿望，我们是支持这一建议的。希
望各位继续关心和帮助《中国煤炭运输研究》成果的完善、推广和应
用，使之在经济实际工作和经济建设实践中发挥应有的作用。

在福建厦门召开《招标投标法》国际研讨会开幕式上的讲话①

（一九九六年一月二十九日）

各位专家、女士们、先生们：

这次由国家计委政策研究室与联合国工业发展组织（UNIDO）共同召开的招标投标法国际研讨会，现在开幕了。在我国胜利完成"八五"计划、制定并开始实施"九五"计划和2010年远景目标之际，我们召开这次国际研讨会，具有非常积极的意义。应邀参加会议的外方代表有联合国工业发展组织的官员和专家；中方代表有国家计委、国家经贸委、建设部、内贸部、全国人大财经委、国家行政学院等国家有关部门，以及福建省、厦门市计委的官员和专家。大家聚集在这里，共同探讨招标投标立法中的理论和实际问题，我们深感荣幸。在此，我谨代表《招标投标法》起草领导小组和会议组织者，并以我个人的名义，对与会的中外代表表示热烈欢迎和衷心感谢！

去年，党的十四届五中全会通过的《中共中央关于制定国民经济和社会发展"九五"计划和2010年远景目标的建议》明确要求，全面推行招标投标制度，把市场竞争机制引入投资领域。中国在改革开放之后，

---

① 本文是魏礼群时任中央财经领导小组办公室副主任、《招标投标法》起草领导小组负责人在厦门市召开的《招标投标法》国际研讨会开幕式上的讲话，刊登于1996年3月5日《计划工作法制动态与参考》第1期（总第77期）。

就在工程建设、进口机电设备、机械成套设备、科研课题、出口商品配额等领域实行招标投标制度。经过十多年的实践，取得了显著的经济效益和社会效益。由于中国的招标投标工作起步较晚，法制不健全，又处在新旧体制转轨时期，因此还存在着不少问题亟待解决。为此，八届全国人大将《招标投标法》列入一类立法项目，并委托国家计委牵头起草。国家计委组织国家经贸委、建设部、内贸部等部门于1994年6月开始起草工作，经过大量的调查研究，反复征求各地方、各有关部门的意见和建议，并借鉴国际上的通行做法，起草了《招标投标法》初稿。由于我国招标经验不足，有许多问题还需要进一步研究，希望各位专家发表意见。

这次国际研讨会的主要任务是，对招标投标的基本原则、招标范围和方式、招标投标程序以及监督管理等问题进行讨论。我们期望通过分析我国现实情况，并研究和借鉴外国经验，修改、完善《招标投标法》初稿，力求制定出一部既反映中国特点又与国际接轨的《招标投标法》。

女士们、先生们、朋友们，这次会议的顺利召开得到了厦门市计委的大力支持。在此我代表与会全体代表向他们表示衷心的感谢！厦门是我国改革开放的前沿阵地，呈现一片生机。本次会议在这里召开，将使与会专家和朋友加深了解我国改革开放的重大进展与明显成效。

最后，预祝这次国际研讨会圆满成功！

附件

《招标投标法》国际研讨会简报

（一九九六年三月一日）

1月28日至1月31日，国家计委政策研究室与联合国工业发展组织（UNIDO）在福建省厦门市联合召开了"《招标投标法》国际研讨会"。会议对国际上通行的招标投标制度和《招标投标法（草稿）》（以下简称《草稿》）进行了研讨。联合国工业发展组织官员冯色卡（Seidl）先生，挪威奥斯陆大学教授（原挪威司法部部长）奥森（Olsen）先生及英国专家布莱恩（Brian）先生等外方专家，以及国家行政学院、全国人大财经委员会的中方专家应邀参加了会议，与会的还有建设部、内贸部、中国机电设备招标中心和国家计委政策研究室、投资司、经贸司、重点司等单位的代表。

中央财经领导小组办公室副主任（《招标投标法》起草领导小组负责人）魏礼群同志主持了开幕式并致辞。

福建省副省长王建双、厦门市委副书记兼常务副市长朱亚衍会见了全体与会代表。

国家计委政研室副主任戴桂英就起草《招标投标法（草稿）》的基本原则、规定的重点和尚待进一步研究的几个问题作了说明。外方专家对国际上通行的招标投标制度做了较为详细的介绍，并与中方专家一起对《草稿》做了系统的评价，提出了许多极有价值的建议。总的说来，这次会议取得了很大的成果，使我们对国际招标采购制度有了基本的了解，把我们对招标投标制度的认识向前推进了一步，将对我国招标投标法的起草工作产生积极的影响。

通过这次会议，增进了中外专家学者的友谊和相互了解，为我们以后加强合作积累了宝贵的经验。外方专家也对会议组织的成功和所取得的成果表示满意。现将会议的基本情况做如下简报。

一、关于《招标投标法（草稿）》的框架结构

《草稿》共七章，六十九条，对招标投标的基本原则、招标范围和方式、招标投标参与人、招标投标程序等内容做了规定。专家们对《草稿》给予了肯定，认为《草稿》的基本框架和主要内容是可行的。奥森先生说，《草稿》的框架结构与国际通行做法基本上一致，条理清楚，体现了国际招标活动的发展趋势，从结构到内容都比较完善。应松年教授也指出，《草稿》的框架结构是合适的，既较好地处理了招标人与投标人之间的民事法律关系，又对具有国家宏观管理性质的政府、国有企事业单位的公共采购活动做了特殊规定，还对发生在政府管理与监督活动中的行政法律关系做了明确界定。《草稿》在总体框架、基本思路及招标投标基本制度等方面都规定得较为客观，尤其注意到了所调整社会关系的复杂性，结构妥帖，框架完善，已经为下一步的修改工作打下了坚实的基础。但是，很多专家也指出了《草稿》中的一些不足之处，如有的内容略显单薄、空泛，建议在今后修改中规定得更详尽、更具体，以增强在实践中的可操作性，防止某些人利用其中不完善、不规范之处从事不正当交易。

二、关于《招标投标法》与国际惯例接轨原则

专家和与会代表一致认为，"坚持与国际惯例接轨，兼顾中国实际"是制定《招标投标法》的指导原则。奥森先生对世界贸易组织、欧洲共同体、联合国贸易法委员会、世界银行和美国等五大国际招标体系以及美国、北约军事招标规则和北海石油天然气招标规则做了比较介绍，使与会代表对这些国际招标规则的共同点及各自的特点有了较全面的了解。他说，虽然这些规则因制定目的不同而在内容上有所差异，如世贸组织的招标规则旨在消除歧视、促进自由贸易和公平竞争；欧共体和世界银行的规则是为保障贷款方的利益及贷款的及时回收；而联合国贸易法委员会招标规则更多体现的是各国招标制度的一种折中和调和。奥森先生

还介绍了这些招标规则共同性的一些原则：（1）强制实施招标规则，保障其得以贯彻执行；（2）一般都按招标范围和方式、招标投标参加人、程序、法律责任的排列顺序来安排框架结构；（3）将工程、货物和服务三大内容作为调整对象；（4）将竞争性招标作为主要招标方式；（5）规定了国民待遇原则，禁止因国别不同而对投标人给予歧视；（6）一般都对技术标准做严格限定，以防止采购人利用技术标准的缺陷逃避招标；（7）明确禁止招标人与投标人在决标前的任何谈判；（8）严格执行招标程序，以保证招标活动"公开、公平、公正"地进行；（9）对招标"透明度"有很高要求，特别是招标信息和招标程序要公开、透明；（10）对投标人有资格要求，特别是重大项目对投标人要进行资格预审。奥森先生认为，《草稿》基本上反映了这些国际通行原则，但也基于对中国国情的实际考虑而作了一些适当调整。英国专家布莱恩先生也详细介绍了国际招标采购方面的一些惯例做法。他指出，招标本身所具有的经济效用使其得以在各个市场经济国家广泛采用，形成比较系统和完善的为政府和企业共同遵守的规则，这对中国的立法工作有着极大的参考价值，可以避免走弯路和少犯错误。国家行政学院应松年教授认为，国外任何行之有效的做法，只有与中国的实际情况相结合，才能成为《招标投标法》中有生命力的内容。一些专家还强调指出，对一般性的国际招标规则应注意借鉴和吸收，但决不能生搬硬套，必须考虑到我国的实际情况。

　　三、关于强制招标范围

　　专家和代表们一致认为，强制招标是国际上政府采购通行的做法。实践证明，唯有具备了强制性，招标这种采购方式的目的和优势才能得以发挥，不规定强制招标制度的法律是没有任何意义和效果的。《草稿》在进行大量调查研究和借鉴国外经验的基础上，将强制招标的范围限定在政府、国有企事业单位和国家绝对控股的企业的有关采购，这样规定是合适的。奥森先生介绍了世界贸易组织《政府采购协议》中的若干内容，指出世界贸易组织将向发达国家和发展中国家推行强制招标规则。

布莱恩先生指出，政府部门必须实行招标采购，这是美国、欧洲各国法律中共同性的一条规定。全国人大财经委员会办公室朱少平副司长指出，招标有助于提高采购质量、降低成本、保证公平交易。因此，从经济发展的角度着眼，最好对所有的采购活动都实行招标，但考虑到实际需要和采购的多样性、复杂性，普遍推行招标既无必要也不可能。鉴此，《草稿》只能实行强制招标与自愿招标相结合的原则，除《草稿》所规定的几种主体外，其他单位没有必须招标的义务。至于争论颇大的集体所有制单位应否作为强制招标主体，应松年教授认为，集体单位的财产为劳动者集体所有，只有该集体才有自由处分的权利，若规定其负有强制招标的义务，就等于为劳动者行使财产权设置了一项义务，这不是宪法规定的基本义务。故而不应将集体单位的采购纳入强制招标范围。

对于强制招标项目的限额问题，专家们一致认为，限额的规定是必要的，这涉及招标覆盖面及招标效益大小的问题。奥森及布莱恩两位外国专家介绍了欧洲共同体、世界贸易组织的有关规定，他们认为，招标限额一般是在以往经验的基础上根据各类商业合同金额的平均数并考虑通货膨胀等因素确定的。应松年教授建议，在《草稿》中规定若干金额幅度，区分不同行业、不同地区适用不同的等级，以适应我国产业结构不均衡，地区经济发展中存在"东西差距、南北差距"的实际情况。

四、关于招标方式

专家们指出，规范招标方式是《招标投标法》的一项重要内容，它决定着招标的竞争程度，也是防止不正当交易的重要手段。专家们讲，《草稿》规定的竞争性招标和有限竞争性招标方式，是国际上通行的两种基本招标方式。在国际惯例中，为了发挥招标在提高经济效益和防止腐败方面的优势，在决标前招标人与投标人之间的谈判是绝对禁止的。因此，《草稿》对议标这种采购商与投标人背靠背谈判的采购方式应予以严格限制。应松年教授认为，议标这种独具中国特色的方式有悖于招标的"公平、公开、公正"三项基本原则，在实际执行中暴露出来的弊端已有目共睹，考虑到这种方式在我国已存在相当长的时间且被广泛适用这一实际情况，《草稿》中对其加以确认也是必要的，但应作出一系列具有针对性的限制，如通过议标方式签订的合同必须严格审计等等。

五、关于招标投标程序

专家们一致认为，这是《招标投标法》中至关重要的一个内容。布莱恩先生结合自己多年从事招标采购方面的实践经验，对《草稿》第四章"招标投标程序"作了评价，特别是对招标文件的编写要求、制定技术规格的必要性提出了许多有价值的意见。奥森先生结合世界贸易组织的有关规定，对第四章提出了总体看法。他指出，大工程、项目融资（BOT）等复杂的招标项目，一般在接标之前都要对有意向的投标人进行人员、技术、财务和法律方面的资格预审，以缩短评标时间和提高工作效率，这已经成为各国普遍采用的一种做法。因此，建议《草稿》中单列一节资格预审内容，对资格预审的申请、程序、标准及举证责任等内容作出规定。此外，布莱恩和奥森先生都指出，最低报价不能成为评标定标的唯一标准，即使以其作为标准，也必须随着结算币种、汇率和关税的变化而相应调整。

六、关于招标投标代理机构

各位专家一致肯定了《草稿》规定的招标人自行招标和委托代理机构招标两种制度，以及代理机构作为中介组织的法律地位。应松年教授指出，从理论上讲代理机构所具有的专业性、公正性等优势决定了委托招标在大多数情况下会受到投标人的欢迎，但规定强制招标的采购必须委托代理机构进行是不适宜的，企业应该有在自行招标和委托招标之间自由选择的权利。中介组织应该有独立的地位并愿联合成行业，自我管理，自我约束，目前政府部门设立和管理中介组织的做法不利于中介组织的发展和自身的廉政建设，建议《草稿》改变这种现状，为在我国建立真正的、名副其实的中介组织作出表率。

布莱恩和奥森两位专家介绍说，欧洲各国和美国的政府采购一般都通过政府内部的专职招标机构进行，也就是说80%左右的业务由政府部门亲自进行，只有在采购标的较大或项目非常复杂时才委托代理机构。私营企业、股本较分散的合资企业以及地方政府的一些公益事业单位常委托招标。国外的代理机构既可以从事咨询业务，也可受招标人委托组织招标。两位专家强调指出，从法律意义上讲，代理机构是招标人法律人格的延伸，招标人对代理人的行为负有不可推卸的责任，并保有向代理人追偿的权利。因此，选择代理人时一定要慎重，尤其要将授权的范围和职责界定清楚。

与会代表还提出了需进一步研究的几个问题。如服务采购的含义和范围的界定；招标人是否有必要对落标者给予必要的解释和一定的补偿；招标人有权拒绝所有投标的几种情形；两阶段招标、备选方案招标等方式是否应在《招标投标法》中体现；中标通知书的法律效力以及整个招标程序中"澄清"与"谈判"之间的关系等等。这些问题的提出有助于我们对《招标投标法》的相关内容进行更深入的研究，更好地借鉴国外成熟的经验和做法，制定出一部既有适当超前性又有实际可操作性的法律。

会议结束时，联合国工业发展组织官员冯色卡先生做了总结发言。他指出，本次会议的召开是联合国工业发展组织与中国国家计委政策研究室进行成功合作的一个典例，目的在于使中国了解国际招标规则，希望中国根据自己的国情对此加以考虑和适用，制定出一部高质量的《招标投标法》。

关于第八次中国与德国经济和管理研讨会的报告①

（一九九六年七月二十六日）

中华人民共和国和德意志联邦共和国第八次经济发展与管理研讨会于今年 5 月 29 日至 31 日在德国波恩举行。这次研讨会的主题是：地区经济协调发展问题。出席会议的中方代表团以国家计委副主任佘健明同志为团长、中央财经领导小组办公室副主任魏礼群同志为副团长，由国家计委、财政部和中国人民银行的同志组成；德方代表团以经济部国务秘书罗伦茨·佘梅罗斯博士为团长，由联邦经济部、财政部及德国经济界的代表组成。会议期间，联邦经济部长莱克斯洛特和外交部国务秘书哈特曼分别会见了中方代表团团长、副团长。会后，德国联邦经济部还安排中方代表考察了一些地区和企业。

一、这次研讨会的主要特点

这次研讨会虽然只有三天的时间，但主题明确，内容丰富，所探讨的都是双方关心的问题，会议开得成功，达到了预期目的。归纳起来有以下三个特点：一是会前准备工作做得充分，双方主办单位都将对方的

---

① 本文是以时任国家计委副主任佘健明为团长、中央财经领导小组办公室副主任魏礼群为副团长的中国代表团给国务院报送的关于第八次中国与德国经济发展和管理研讨会的报告。

专家论文翻译为本国文字，并将全部论文汇集成册发给每位代表，双方代表在会前就对会议有所了解和准备。这是深入讨论问题，开好会议的重要前提条件。二是主题明确，都是双方共同商定和感兴趣的问题。目前德国正面临着统一后经济增长速度放慢，地区发展不平衡，失业率扩大的困难；中国正进入国民经济和社会发展"九五"计划时期，面临着如何协调地区经济发展问题。在这样的背景下，双方围绕地区经济发展和其他宏观经济政策（财税、投资、金融、对外贸易与合作等）展开热烈的讨论，并就各自关心的问题进行交流，收到了显著的效果。三是虚实结合，围绕研讨会的主题，既在会议期间交流了宏观经济形势和宏观经济政策，又访问了几个有代表性的地区，对地区经济政策、中小企业合作、环境保护以及经济合作领域问题进行了探讨和磋商。因此，加深了对研讨内容的认识。

会议结束时，双方就下次研讨会事项交换了意见，提出明年适当时候在北京举行第九次研讨会。

我们在与会内会外德国政界和企业界有关人士的接触中，深切地感到德国政府和工商界对中国经济充满活力和拥有广阔的市场非常关注，对进一步发展中德经济技术交流与合作表示出强烈的愿望。

二、德国协调地区经济发展的基本做法

（一）促进地区经济协调发展的法律规范明确，目标清晰，重点突出

在德国，地区经济政策的重要地位得到了广泛的确认，具有法定地位，诸多的法律条文都对缩小地区差距、改善地区结构和促进地区经济协调发展作了明确的规定。如联邦《基本法》（德国宪法）中规定：应在全国范围内实现一致的经济发展和居民生活水平；联邦和州负有改善地区经济结构的共同任务；联邦政府应为平衡地区间的经济发展而支出相应的财政资金。《联邦国土整治法》中规定：联邦领土在空间上应该得到普遍的发展。《联邦改善地区结构共同任务法》中规定：联邦和州应共同

出资对落后地区的开发建设给予补贴，等等。这些基本法律的规定，不仅成为制定和实施各类地区政策的基本依据，同时也从根本上确定了地区政策的重要地位和权威。正因为如此，德国的各级政府部门、企业及公民个人都对地区经济政策具有普遍的认同感和贯彻实施的义务感。这是实现地区经济协调发展的根本保障。

尽管德国各个时期的地区政策有不同的侧重点，实施力度也不尽相同，但其目标均可归结为一点：即尽可能地增强结构失衡地区和欠发达地区的经济实力，缩小地区间的生活水平差距。这一目标一直很清晰，一直是德国政府制定经济政策的主要原则。从总体上看，为了实现这个目标，德国各级政府大多采用了对重点地区的基础设施及关键生产领域进行集中投资和扶持的办法，从而达到吸引生产要素流入、促进地区经济增长的目的。二战以后国家地区政策扶持的重点是南方的传统农业地区和部分边境地区。70 年代以后，国家扶持的重点是北方的一些老工业区。两德统一后，新联邦州（原东德）与老联邦州（原西德）的发展差距成为第一层次的地区差距，因而国家区域政策的重点也就转向了对新联邦州的扶持上。

（二）制定和实施地区经济政策的部门权责明确、各司其职，相互配合

联邦政府中涉及地区发展政策的部门较多，如负责综合协调地区经济政策及其投资分配的是联邦经济部，负责区域规划制定与协调工作的是联邦区域规划、建筑和城建部，负责制定实施财政平衡方案的是联邦财政部。虽然几个部门共同负有地区经济协调发展的职责，但各部门都能以法律为依据而独立地开展工作，既各负其责，又主动配合，很少有推诿扯皮。此外，为统一协调和保证地区政策的顺利实施，联邦经济部设立"共同任务计划委员会"。该委员会是一个由经济部长领导的决策及协调机构，其成员由各联邦州和联邦政府有关部门的代表组成。其中每个联邦州各拥有一票表决权，联邦政府拥有的表决权票数则与各州的总和相等。该委员会一般每年举行若干次会议，主要任务是确定所要扶持

的地区、扶持措施、投资补贴的分配以及筹措必要的资金。从以往的经历看，该委员会的工作对于保障区域政策决策的民主化和科学化发挥了相当积极的作用。

（三）采取强有力的地区政策，促进全国经济的稳定协调发展

最突出的是以下两个方面。

一是建立财政平衡制度。为了缓解地区间的财力不平衡状况，德国在分税制基础上还采取了一些行之有效的财政平衡措施。一是纵向平衡：主要是联邦政府对州和地方政府，或州政府对地方政府的财政转移支付。这类财政支持的对象一般为经济欠发达的财力较弱地区，或特殊建设项目所在地区。纵向平衡的形式一般包括调整增值税分配比例、进行特殊（专项）财政拨款等方式。二是横向平衡：由较富裕联邦州对欠发达联邦州的财政转移支付。这种横向财政平衡措施是德国财政制度和区域政策体系中独具特色的重要举措，最终可使各州均能达到一定程度的收支能力平衡，避免州际之间财政状况的过分悬殊。横向财政平衡的计算方法虽然比较复杂，但却比较规范合理，已经为社会各界所广泛认可。

二是采取鼓励投资措施。为了鼓励各类投资主体向欠发达地区投资，增加就业机会，德国各级政府或单独或综合采取以下的特殊政策：（1）投资补贴。对于欠发达地区的投资者，不论其盈利与否，均给予5%—20%的投资补贴，以降低投资者的投资风险。两德统一前，这种政策主要用于原西德与东德的交界地区，统一后则主要用于原东德的5个新联邦州。（2）特别折旧。对于欠发达地区投资的企业，可允许其在1—5年内按最高不超过50%的额度提取特别折旧费，以鼓励投资者提前收回投资。（3）税收减免优惠。一是定期免征财产税和营业资本税，以提高企业投资盈利率。二是对投资性贷款减征所得税和法人税，从而为信贷机构降低部分风险。三是对部分地区的企业减免增值税，以增强企业的自我积累能力和竞争能力。

两德于1990年统一以后，原民主德国成为联邦德国的5个新联邦州，

从此也开始走上了机制转换和经济重建的艰难之路。振兴东部经济，既是德国各地区的共同任务，同时又是联邦政府所有经济政策（包括地区经济政策）的重中之重。

为了扶持东部地区发展经济，联邦政府主要采取两方面的措施：一是在政治体制上完全采用了原西德的法律规范和司法体系，在经济体制上也完全按社会市场经济的原则进行重构，这是新联邦州经济增长的体制保障和基础条件。二是联邦政府对新联邦州制定实施了一整套经济政策，从而为东部地区的经济增长提供了强有力的"驱动轮"。（1）联邦政府通过多种渠道向东部调拨巨额资金进行财政援助。从1991年到1995年底，用于新联邦州经济建设的西部公共资金总额已达8400亿马克，平均每年近1700亿马克。如此巨额的资金援助，对于增强新联邦州的财力，加快基础设施建设，促进产业发展和增加社会福利，无疑起到了关键作用。（2）针对东部地区在体制转轨过程中人才匮乏的状况，联邦政府通过多种形式，从西部调聘大量的高级管理及经营人员到东部任职或开展培训，以此来帮助提高东部人员的综合素质。（3）通过采用各种投资补贴、特别折旧、自有资本补助、欧洲复兴计划贷款项目等优惠措施，全面促进国内外对新联邦州的投资。1995年，东部地区的投资率已达53%，远远高于原西德在经济奇迹时期的投资率。预计东部地区固定资产的投资额将从1991年的920亿马克增加到1996年的2080亿马克。（4）全面进行交通、通信、电力、供水及污水处理等方面的建设与改造，着力加强基础设施建设。自统一以来，仅在交通、通信领域，联邦政府就已经向东部地区投入了近1000亿马克。（5）通过托管局对原国有企业进行大规模的私有化改造。从1990年到1995年，托管局共完成了近4万家企业的改制、改造，并由此带来了约2100亿马克的协议投资和增加了150万个就业岗位承诺。（6）通过投资补贴、税收优惠等政策，鼓励中小企业的发展。对于原有的大型联合企业采取化整为零的办法进行改组，将许多服务性、后勤保障性的单位尽可能地分流出去，实行社会化服务和管理。目前在新联邦州，新注册的企业要远远多于倒闭的企业，其中中小型的手工业企业和各种自由职业者异常活跃，发展势头旺盛。（7）通过大量发展劳动力市场、举办各种形式的职业技术培训等措施，促进社会劳动人口的充分就业，降低失业率。

从总体上看，德国东部地区尚未建立起一个能适应市场经济运行规律、具有较强自我发展与创新能力的经济体制，工业基础还相当薄弱，许多企业严重缺乏先进的管理经验，劳动生产率还比较低。面对这些严峻的问题，联邦政府已经意识到应该继续实施有效的政策，加强对东部的扶持，目标仍然是在东部建立起一个有活力的经济体系，使之能够依靠自己的力量适应市场竞争，同时能提供更多的就业机会和提高居民收入。联邦政府于前不久作出决定：要对一些困难较大的基础设施和工业领域，将一些投资促进政策的期限进行适当延长。

三、几点建议

通过研讨和考察，我们对德国地区经济政策的制定和实施情况有了深一步的了解。我们认为德国在促进地区经济协调发展方面的一些做法值得借鉴。为此，结合我国实际情况，提出以下几点建议。

（一）将促进地区经济协调发展当作重要的战略方针，认真加以贯彻落实

德国联邦政府对行业结构的协调，基本依靠市场手段。但将地区经济结构，即地区经济协调发展问题，作为一项一贯坚持的重要原则，进行较强干预。为此而形成了一套具有完备的法律、组织和政策的保障体系。这是德国经济长期保持稳定、协调发展的重要因素。我国地域广阔，地区之间的地理环境和自然条件差异很大，地区经济发展条件要比德国复杂得多。因此，必须引起高度重视，把地区协调发展问题作为各级政府的重要任务来抓。首先，要广泛宣传地区经济协调发展的重要意义，教育广大民众特别是各级领导干部，真正树立起"两个大局"（即沿海地

区先发展起来并继续发挥优势和沿海地区发展到一定程度后支持内地发展）的思想，对这一宏观战略方针不仅要统一认识，还要统一行动；发展经济既要追求一定地区内的"小协调"，更要兼顾全国范围内的"大协调"。其次，要坚持以区域经济协调发展为基本目标和原则，加快研究制定《国家地区经济政策纲要》，同时辅之以必要的立法，以此作为指导全国实施地区政策的行动纲领和根本依据。

（二）实施倾斜优惠政策，加快中西部欠发达地区的经济发展

组织专门力量，对《中共中央关于制定国民经济和社会发展"九五"计划和2010年远景目标的建议》和《中华人民共和国国民经济和社会发展"九五"计划和2010年远景目标纲要》所提出的关于支持中西部不发达地区经济发展的5项政策措施，进行细化设计，并使之尽快落到实处。财税及投融资政策在地区经济政策体系中起着十分关键的作用。除了要对已有的各项政策进行补充完善外，还可考虑采用下列具体政策：（1）对中西部地区资源开发和基础设施建设的大中型项目，可通过组织商业银行银团贷款的方式解决其资金问题；或积极支持有条件的项目发行股票和债券，拓宽融资渠道。（2）对符合国家产业政策、贷款期在10年以上的低息贷款项目，经批准可酌情减征一定幅度的企业所得税。（3）国家鼓励各类企业到中西部地区投资，并区分不同情况，在正常折旧的基础上，对投资企业新增加的投资额，在一定期限内再给予最高不超过50%的特别折旧。（4）对中西部地区属于国家鼓励发展的产业及投资项目，可实行投资方向调节税的零税率；并可对新办企业从投产之日起，免征企业所得税一年，减半征收两年。鉴于"九五"期间我国的财政仍然十分困难，对中西部地区实施财税优惠政策的倾斜力度和范围均不宜过大，至"十五"期间可视国家财力状况，适当扩大实施范围和加大倾斜力度。

（三）促进我国东部与中西部地区的人才交流，特别是各级领导干部的交流

目前我国地区之间进行人才交流的制度已初步形成，并已经取得一

定的成效。今后应进一步完善这种制度，把促进人才交流，特别是省、部和地区级领导干部的交流作为地区间对口支援的一项重要措施而加以长期坚持，并且要逐步扩大交流面，在增加数量的同时，不断提高交流工作的质量。

（四）设立国家地区经济政策的综合协调与决策机构

建议参照德国等国的做法，在我国设立一个由中央有关部门和各省（区、市）代表组成的地区政策委员会。委员会的主要职责是制定和实施我国地区经济协调发展的战略及其政策措施；确定国家财政转移支付的方案及各类地区开发基金、财政援助资金的使用方向及具体项目；受国务院委托，审查批准各方面提交的地区发展规划，研究解决有关地区经济发展的重大问题；等等。由于地区协调发展问题是我国经济社会发展中带有全局性及战略性的问题，该委员会的常设办公室宜设在国家计划委员会。

正确处理中央和地方的关系 ①

（一九九七年十二月）

　　中国是一个幅员辽阔、人口众多、各地区经济发展不平衡的大国，又是发展中的社会主义国家。正确处理中央和地方的关系，是国家政治生活和经济生活中的一个重要原则问题，直接关系到国家的统一、民族的团结和全国经济的协调发展。因此，我国从 70 年代末实行改革开放政策以来，围绕充分发挥中央和地方两个积极性，国家相继采取了一系列重要的调整和改革措施，有力地促进了全国经济和社会的发展。现在，中国改革开放和现代化建设处于重要的关键时期。在向 2020 年迈进的新的长征中，我们面临的重大任务，是要建立和完善社会主义市场经济体制，实现国民经济持续快速健康发展，为到 21 世纪中叶基本实现国家现代化的宏伟目标奠定良好基础。完成这样伟大的历史任务，需要坚持社会主义市场经济的改革方向，使改革在一些重大方面取得新的突破，并在优化经济结构、发展科学技术和提高对外开放水平等方面取得重大进展。而继续正确处理中央和地方的关系，充分发挥中央和地方两个积极性，则是一个涉及全局的重大课题。由于中央政府和地方政府关系问题涉及面相当广，本文拟分析在新的形势下我国中央与地方经济关系中存在的矛盾和问题，探讨合理调整中央政府与地方政府在经济方面的事权、

① 本文是作者在 1997 年 3 月参加国家计委举办的"迈向 2020 年的中国"国际研讨会上的发言，收入《迈向 2020 年的中国》一书。

财权、决策权的原则、任务及其途径。

一、近 20 年来中央和地方经济关系的变动概况

中国实行改革开放政策近 20 年来，伴随着建立社会主义市场经济体制的改革不断深化，在中央与地方经济关系的调整中，总的趋势特点是，实行权力下放，原来计划经济体制下中央集中过多、统得过死的状况已发生根本性变化。过去，经济、科技、教育、文化的各个方面，生产、建设、流通、消费、价格和社会发展的各个领域，基本上都是由中央政府集中决策，实行国家统一计划，地方和企业的决策权很小。现在，国民经济的市场化程度明显提高，地方的事权、财权和决策权广为扩大。举其荦荦大端如下。

第一，在工农业生产方面。1979 年前国家计委对粮食、棉花、油料、糖料等 25 种主要农产品实行指令性计划统一管理，并对这些产品的播种面积和总产量下达分省（自治区、直辖市）的计划指标。到 1985 年，国家已对农业生产领域全部取消指令性计划。目前，国家仅对粮食、棉花等 9 种主要农产品生产实行指导性计划管理。1979 年前，国家对占全国工业总产值 98% 以上的工业品生产实行指令性计划，层层分解到各省区市直至企业。而 1994 年工业生产中由国家计委实行指令性计划管理的部分，只占全国总产值的 4.5%。重要工业产品生产中，国家计委管理的已由 123 种减少到 11 种，主要是原油、煤炭、钢材、木材等关系国计民生、供求矛盾较大的生产资料，这些品种中实行指令性计划部分的比重也大为减少。目前，国家对工业生产基本上取消了指令性计划。

第二，在商品流通方面。1979 年前，国家计委负责平衡和分配的重要生产资料多达 256 种，而目前国家计委只对一部分原油、成品油、天然气和不到 40% 的煤炭实行计划指导配置。

1979 年，国家计划调拨的农产品、工业消费品和农业生产资料为 65 种，从 1994 年开始只对 14 种商品中的一部分实行计划管理。过去，国

家对进出口商品大多实行指令性计划管理，从 1994 年起已取消进出口总额的指令性计划。同时，大幅度缩减配额、许可证管理的商品品种，除极少数重要和特殊商品外，放开了对进出口经营范围的限制。价格管理也发生了根本性的变化。1979 年，绝大多数商品价格由政府决定，在社会商品零售总额、生产资料销售收入和农副产品收购总额中，国家定价的比重分别占到 97%、100% 和 92%。目前，绝大多数商品价格已经放开，由市场形成。在社会商品零售总额中，实行国家指导价的比重仅为 1.2%，国家定价部分只有 6.3%；在生产资料销售收入总额中，国家指导价的比重为 4.9%，国家定价的比重为 14%；在农副产品收购总额中，国家指导价的比重占 4.1%，国家定价的比重占 16.9%。

第三，在固定资产投资方面。1979 年前，全社会固定资产投资活动，从项目立项、资金筹集等到项目建设，基本上都由国家计划统一管理。经过改革，地方和企业的投资决策权不断扩大。目前，国家计委负责安排的投资资金来源，包括预算内投资、银行贷款和统借外债仅占全社会固定资产投资的 20% 左右。国家计委审批的固定资产投资项目的限额逐步提高，目前已从 80 年代初期的 1000 万元以上提高到能源、交通和重要原材料项目为 5000 万元以上，一般加工工业和非生产性项目为 3000 万元以上。国家对外商投资项目的审批限额也提高到 3000 万美元以上，其余项目均由地方和企业自主决定。

第四，在财政体制方面。过去，我国长期实行高度集中的"统收统支"财政体制。近 20 年来，先后进行了四次较大的财政体制改革，目的都是为了解决中央与地方的财政分配关系。1980 年，实行"划分收支，分级包干"的财政管理体制。按照经济管理体制的行政隶属关系，划分中央与地方的收支范围。1985 年，实行对各省（自治区、直辖市）"划分税种、核定收支、分级包干"的财政体制。1988 年，全面推行"财政包干"的办法。主要采取 6 种形式，即对各省（自治区、直辖市）和国家计划单列城市，分别实行"收入递增包干""总额分成""总额分成加增长分成""上解额递增包干""定额上解"和"定额补助"。这三次改革，打破了传统的财政体制"统收统支"的格局，调动了地方政府增收节支的积极性，促进了地方经济的发展。但是，由于这种"分灶吃饭"的财政体制，还明显带有计划经济体制的模式，与市场经济对财政管理的要求不相适应，出现了一些新的弊端。主要是，制约了中央财政收入的增长，削弱了中央财政的宏观调控能力。1980 年至 1993 年 13 年间，地方政府新增收入上缴中央的部分平均不到 10%，也就是说，90% 以上的新增收入都留给了地方政府，因而导致了中央财政收入占全国财政收入的比重逐年下降，由 1980 年占 51.4% 下降到 1987 年的 48.8%，1992 年中央政府直接组织的财政收入（不含债务）仅占全国财政收入的 28.7%。这种财政体制，强化了地方利益，不利于国家产业政策的贯彻执行，而且包干体制随意性较大，很不规范。因此，1994 年对财政体制又进行了第四次的重大改革。这次改革的核心是按税种划分中央与地方的收入。将维护国家利益、实施宏观调控所必需的税种划为中央税；将同经济发展直接相关的主要税种划为中央和地方的共享税；将适合地方征管的税种划为地方税。中央财政固定收入包括：关税、消费税、中央企业所得税、中央企业上缴利润等。地方财政固定收入包括：营业税、地方企业所得税、地方企业上缴利润、个人所得税、城镇土地使用税、固定资产投资方向税、房屋税、车船使用牌照税等。中央财政与地方财政共享收入包括：增值税，中央分享 75%、地方分享 25%；资源税：证券交易的印花税。同时，这次改革，建立了以增值税为主体、消费税和营业税为补充的新型流转税制；确立了中央财政对地方财政的税收返还制度，按照分税制方案测算，1993 年地方净上划中央的收入，由中央全额返还地方，并以此作为以后中央对地方的税收返还基数；1994 年以后，税收返还额在 1993 年的基数上，按增值税和消费税增长率的 1∶0.3 的系数递增，即上述两税每增长 1%，中央财政对地方的税收返还增长 0.3%。分税制的财政体制建立了收入稳定增长的机制。分税制之前，国家财政每年增收额徘徊在 200 亿—300 亿元，近几年每年增收都达 1000 亿元左右。1993 年，中央财政收入（不含债务收入）占全国财政收入的比重为 22%，而 1994—1997 年这一比重分别达到 55.7%、52.2%、49.8% 和 48.8%。1994 年全面推进改革，初步建立了与社会主义市场经济体制发展相适应的新的财税体制，初步规范了中央与地方的财政分配关系，取得了积极成果。

近 20 年来，我国在由计划经济体制向社会主义市场经济体制转变的过程中，为了充分调动地方的积极性，在科技、教育、文化、卫生等各项社会发展方面的事权，中央对地方也赋予了较大权力。同时，国家还对一些地方实行了某些特殊政策和灵活措施。例如，1979 年 7 月，对广东、福建两省首先实行特殊政策，扩大经济管理权；在深圳、珠海、汕头、厦门、海南创办经济特区，采取更加开放的政策；对大连、天津、上海、广州等 14 个沿海城市实行沿海开放城市的有关政策。所以，在全国逐步形成了全方位、多层次、多形式的对外开放格局，有效地推动了地方经济的迅速发展，并带动了全国改革开放和现代化建设不断取得新的进展。

总之，中国改革开放以来的历史进程，一个重要改革方面，是围绕发挥中央和地方两个积极性，不断调整中央与地方经济管理的权限，并取得了明显的成效。传统的高度集中的计划经济体制已发生了多方面的深刻变化。这对于发挥市场在资源配置中的基础性作用，充分调动地方、企业和劳动者的积极性，推进改革开放和经济发展，增强综合国力，提高人民生活水平，都起到了重要的积极作用。这也是中国改革开放 20 年来积累的一条重要经验。

但是，由于历史的和现实的多方面原因，现行的中央和地方经济关系还存在不少矛盾和问题，不适应建立社会主义市场经济体制和促进国民经济持续快速健康发展的要求。主要表现在以下几个方面。

一是中央政府和地方政府的职能范围和事权界限还不够科学、合理。

从发展社会主义市场经济的要求看，目前我国各级政府职能既存在着政企不分和管得过多、职能范围过宽的问题，又存在着该管的没有管或没有管好的问题。中央政府和地方政府仍基本上按行政隶属关系划分管理范围，在维系国家机器运转和发展社会经济事业方面各自的职能和事权界限还不够明晰，职能交叉、权责不统一的现象仍较多。例如，政府直接进行投资活动的领域仍过于宽泛，中央政府投资和地方政府投资范围和界限尚不够科学、合理。又如，中央银行和国有商业银行的分支机构设置和职能划分仍基本上沿袭计划经济的模式，等等。

二是中央和地方财政分配关系仍不够协调、规范。主要是国家财力集中度偏低，特别是中央财政捉襟见肘，不适应中央行使职权和支持社会经济事业的发展需要，事权与财权不相称，权力和责任不统一。有些该由中央政府承担的任务和解决的问题，往往力不从心。国有企业所得税按行政隶属关系共享的做法，不利于国有企业改革的深化，也不利于建立规范的税收制度。地区间实际占有财力的差距不断拉大，主要是东部沿海地区与中西部地区间的财政收入差距在拉大。合理、规范化的财政转移支付制度尚未建立起来，目前中央财政对地方的税收返还是保持原有体制中的既得财力，不是真正意义上的转移支付。现行财税体制中，仍然保留了以基数为标准决定转移支付的做法。这种做法在调动地方政府增收方面起着一定作用，但是强化了地区之间不合理的分配格局，形成了一种"受益地区长期受益，吃亏地区长期吃亏"的运行机制。这样，很难缓解地区间发展不平衡的矛盾，加剧了一些欠发达地区的财政困难。

三是中央政府和地方政府经济管理决策权需要进一步明确和法制化。中央与地方经济关系问题，说到底是集中与分散的问题。总的看来，有些应当由中央集中的则集中不够，宏观调控决策难以顺畅到位。有些地方过多地考虑本地区的局部利益，甚至出现上有政策、下有对策，有令不行、有禁不止的问题，以致影响了国家的整体利益和全国统一、开放市场体系的形成。另一方面，有些该由地方政府分散决策的权力还没有放下去，以致影响一些地方因地因时进行决策，不利于地方更好地发挥积极性。同时，在我国现行的基本法律中，对中央和地方政府经济管理权限尚缺乏明确、具体的规范，各级政府经济关系还没有完全走上规范化、法制化的轨道。

以上这些问题，有些是原有计划经济体制造成的，说明改革还没有到位；有些是经济体制转换中双重体制的痕迹；有些则是在改革过程中新出现的。只有坚持推进改革，才能从根本上解决目前中央和地方经济关系中存在的问题，也才能有利于顺利推进整个改革开放和现代化建设事业。

二、完善我国中央和地方经济管理体制的主要原则和任务

进一步理顺中央和地方的关系，完善有利于充分发挥中央和地方两个积极性的经济管理体制，必须坚持社会主义市场经济的改革方向，合理划分中央政府和地方政府的职能、权限。为此，应当遵循以下一些重要原则。

第一，使市场成为配置资源的基础。这是实行社会主义市场经济的根本要求。凡是应当而且可能由市场决定的社会经济活动，无论中央政府还是地方政府都不应插手其间。企业是市场的主体、投资活动的主体。必须按照实行政企分开、转变政府职能的原则，明确划分政府职能同企业和市场中介机构的职能。在市场经济条件下，政府管理经济的职能，主要是制定和执行宏观调控政策，搞好基础设施建设，创造良好的经济发展环境；同时，培育市场体系，监督市场运行，维护平等竞争，调节社会分配关系和组织社会保障体系，保护自然资源和生态环境，管理国有资产和监督国有资产经营，实现国家的经济和社会发展目标。政府运用经济手段、法律手段和必要的行政手段管理国民经济，不直接介入和干预企业的生产经营活动。明确政府职能，是从根本上解决计划经济体制中政府包揽过多、统得过死和中央与地方政府职责不清的重要前提，

也是使市场在资源配置中发挥基础性作用的重要保证。

第二，必要的集权和适当的分权相协调。在属于政府管理经济的职能中，必须处理好集权与分权的关系。总的原则应当是，既要维护国家宏观调控的集中，又要在集中指导下赋予地方必要的权力，既要有体现全局利益的统一性，又要有统一指导下兼顾局部利益的灵活性。在这一原则下，明确中央政府和地方政府各自的事权、财权和决策权，保证中央拥有宏观调控的应有权力和实力，同时正确引导和充分调动地方的积极性，发挥各地优势和资源潜力，并做到权力和责任相统一。

第三，坚持以事权决定财权和决策权。鉴于我国中央政府和地方政府各自的事权范围和职责尚不够清晰，首先要进一步合理划分中央和地方的事权范围和职责界限，在这个基础上相应调整财权、投资权和调控权。不然，财权、投资权和调控权的调整缺乏科学的依据。大体说来，涉及国家统一、安全和关系社会经济全局性、长远性、协调性发展的事业，应当属于中央政府的职能、职责；凡属于地区性社会经济发展的组织、管理和建设事业，应当划归地方政府的职能、职责。在新的中央与地方经济关系中，中央政府与地方政府的经济管理权力和财力最终支配权与事权要保持对称。也就是说，使各自的事权与财权、决策权相适应，改变目前某种程度上事权与财权、决策权相脱节的现象。

第四，形成全国统一、开放、有序竞争的市场。中央和地方职能和调控权的划分，应当有利于培育和发展健全的市场体系，统一规范市场行为，打破地区、部门的分割和封锁，反对不正当竞争，创造平等竞争的环境，建立社会主义市场经济新秩序，防止产生"诸侯经济"。当然，既要保证全国市场的统一性、开放性，又要促进各地因地制宜、合理分工、扬长避短、优势互补、共同发展。

第五，建立完备的法律规范。按照依法治国的基本方略，完善有关的法律法规，进一步明确规定中央政府和地方政府的职能以及事权、财权和调控范围，以此作为调整和规范中央和地方关系的法律依据，从而使中央和地方关系走上法制化、规范化的轨道，保证相对稳定性。

根据上述原则，完善中央和地方合理分权和权责统一的管理体制，需要完成以下主要任务。

（一）合理划分中央政府和地方政府的职能和事权范围

中央政府的职能和事权主要有：（1）负责国家外交、国防、海关、立法、司法和全国性社会管理政策，保障国家的独立、统一和安全，保持良好的对外关系，维护全国正常的社会秩序和法律秩序。（2）制定和实施国家经济和社会发展目标、任务和政策，对全国发展方向、速度、总量、结构、生产力布局、国民收入分配原则进行决策，并运用综合手段加以实现。协调关系国家整体利益和全局发展的涉外经济活动。（3）涉及国家发展全局的基础设施和公共工程建设，包括全国性的金融、交通、通信、电力等基础设施建设，大江大河大湖治理和重大水利工程建设，全国性科技、教育、文化、卫生和高技术发展，以及重要地区生态环境和国土资源保护与整治等。（4）制定和实施调节社会分配政策和社会保障体系建设，协调公平和效率的关系，合理拉开收入差距，又防止收入分配上的两极分化，促进共同富裕。（5）促进地区经济协调发展和城乡共同繁荣。（6）制定市场规则，培育市场体系，保护正当竞争，建立全国统一的大市场。（7）推动改革开放的进程，制定和实施全国性改革方案，保证我国改革目标的实现。（8）建立财产法律制度，依法保护各类企业的合法权益，维护国有财产的所有者权益，保持国有资产的一定规模，促进国有经济质量的提高。

地方政府的职能和事权主要有：（1）负责落实中央制定的方针、政策和与本地区有关的任务和发展事业。（2）制定本地区经济和社会发展目标、任务和有关政策。（3）负责开发建设有地方特色的经济，各个省（自治区、直辖市）都应加强和稳定农业，包括负责本地区主要农产品的生产和流通。（4）为本地区提供公共产品和服务，包括地方基础性设施、地方公益事业和公共工程；发展本地区金融、科技、教育、文化、卫生事业；兴办社会福利事业，为居民福利提供服务；组织地区性社会保障事务。（5）保护本地区自然资源和生态环境，进行国土资源整治。（6）调节本地区经济发展，协调公平和效率关系，促进所辖地区经济和社会全面发展。（7）维护正常的市场秩序、社会秩序，保持社会稳定。（8）在中央方针、政策和具体部署指导下，组织和推动本地区改革和开放进程。以上这些，只是原则性的界定，在实际工作中还需要进一步具体化，作出合理的划分，尽量明确中央和地方各自职能和事权，以利做到权责相统一。

（二）宏观经济调控权必须集中在中央

宏观经济是反映全局的、整体的经济活动和利益。因此，涉及宏观经济总量平衡和重大结构调整的权力不能层层分散。宏观经济调控权，包括全国性的产业政策和生产力布局，收入分配政策，财税政策，货币的发行、基准利率的确定、汇率的调节和重要税率的调整，以及涉及经济政策和全国性法律法规等，这些权力必须集中在中央。这是保证经济总量平衡、经济结构优化和全国市场统一的需要。为了宏观经济调控有效地集中在中央，需要增强中央政府宏观经济调控的实力，保证其在政府调节中的主导地位。在我国，之所以要保证中央政府在政府调节中的主导地位，主要是基于以下五个原因：（1）中国正处在由计划经济体制向社会主义市场经济体制转轨的关键阶段，市场体系发育不成熟，要保证这种转轨的顺利进行，需要一个强有力的中央政府。（2）中国是一个后起的发展中国家，如果经济调控过于分散，不利于发挥后起国效应，不利于地区生产力布局的优化，也不利于发挥社会主义制度可以集中力量办大事的优势。（3）中国幅员辽阔，要保证全国经济的统一性，也需要有中央强有力的宏观调控。（4）中国地区发展差别很大，缩小地区间的差距，需要中央政府的协调与支持。（5）中国经济与世界经济的联系日益密切，为了提高国际竞争力，也需要中央保持应有的经济调控力量和决策权力。

（三）适当加大地方政府经济和社会发展方面的权力和责任

要进一步有区别地下放和转移中央政府现行的一部分职能和事权，将那些宜由地方政府、市场中介组织和企业行使的职能和事权转移出去。在传统计划经济体制下，许多本应是地方政府、市场中介组织和企业承担的事，也由中央政府包揽下来。虽然进行了近20年改革，这种状况有了一些改变，但这种包揽过多的格局尚没有完全打破。应当在保证中央政府有效宏观调控的前提下，赋予省、自治区和直辖市必要的权力，使其能够按照国家法律、法规和宏观政策，制定地区性的法规、政策和规划；通过地方税收和预算，调节本地区的经济活动；充分运用地方资源促进本地区经济和社会发展。应当将一些基础设施建设和大部分教育、文化、卫生事业和其他公共产品生产的事权下放给地方。同时，应当将社会保障、信息咨询、资信评估、会计服务等，交给市场中介组织。要规范地方政府的行为，改进地方政府领导人政绩评价的办法，把经济总量指标考核与经济结构、经济效益以及社会发展指标考核结合起来。

（四）改进中央政府对贫困、后进地区扶持的办法

为了缩小地区差距，中央运用一定的人力、财力、物力扶持贫困、后进地区，是完全必要的。但是在过去的实践中，往往只采取直接调拨的方式，既不利于受扶持地区的发展，也影响了经济发达地区的积极性，进而影响中央与地方的经济关系。因此，要建立起规范化的扶持体制和机制，包括实行分税制后，建立合理的财政转移支付制度，按一定标准向欠发达地区倾斜。要将直接调拨的"输血机制"改为培育市场环境、促使受扶持地区改善投资条件的"造血机制"。中央对贫困、后进地区的扶持，主要是帮助这些地区进行基础设施建设、改善投资环境，特别是修建铁路、公路，发展通信设施，以加强这些地区与发达地区的联系，加强中西部地区与东部地区的经济联系。最重要的是，要探索协调地区之间经济共同发展的合理、有效的机制。

（五）正确处理地方和地方之间的关系

这里包括省以下政府纵向的关系，也包括省与省之间的横向关系。处理好这两方面的关系，才能有利于各级政府积极性的充分发挥。要合理划分省、地、县、乡各级政府之间的职能和事权、财权、决策权。各级地方政府在各自职权范围内行动，上一级政府不干预属于下一级政府的权力和活动，下一级政府也不得越权行事。上下级政府要相互尊重和支持。同时，也要保持上一级政府对辖区内经济社会发展应有的协调与调节权力。我国有些地方政府管辖的地域广、人口多，明确上级政府对下级政府的领导和约束力是十分必要的。上级政府在其权限范围内决定了的事，下级政府必须坚决照办，不允许打折扣。在社会主义市场经济条件下，省与省之间是区域分工协作或联合的关系。与计划经济条件不同之处在于，这种分工协作和联合关系原则上是建立在商品市场关系基础上的。各省、自治区、直辖市要在国家法律和政策指导下，选择适合本地条件的发展重点和优势产业，实现区域间的优势互补、合理交换和联合协作，避免各地区产业结构趋同化，以利于各地区经济在更高的起点上向前发展。东部沿海省、市要发挥资金、技术、人才、管理、交通运输和对外开放的区位优势，在有条件的地方应率先基本实现现代化。中西部地区要加强改革开放和开发，发挥资源优势，发展优势产业。国家要加大对中西部地区的支持力度，优先安排基础设施和资源开发项目，加快实施规范的财政转移支付制度，鼓励国内外投资者到中西部地区投资。进一步发展东部地区同中西部地区以及各省区市之间多种形式的联合和合作。更加重视和积极帮助少数民族地区发展经济。通过多方面努力，逐步缩小地区发展差距。提倡先富起来的地区，帮助和支持后进地区的发展，逐步实现地区协调发展和共同繁荣。

为了使中央与地方经济关系规范化，建议研究制定《中央与地方经济关系调整法》，对中央政府与地方政府的职能和事权、财权、经济调节权等作出详细、明确、具体的规定，以使合理分权的体制切实做到法制化、制度化。

三、完善中央与地方经济管理合理分权体制的若干改革措施

社会主义市场经济条件下的中央与地方经济体制的形成，需要采取多方面的配套改革措施。财政分配关系在整个中央与地方经济关系中具有十分重要地位，加快完善财政体制改革是当务之急。金融、投资、流通等领域的改革也具有举足轻重的分量。必须把着力点放在综合配套改革上。这里，仅就当前需要抓好的一些改革方面提出以下意见和建议。

第一，进一步完善分税制财政体制，理顺中央政府和地方政府的财政关系。

在科学地划分中央和地方政府事权的基础上，合理界定各级政府财政支出范围，做到中央政府的事权由中央财政负担支出，地方政府的事权由地方财政负担支出，中央与地方的共同事权，也要以规范的方式明确规定各自负担的支出项目和比例。对事权和财政支出范围进行调整，可采取分步实施的办法，先对一些中央专款进行调整，一部分要随着规范化转移支付制度的建立逐步纳入支出基数，一部分原则上要取消，一部分可以继续保留，但应与贯彻国家产业政策和区域发展政策相配合。要适当调整中央与地方的收入范围，合理划分税收管理权限，提高中央政府财政收入占全国财政收入的比重，这一比重原则上应达到60％或略多一点。否则，目前中央财政困难的状况难以改变，中央政府承担的社会经济管理职能难以按要求履行。中央集中的资金，一部分用于增加中央财政承担的国防和国家机器正常运转方面，一部分用于加大中央财政规范化转移支付的规模。目前国有企业所得税按行政隶属关系划分和共享的做法，不利于政企分开和结构调整，应当抓紧改变。个人所得税由于其累进性质，是一个增长潜力较大的税种。国际经验表明，在一个国家经济起飞阶段，这一税收增长速度明显快于国民经济增长速度，一般都被划为中央税种或中央与地方共享税种。根据我国现实情况，可将国

有企业所得税改为中央税，个人所得税改为中央和地方共享税种。同时，在实行过渡性中央财政转移支付办法的基础上，加快建立规范化的转移支付制度。先根据中央财政财力的状况，建立过渡性转移支付办法，重点缓解民族地区和少数困难地区财政困难。要抓紧做好规范化转移支付制度的各项准备工作，采用科学方法评估测算各地的标准化收入能力和标准化支出需求，根据公平与效率兼顾的原则、调动中央和地方两个积极性的原则和法制规范的原则，用"因素法"取代"基数法"，逐步建立起规范化的转移支付制度，促进地区间财力的公平分配和公共服务水平的均等。要清理中央专项拨款。目前中央专项拨款的管理较为分散，使用缺少透明度，应结合政府机构改革，进行全面清理，减少其中一些不必要的项目。还要彻底清理全国收费和基金项目，即进行"费改税"的改革，这方面大有文章可做。1996年全国各种收费、基金总额为3622亿元（不包括社会保障基金1015亿元），扣除纳入预算管理的收费127亿元和拟取消的基金、收费120亿元，占当前财政收入的46%。显然，这一比重过大。改革总的目标是，建立以税收为主体、辅之少量规费的政府分配体系。

第二，加快和深化金融体制改革，完善中央和地方在金融领域的职能、权限。

在我国金融体系中，中国人民银行居于金融宏观调控和金融监管的地位，国有银行处于主体地位，发挥着主导作用。要按照"把银行真正办成银行"的要求，健全中国人民银行行使中央银行的职能；国家专业银行向商业银行转变，建立国有商业银行统一法人制度；同时，要建立国家相对集中、统一的证券业、保险业监管体制。1997年11月，在全国金融工作会议上对深化金融体制改革作出了明确部署，关键在于抓紧落实。为了充分发挥中央和地方两个积极性，要实行两个方面的改革。一方面，强化中央银行的宏观调控和对全社会金融业的监管职能，健全国有商业银行的功能。为此，要改变长期以来人民银行和国有商业银行分支机构按行政区设置的状况，精简管理层次和分支机构，并完善金融系统党的领导体制。这样改革，有利于中央运用金融手段引导和调控全国社会经济发展的规模、速度和结构，为实现国家社会经济发展目标和任务提供重要保障，也有利于建立社会主义市场经济条件下新型的政府与银行关系、银行与企业关系，使银行和其他金融机构彻底摆脱传统的计划经济体制的羁绊，同时还有利于防范金融风险，保证金融业安全、稳健运行。另一方面，在深化银行管理体制改革的同时，国有银行要依法按照贷款原则支持地方中小企业的发展，还要加快地方性金融机构体系的建设。区域性的银行应适当多发展一些分支机构，逐步增加城市商业银行、县（市）商业银行（股份制银行），还要发展合作制的城市信用社、农村信用社。发展这些地方性金融机构，可以满足地方发展经济对金融服务的需求。当然，地方金融业发展的规模和速度，要视国家金融监管的能力和实际需要慎重抉择。

第三，构造新型的投资体制，明确中央政府和地方政府的投资范围。

深化投资体制改革，根本方向是按照建立社会主义市场经济体制的要求，完善法人投资和银行信贷的风险责任制，使企业成为投资的主体。这是使市场成为配置资源基础的重要方面，应当大力推行。对于政府投资来说，应当划分中央政府与地方政府投资的范围，建立中央与地方的投资分工与协作关系。这是调整全国生产力布局，促进产业结构优化升级所必不可少的。目前，由于"政企不分"的体制因素，使得各级政府与各类企业之间的投资分工与协作范围不清，造成政府投资范围过宽。需要首先进一步明确这方面的范围界限。一般来说，中央政府和地方政府的投资分工范围，主要应限制在社会基础设施等公共部门。这里包括：（1）重要的农业、交通、通信、能源、水利等基础设施建设。因为这些部门具有投资规模大、建设周期长、资本回收慢的特点，完全依赖企业投资难以做到。否则，就会影响这些方面的建设规模和速度。政府参与这些部门的投资和提供帮助是十分必要的，这也是国际上通行的做法。

（2）有关人力资源开发和社会协调发展方面的投资。例如，科技、教育发展、职工培训、文化建设、医疗保健、环境保护、国土整治、人口控制等。这些方面的投资，对于实施科教兴国战略，促进经济健康发展和社会全面进步，有着重要意义。（3）帮助和支持某些战略部门的发展，主要包括基础研究、关键技术开发、支柱产业和高新技术产业的开拓等。这些方面的投资，对于培育经济发展后劲和在国际经济竞争中争取战略上的主动地位关系极大。（4）调整重大生产力布局，支持和帮助经济欠发达地区发展经济，促进全国各地区经济协调发展，也需要政府适当进行投资。在以上政府投资范围中，应由中央政府投资或以中央财政投资为主的，原则上是面向全国的、跨地区、跨部门的重大项目或骨干工程；一般重要的、属于地区性的，应由地方政府投资。当然，在投资资金来源上，可以是财政性投资，可以是政策性银行贷款，可以是统借统还国外资金；在投资方式上，可以是中央或地方政府独资，可以是中央政府与地方联合投资，也可以是两级政府与企业联合投资。从发展市场经济要求和实际生活状况看，控股投资或联合投资将越来越成为大量的和普遍的投资格局。这样，有利于充分发挥中央、地方和企业投资的积极性，也有利于协调各方面的经济利益关系。

第四，继续推进流通体制改革，进一步完善中央和地方两级重要商品储备制度和基金制度。

这里主要指的加强流通领域调控建设。首先，国家要逐步建立粮食、棉花、食油、猪肉、食糖、钢材、有色金属、纸张、成品油、化肥、农药、农膜等重要商品储备，并按照不同的调控目标，把国家储备分为战略储备和市场调节储备。同时，要加快完善储备管理办法、轮换更新制度和吞吐调节机制。地方主要是把粮食、油、棉、肉以及地方政府决定的其他商品储备建立起来，数量一般应不少于1—3个月的商品性消费量。其次，要抓紧建立完善中央、地方两级粮食、副食品的风险基金和价格调节基金，以及其他重要商品的风险调节基金。再次，建立比较完备的国家储备仓储网络，重点是在主要产销区、交通枢纽、沿海港口以及其他重要地区，建立和改造一批由中央政府直接掌握的大中型储备库。要完善重要商品的购销体制。当前特别要深化粮食流通体制改革。改革的方向，是把粮食企业完全交给地方统筹管理。要分清中央和地方的责任，不能再吃"大锅饭"。中央主要负责粮食宏观调控和专储粮的管理，地方政府要对本地区粮食生产和流通全面负责。中国是一个农业大国，各省、区、市的一个十分重要任务，就是解决好粮食问题。要继续实行"米袋子"省长负责制，就是要在中央的统一领导下，分级负责，以省为单位，实现粮食的地区平衡。当然，这并不意味着要求地方自给自足，而是要在全国统一指导下搞好地区内部的平衡，在地区平衡的基础上保证全国的综合平衡。为了发挥市场机制在资源配置中的基础性作用，必须培育和发展市场体系。要推进价格改革，建立主要由市场形成价格的机制。在保持价格总水平相对稳定的前提下，放开竞争性商品和服务的价格，理顺少数由政府定价的商品和服务的价格。在价格改革和调控上，中央政府和地方政府都应有各自的职责和权力。

第五，完善外贸、外资管理体制，合理确定中央和地方各自的职权。

这是建立中央和地方合理分权的经济体制的重要方面。在我国对外开放格局已经形成，并要进一步扩大对外开放的新形势下，正确规范两级政府的权限尤为必要。要进一步改革对外经济贸易体制，坚持统一政策、放开经营、平等竞争、自负盈亏、工贸结合、推行代理制的改革方向。国家主要运用汇率、税收和信贷等经济杠杆调节对外经济活动。在利用外资领域，中央政府要通过适时修订国家产业政策和实施支持、鼓励外资进入的政策，加强对全国各地利用外资的引导。地方政府在执行中央统一政策前提下，因地制宜地采取有效政策和措施吸收外资。借用国外贷款应由中央集中统一管理，并要建立中央和地方两级政府的还债基金，完善借、用、还相统一的机制。要统一和健全对外经济法规，维护国家利益和经济安全。

在全国进一步扩大对外开放的同时，进一步办好深圳、珠海、汕头、厦门、海南五个经济特区和上海浦东新区，鼓励这些地区在体制创新、产业升级、扩大开放等方面继续走在前面。鼓励中西部地区吸收外资开发利用资源，促进经济振兴。统筹规划，进一步规范和办好各类经济技术开发区，发展既有层次又各具特点的全方位对外开放格局。

建立和完善中央与地方经济管理合理分权的新体制，是社会主义市场经济体制建立过程中的一项非常重要而艰巨的任务。我们相信，随着我国改革的进一步深化和对外开放的继续扩大，一个适应发展社会主义市场经济要求的中央与地方合理分权的经济体制将日臻完善。

出席国际行政院校联合会年会并赴委内瑞拉、古巴访问情况的报告 [1]

（二○○九年八月三十日）

经国务院领导批准，8 月 3 日至 14 日，我率领国家行政学院代表团应邀参加在巴西召开的国际行政院校联合会 2009 年年会并发表主题演讲；同时，应委内瑞拉计划发展部和古共中央国际部的邀请，访问委内瑞拉和古巴。在所访问国家有关方面高度重视和我驻外使领馆的大力支持下，访问调研颇有收获，取得圆满成功。

一、基本情况

国际行政院校联合会成立于 1962 年，是世界行政院校系统最高层次的国际学术机构，目前有 185 个会员，中国国家行政学院是该组织负责亚洲事务的副主席单位。8 月 3 日至 8 日，国际行政院校联合会在巴西里约热内卢举行 2009 年年会，主题是"可持续发展的公共治理：公共行政教育与实践"，有 300 多名代表参加。根据大会安排，我在第一次全体会议上发表了《国际金融危机与公共行政创新》的主题演讲。主要内容是：全面系统地介绍了去年下半年以来中国围绕保增长、保民生、保稳

---

[1] 本文是魏礼群率领国家行政学院代表团应邀参加国际行政院校联合会 2009 年年会，并访问委内瑞拉和古巴之后报送国务院领导的报告。代表团成员有杨克勤、陈岩、陆林祥、姜秀谦、周洁。

定和可持续发展，积极应对国际金融危机、大力推进政府管理创新的一系列重要举措和取得的成效，着重阐述了中国的公共治理模式具有明显优势，完全能够克服任何可以预见和难以预见的困难和风险，确保经济社会可持续发展。演讲在与会代表中产生了良好反响。主持会议的国际行政院校联合会主席艾伦·罗森鲍姆说："这个演讲精彩和详尽，是一个经过深思熟虑和作了高度概括的演讲，十分清晰地反映了中国在应对国际金融危机中所采取的各种有效手段，这些经验对各国都是非常有借鉴意义的。"与会的美国公共管理协会主席保罗说："中国政府在应对这场国际金融危机中，采取了许多十分有力的措施，为阻止世界经济进一步衰退作出了很大贡献。没有中国的努力，世界经济形势会更加恶化。"

会议期间，我与艾伦·罗森鲍姆主席进行了友好会见，还分别会见了巴西行政学院院长阿马拉尔、波兰行政学院院长科萨普托维兹、法国国家行政学院院长布高等人，就进一步扩大双方合作交流深入交换了意见。

8月7日至10日，代表团到委内瑞拉访问。委内瑞拉高度重视，计划发展部部长豪尔赫·希奥尔达尼和两名副部长及外交部官员与我方会谈，并陪同考察委内瑞拉国家计划学院。希奥尔达尼多次说："委内瑞拉在查韦斯总统领导下，正在全面推进21世纪社会主义建设，需要学习中国的经验，需要加强与中国的合作交流，其中加强公务员培训方面的合作交流是很重要的内容。"委方在我赴委国的前一天，临时单方面提出在我访问期间签署一份备忘录，并提交了草拟的文本。经过协商，签署了《中国国家行政学院与委内瑞拉计划发展部关于培训高级计划公务员的谅解备忘录》。在委期间，代表团与部分曾在我院培训的委方学员座谈。

8月10日至12日，代表团到古巴访问。古巴同样高度重视，古共中央国际部部长马丁内斯、科学部部长蒙托亚、中央高级党校校长迪亚斯、全国人民政权代表大会外委会主席费罗等4名正部级官员先后与代表团会谈，双方就加强干部培训、开展合作交流等事项广泛交换了意见。

代表团还考察了古巴高级国际关系学院。

对这次访问调研，中国驻巴西、委内瑞拉、古巴大使馆和驻里约热内卢总领馆做了许多联络协调工作，给予了大力支持。

二、主要收获

（一）进一步密切了我院同国际行政院校联合会的关系

我院自 1995 年参加国际行政院校联合会以来，虽然每年都派代表参加会议，但规模不高，人数不多。这次我院不仅派出规格较高、数量较多的代表参加会议，而且派专人参加会议的组织工作。特别是在会议上发表了主题演讲，宣传了中国政府应对国际金融危机、创新公共行政管理的举措与成效，影响较大。国际行政院校联合会主席艾伦·罗森鲍姆十分满意，给予高度评价。在与我会谈时，艾伦·罗森鲍姆明确表示，希望中国国家行政学院在联合会组织机构和国际行政院校事业发展中发挥更大的作用，并提出一些具体建议，包括派人参加联合会的领导机构和工作机构、适当时候在中国召开有关会议等。

（二）进一步加深了对访问国家的了解

这次访问，亲眼目睹了三个国家的经济社会状况，考察了他们开展公务员培训的情况，加深了对做好拉美国家公务员培训工作重要意义的认识。在外交部、商务部支持下，国家行政学院自 2003 年开始举办拉美国家和加勒比地区中高级公务员培训班，迄今已举办 8 期，培训 160 多人，涉及 26 个国家。通过这次访问调研，我们既考察了这几个拉美国家的发展情况，又了解了他们对公务员培训的需求，这对我们有针对性地开展涉外培训工作大有裨益。

（三）进一步加强了同拉美有关国家的合作交流

巴西行政学院是学院重要的合作伙伴，于 2005 年就签署了合作谅解备忘录。这次在会谈中，我就进一步扩大合作交流提出 5 点建议，包括人员互访、互相培训学员、互相访学讲学、资料交换以及在办学方法和科研领域开展合作等。巴方表示完全赞同，愿意通过双方努力，不断开拓新的合作领域。

学院与委内瑞拉计划发展部的合作虽属首次，但取得实质性进展。双方签订了《关于培训高级计划公务员的谅解备忘录》，主要内容有5条，包括向委内瑞拉介绍中国计划工作的情况及有益经验，相互交流在政策领域向中央政府提供咨询的做法，共同开展在公务员培训方面重大问题的研究，两个学院之间互派官员、教师和学员等。委方要求尽快制定细化方案，在三年内实施。

古巴与我国有着传统的友好关系。在与古巴有关部门领导人会谈中，我提出3条建议：一是在多国培训项目中适当增加古方人员；二是根据古方需要，可以专门举办古方人员培训班；三是双方互派人员访问或讲学。古巴方面表示予以认真研究。此外，还与古巴高级国际关系学院就开展合作交流交换了意见，同时了解了他们开放式、透明式办学以及在学历教育方面的做法和经验。

（四）进一步扩大了国家行政学院的国际影响

扩大对外开放办学，是创建国际一流行政学院的重要内容和途径。这次访问，我们不失时机地宣传国家行政学院的性质、职能和重要作用，产生了积极效果。这些国家的有些机构和人员，对中国国家行政学院不甚了解，当听了我们的介绍后，他们表现出了极大兴趣和足够的重视。

三、几点建议

第一，从长远合作发展的角度加强对拉美国家公务员培训工作。

这次赴巴西、委内瑞拉、古巴访问，进一步认识到拉美国家在政治、经济、资源和地理位置上具有重要的战略地位，在国际事务中发挥着日趋重要的作用。目前不少国家的经济社会发展和政治、制度上的变革，使他们迫切需要加强对公务员的培训，尤其需要中国对他们的培训工作给予支持和帮助，他们在公务员培训中的一些经验和做法也值得我们学习借鉴。巴西、委内瑞拉等国家有着丰富的资源优势，同其开展经济、政治、外交关系等方面的工作，符合我国的外交政策和长远发展利益。积极开展对拉美国家公务员的培训，进一步加强合作交流，有利于双方互惠共赢。曾在我院培训过的古巴全国政权代表大会外事委员会副秘书长比尔马说："我在中国学习虽然时间不长，但对我产生的深刻影响是无法估量的，对我的一生都是非常重要的。我希望有更多的古巴人去中国学习，也希望中国能办更多的拉美班。"国家行政学院应把加强对拉美国家公务员培训作为工作重点之一，组织必要力量进一步搞好调查研究，制定出中长期规划和年度计划，并认真实施。

第二，希望国家有关部门对我院开放办学给予更多的支持。

对外开放办学，是国家行政学院的突出优势，同时，学院也具备这方面的能力和条件。党和国家有关部门对学院开放办学一直给予积极支持，希望中联部、外交部、商务部等部门，在培训计划、资金项目等方面，继续对学院给予更多的支持，建议发改委把学院与委内瑞拉签署的合作培训谅解备忘录列入中委会谈的内容。

第三，建议恢复学院"青年干部培训班"和开展学历教育。

举办"青年干部培训班"和开展学历教育，是国务院〔1996〕38号文件明确规定的学院重要职能。"青年干部培训班"我院曾举办过多期，效果明显。我们在这次访问调研中了解到，这些国家都十分重视对青年干部的培养，他们的行政学院都举办青年干部培训班和开展学历教育，并且希望我们对他们公务员培训学制长一些，完成学业后颁发相应的学历。因此，根据我国事业发展的需要和借鉴外国经验，建议有关部门尽快批准我院继续举办"青年干部培训班"和开展学历教育，以进一步发挥学院在培训国（境）外公务员工作的应有作用，更好地服务党和国家发展大局和外交工作大局。

携手应对危机挑战 ①

——接受德国《公民保护》杂志的采访

（二〇〇九年九月二十九日）

一、关于中德应急管理合作项目的政治意义及专业意义问题

近年来，中德关系发展良好，两国高层接触频繁，经贸合作不断扩大，科技、教育、文化、青年等领域的交流富有成果，在国际事务中沟通与协作日益增强。今年初，中国国务院总理温家宝成功访德，对推进中德具有全球责任伙伴关系的发展，起到了重要的作用。温家宝总理访欧期间，在与欧盟委员会主席巴罗佐会谈时明确提出："加强中国国家行政学院与欧盟有关国家及机构在应急管理方面的合作。"并将"中欧双方同意加强在应急管理方面的合作"写入了会谈后发表的中欧联合声明。今年3月24日，在中国北京签署了中德关于应急管理合作项目执行协议。我认为，这一协议的签署和实施，对于中国学习研究借鉴德国在应急管理方面的经验，提高各级政府和领导干部应对突发事件的能力和水平，进一步完善中国特色应急管理体系，提升应急管理教学培训、科研咨询和国际交流合作能力，具有重要的专业意义；同时，对于进一步加强中德

---

① 本文是魏礼群接受德国《公民保护》杂志的采访，全文发表于德国《公民保护》2009 年第 4 期。

之间的关系,增强战略共识,扩大合作交流,共同分享发展机遇,共同应对各种挑战,为建设持久和平、共同繁荣的和谐世界,也具有重要的政治意义。

二、关于德国怎样在应急管理合作项目框架内帮助中国改善灾难保护体系问题

中国是世界上自然灾害最为严重的国家之一。灾害种类多、分布地域广、发生频率高、造成损失重。洪涝、干旱、台风、冰雹、雷电、高温、沙尘暴、地震、地质灾害、风暴潮、赤潮、森林草原火灾和植物森林病虫害等灾害在中国都有发生。70%以上的城市、50%以上的人口分布在气象、地震、地质和海洋等自然灾害严重地区。仅2008年,全国就有4.7亿人次受灾,死亡和失踪88928人,因灾直接经济损失达13547亿元。在中国政府的坚强领导下,依靠全国人民的共同努力,我们虽然取得了抗击南方雨雪冰冻灾害和四川汶川大地震等自然灾害的重大胜利,但也暴露了中国在巨灾综合应对体系、灾难保护体系等方面还有不少需要进一步改进的地方。

德国在"灾难风险管理项目"的框架内可以从以下一些方面帮助中国改善灾难保护体系。在灾难的预测预警方面,如何充分利用现代科学技术特别是信息技术,建立起比较完善的预测预警体系;在综合减灾科普宣传教育方面,可以帮助中国建立面向中高级公务员、减灾工作者以及普通民众的,集教育培训和模拟演练为一体的教育培训体系;在非营利组织与志愿者参与综合减灾方面,可以帮助支持中国群众团体、民间组织和基层自治组织开展防灾避险知识宣传,指导中国基层民众掌握预防、避险、自救、互救和减灾等基本技能;在综合减灾法律和保险等制度建设方面,德国可以帮助中国进一步完善灾难保护的法律和保险体系,尤其是在巨灾综合应对方面的法律体系和保险体系,等等。

三、关于德国在中德应急管理合作项目中从中国可以学到什么的问题

中华人民共和国成立以来，中国政府在领导中国人民应对各种灾难过程中积累了丰富的经验，德国可以在中德应急管理合作项目中从中国学到很多东西。比如，学习中国应对灾难的强大社会动员能力。中国在应对各种灾难时，政府能够广泛进行社会动员，全民参与，政府、企业与各种社会组织之间有效地组合力量，形成政府主导、全社会共同参与的救灾格局，在各种灾害特别是巨灾面前，显示出强大的社会动员能力。又比如，学习中国应对灾难的统一指挥、协调联动机制。中国应对各种灾难时，政府进行统一领导和部署，公安、消防、气象、水利、电力、交通、民政、医疗、防疫等政府部门之间协调联动，一方有难，八方支援，打破条块分割、部门分割、地域分割、军地分割的界限，形成了协同应急救灾的巨大合力，发挥了社会主义集中力量办大事的体制优势。再比如，中国应对灾难实行军民结合、平战结合的有效做法。中国武装力量具有顽强的意志、严密的组织和超常的快速反应能力、应急机动能力及远程投送能力等，执行抢险救灾等非军事任务，具有体制优势，等等。可以说，中德应急管理合作项目是一个互利共赢的项目，不仅中国可以从德国学到很多先进的应急管理技术和经验，德国从中国同样能学到很多成功的做法和经验。

四、关于在应急管理协调方面中国能在多大程度上借鉴德国的经验问题

中国是一个单一制国家，德国是一个联邦制国家。由于中德在行政管理体制和政治、经济等体制上的不同，两国在应急管理协调的侧重点和机制方面也有很大的差异，但注重应急管理过程中的协调沟通则是两国共同之处。由于中国幅员辽阔，人口众多，地区、部门之间差别大，行政结构和层次复杂，而且目前正处在社会转型时期，各种利益矛盾的

协调任务比德国繁重，因此，在应急管理过程中对政府协调能力的要求更高。在这个问题上，我认为中德之间应相互学习借鉴，互相取长补短，达到共同提高的目的。比如，中国可以学习借鉴德国在协调政府部门与非政府组织之间关系的经验；德国也可以学习借鉴中国在协调整合政、军、民等各方面资源的经验，等等。

五、关于中国在应急预案工作方面有哪些需要改进的问题

中国非常重视应急预案工作。2003年"非典"后，国务院成立了应急预案工作小组，研究制定国家应急总体预案，组织国务院部委拟定专项预案和部门预案，指导各省（区、市）政府制定相应的应急预案。2005年1月颁布了《国家突发公共事件总体应急预案》，还编制了25件专项预案、80件部门预案。截至目前，在国家层面中国已经制定各类应急预案135万多件，各省（区、市）、97.9%的市（地、盟）和92.8%的县（市、区）和100%的中央企业均制定了应急预案，高危行业绝大部分规模以上企业也制定了应急预案，全国所有街道、乡镇、社区、村庄和各类企事业单位也完成了应急预案编制工作。中国已经形成从国家总体应急预案到专项应急预案、部门应急预案、地方政府应急预案、企事业单位应急预案、社区应急预案和重大活动应急预案，"纵向到底、横向到边"，贯通行政和各类组织层级，覆盖社会各个层面的应急预案体系，而且在各类突发事件应对过程中发挥了重要作用。

当然，中国的突发公共事件应急预案体系还有不少需要进一步改进的地方。比如，中国的应急预案内容比较原则，操作性不太强，大多应急预案缺乏实战演练；应急预案的专业化、标准化、规范化还不够，修订也不太及时等。这些问题已经引起中国政府的高度重视，并积极采取措施加以解决。例如，加强应急预案的定期评估与检查工作，据此对应急预案进行定期修订；加强应急预案实战演练，强化其可操作性；引入专家机制，提高应急预案的专业化、标准化、规范化水平等。

六、关于中德通过应急管理项目合作形成的人际关系网如何利用的问题

中德之间开展的长达3年的这一合作项目，双方不仅投入大量的人、财、物，而且在这期间一定会产生很多新的、融合大量相关经验和专业水平的高层人际关系网，这是一笔十分宝贵的财富。充分利用好这一财富，不仅对深化中德之间在应急管理方面的合作交流，具有十分重要的意义，而且对扩大中德在经济、政治、文化、科技等各方面的合作交流，推进中德具有全球责任伙伴关系的进一步发展，也具有重要的推动和促进作用。要利用好这一财富，关键要寻找一个有效载体，在我们之间架起一座能够进行长期合作交流的桥梁。国家行政学院愿意在这方面做更多的工作，一方面，做好这3年的合作项目的实施、协调等工作；另一方面，我们要充分利用这3年合作的成果为长期合作打下基础等。关于这个问题，我们可以进一步讨论研究。

七、关于类似德国这样的志愿者体系是否适合中国的问题

从我们的考察了解来看，德国的应急救援志愿者体系比较发达，组织有序、运转高效、救灾效果突出。德国在加强应急救援志愿者体系建设方面的一些成功做法，值得中国研究借鉴。

近年来，中国的志愿者体系发展迅速。1994年12月5日，中国青年志愿者协会正式成立，这标志着中国志愿者活动进入了有组织、有秩序阶段。中国青年志愿者协会与社区志愿者组织是中国规模最大的两个志愿者组织，他们都与政府机构有一定联系。中国青年志愿者协会隶属于共青团中央，它主要通过组织大型活动，推动全国性志愿者服务项目。社区志愿者组织隶属于民政系统，它的各级组织都与各级民政部门有一定联系，最基层的志愿者组织在街道居委会，并接受相应政府组织的领导与指导。截至2008年，中国的志愿者大约有500多万人。

中国的志愿者也大量地参与各种应急救援活动。例如，直接参与四川汶川大地震救灾的志愿者多达 400 多万，而全国间接参与汶川大地震救灾的志愿者人数就更多。当然，中国的志愿者参与应急救援活动还存在一些需要改进的问题。比如说，不少政府部门、志愿者组织和公众认为，应急救援是政府和专业人员的事，对志愿者的组织和队伍建设重视不够；志愿者组织缺乏必要的应急救援培训，专业化水平不高，救援能力不强；志愿者组织与政府之间缺乏制度化的联系沟通，志愿者组织发育滞后等。德国从志愿者组织的定位和培训、组织建设、社会参与渠道开拓、资金来源、运作模式、管理体制、法律保障等诸多方面入手，强化志愿者的组织体系建设和应急救援能力建设，这些做法值得中国研究借鉴。

赴意大利、欧盟总部、美国访问情况的报告①

（二〇一一年七月二十四日）

经国务院领导同志批准，6 月 12 日至 23 日我率领国家行政学院与中国行政体制改革研究会代表团应邀访问意大利、欧盟总部和美国。此次出访地域跨度大、行程安排紧、接触面广、内容丰富。访问期间，代表团与有关国际组织、相关国家政府部门、行政院校和重要智库等，进行了广泛的接触和交流，达成了多项合作共识。访问达到了预期目的，取得了圆满成功。现将主要情况汇报如下。

一、基本情况

6 月 13 日至 17 日，国际行政院校联合会在意大利罗马举行庆祝联合会成立 50 周年庆典大会，同时举行联合会执委会会议暨联合会 2011 年年会。我以联合会副主席身份参加了这些会议。根据大会安排，我在年会全体会议上发表了"全球金融危机后的公共治理"的主题演讲，阐述了这次国际金融危机给世界政治经济带来的深刻影响，指出了当前世界经济面临的风险和挑战，并从重塑公共治理新理念、构筑全球治理新体系、重建国际金融新秩序、建设世界可持续发展新格局、推动交流合

---

① 本文是魏礼群率领国家行政学院和中国行政体制改革研究会代表团赴意大利、欧盟总部和美国访问之后给国务院领导报送的报告。代表团成员有董青、丁茂战、姜秀谦、卢晓玲。

作新进展等方面，发表了对国际金融危机后提高全球公共治理水平的主张。我还介绍了中国未来五年经济和社会发展的战略目标和主要任务。演讲受到与会代表的普遍欢迎和热情赞扬，坐在演讲台下面的国际行政院校联合会主席特尔米妮当即走上讲台同我握手表示祝贺。赴意大利、欧盟总部、美国访问情况报告会议期间，我开展了多项双边会见活动，分别与国际行政科学学会主席金判锡、总干事洛利坦、国际行政院校联合会主席特尔米妮、副主席纽曼和前任主席罗森鲍姆、法国国家行政学院院长包康特、意大利罗马第三大学校长法比尼亚进行了会见。这期间，我还与中东欧公共行政学会、美国公共行政学会负责人和德国、意大利、波兰等国家行政学院院长进行了交谈。

6月17日，代表团到达比利时的布鲁塞尔，首先访问了国际行政科学学会、国际行政院校联合会总部，并就国家行政学院、中国行政体制改革研究会与两个国际行政学术机构之间进行交流与合作进行了会谈。接着，访问了欧盟总部，主要是推动落实马凯国务委员去年访问欧盟达成的成果。代表团与欧盟委员会国际合作人道主义援助和危机应对委员会格奥尔基耶娃办公室主任和发展援助总司等官员进行了会谈，就推动落实中欧应急管理项目和中欧公共管理二期项目合作事宜达成共识。

6月19日至22日，代表团到美国访问。首先访问了美国联邦政府人事管理总署并会见副署长格林芬和里克劳，专程访问了位于弗吉尼亚州夏律第镇的美国联邦行政学院，并与该院院长克莱默举行会谈，就加强交流合作问题做美国政府部门和学院负责人工作。代表团还访问了美国艾森豪威尔基金会，并分别会见了基金会理事会主席、美国前国务卿鲍威尔将军和总裁沃尔夫，访问了美国布鲁金斯学会并会见了布鲁金斯学会桑顿中国中心主任李侃如，就我方与这两个机构的合作达成共识。在美国期间，代表团还访问了联合国和世界银行，分别与联合国负责经济和社会事务的副秘书长沙祖康、世行副行长兼世行学院院长帕拉丹就中国国家行政学院同联合国经济与社会事务部和世界银行开展合作项目进行了会谈。我还会见了世行高级副行长、首席经济学家林毅夫。代表团访问期间，中国驻美国大使张业遂、驻欧盟使团团长宋哲、驻意大利大使丁伟、驻纽约领事馆总领事彭克玉等会见了代表团一行，为相关访问活动提供了热情周到的帮助和支持，并派有关人员参加了相关活动。

二、主要收获

（一）与国际行政院校联合会和行政科学学会的合作得到进一步加强

在国际行政院校联合会执委会会议上，执委会委员们对中国国家行政学院多年来与国际行政院校联合会的合作表示赞赏，尤其是对去年10月由中国国家行政学院和国际行政院校联合会共同牵头举办的"危机下的政府管理"国际研讨会的丰硕成果表示钦佩。同时，一致同意批准中国行政体制改革研究会成为国际行政院校联合会正式会员。联合会执委会希望中国国家行政学院在推动亚太地区国家行政院校参与联合会事业上发挥更大作用，提议明年上半年在中国召开亚太地区行政院校和公共行政研究机构国际研讨会，会议由中国国家行政学院和中国行政体制改革研究会承办，国际行政科学学会、国际行政院校联合会、美国公共行政学会协办，研讨会主题初步定为"服务型政府建设与绩效评估制度研究"，拟邀请亚太地区行政院校、公共行政研究机构领导人，共同探讨提高公共行政能力和绩效考评问题。会议期间，国际行政科学学会主席金判锡主动邀请中国行政体制改革研究会加入国际行政科学学会，在国际行政领域学术研究中发挥更大作用。

（二）与法国、意大利、欧盟、美国公务员研修培训合作取得重要突破

为贯彻习近平同志来学院考察时提出的"要更加重视吸引发展中国家和发达国家公务员来学院培训"的指示，落实马凯国务委员去年访问欧盟的成果，代表团把做发达国家公务员来我院研修培训工作作为重要任务，推动相关合作。

第一，与法国国家行政学院的合作。我与法国国家行政学院院长包

康特进行了友好会谈，双方决定加紧开展互派公务员研修培训，法方已决定于今年第四季度派不少于15名高级公务员来中国国家行政学院研修培训。这是法方第一次派公务员来中国研修培训。

第二，与罗马第三大学的合作。双方决定成立工作组起草对去年已签署的合作备忘录的落实方案，罗马第三大学校长法比亚尼将于今年11月份访问国家行政学院，就互派公务员培训和研修、科研合作等启动行动计划，力争年内开始实质合作。

第三，进一步推动欧盟公务员来华研修培训。根据马凯国务委员去年访问欧盟达成的共识，我再次提出了"在中欧公共管理二期项目"下，今年下半年安排欧盟公务员来华培训的具体设想，得到欧盟相关机构的积极回应。

第四，与美国联邦行政学院的合作。与美国联邦政府人事总署和美国联邦行政学院磋商中得知，中国人力资源和社会保障部与美国联邦人事总署正在起草合作协议，鉴于美国联邦行政学院是联邦人事总署的下属单位，在这次会谈中与美方达成了三项合作共识：一是在中国国家人力资源和社会保障部与美国联邦人事总署将要签署的合作协议中，专门安排两国行政学院互派公务员研修培训的内容；二是两国政府人事部门签订合作协议后，两国行政学院可以签署互派公务员培训研修的具体合作协议；三是在上述两个协议签署前，双方也将选派少量公务员到对方研修培训，为进一步扩大合作进行探索。双方决定今年下半年中方派2名代表参加在美国联邦行政学院举办的美国高级官员研修班，美方派2—3名美国政府高级公务员来国家行政学院参加对英语国家的研修班。

（三）推动了与联合国、世界银行、欧盟相关项目的合作

加强与国际组织和欧盟相关项目的合作，进一步拓宽合作领域，也是我这次出访的重要任务。

第一，加强与联合国的合作。在与联合国副秘书长沙祖康会谈中，我就学院与联合国经社部于今年联合召开亚太地区电子政务研讨会、开

展行政管理创新国际比较研究、进行刊物交流互换、公务员培训合作等提出了建议，沙祖康表示愿意与中国国家行政学院共同努力，进一步提高双方合作水平。

第二，加强与世界银行的合作。在与世行副行长帕拉丹的会谈中，我提出四项合作建议：一是在南南合作框架下，开展项目合作；二是拓展远程教学合作领域；三是世行支持中国行政学院系统的能力建设；四是加强对公共行政领域问题研究的合作并开展学术刊物互换。帕拉丹对这些完全赞同。双方决定由我院国际部与世行驻华代表处共同细化各项合作内容。

第三，加强与欧盟的合作。我对中欧应急管理项目和中欧公共管理二期项目合作事宜向欧盟方面提出四点意见：一是希望欧方尽快明确中欧应急管理项目的牵头单位和参与单位；二是抓紧推动中欧应急管理学院建设工作；三是尽快建立健全中欧应急管理项目管理机制；四是尽快落实中欧社会管理论坛事宜。对这些问题，欧盟方面都做了认真回应，承诺抓紧推进牵头单位和参与单位的选拔工作，争取尽早使项目合作进入实质启动阶段。关于中欧社会管理论坛，双方同意论坛在今年中欧领导人会晤前后举办，欧盟方面承诺将商定合适领导人参加这次论坛，欧盟方面还希望中欧应急管理项目启动仪式与中欧社会管理论坛能够同时进行。双方承诺根据会谈达成的意向，抓紧商谈具体落实措施。

（四）拓展与相关智库的国际合作

代表团访问美国期间，与美国艾森豪威尔基金会、布鲁金斯学会进行了深入交流，达成了一些共识。代表团会见艾森豪威尔基金会主席鲍威尔时，他回顾了 39 年来他本人与中国的密切往来，请我转达他对中国领导人的问候，他高度评价了中国 30 多年来的发展成就，赞扬了中国国家行政学院的作用，希望更多的美国人到中国及中国国家行政学院访问，期望我推荐更多的中国中青年公务员去美国访学。双方决定就中美共同关心的课题开展研究并开展人员交流。国家行政学院将继续推荐有潜力的中青年官员参加基金会的学者项目，基金会也将选派美国政府官员和管理人员到中国和中国国家行政学院访学。代表团在与布鲁金斯学会桑顿中国中心主任李侃如会谈时达成三点共识：一是双方就共同关注的重大研究课题开展合作研究，包括世界经济政治格局的发展趋势和中国发展模式等；二是互派专家到各自机构做访问学者；三是共同举办相关专题的研讨会和论坛。

三、几点体会

（一）加快国家行政学院开放办学能力建设

通过与国际行政院校联合会会员间的交流和对美国联邦行政学院的考察，我感受到，国家行政学院的领导体制、办学规模、硬件设施等，已经基本具备国际一流行政学院的条件。与此同时，我也强烈感受到，我们参加国际公共行政领域活动的能力与我国迅速上升的国际地位相比还有差距，需要进一步提升国际活动的参与度、影响力。一是要从思想上更加重视我院的开放办学，不断加强与国际行政院校成员单位和相关国际组织交流合作。二是要采取扶持政策，培养在公共行政领域有国际影响力的专家学者，提高学术水平及其国际影响力，同时加快对学院专家学者和管理人员外事能力的培养。三是要充分发挥中国行政体制改革研究会对外交流的作用。学会是学术性社团机构，层次高、机制活、回旋空间大，是扩大中国公共行政学术国际影响力的重要平台，要加大研究会与国际学术组织、著名智库的合作交流，提高合作层次和水平，充分发挥研究会在行政学界扩大开放中的重要作用。

（二）提高对外培训工作的合作水平

近年来，学院在国境外公务员来华研修培训方面做了大量工作，目前已经扩展到110个国家，但在合作交流水平上还需要进一步提高。特别是要与发达国家开展公务员双向交流，这既可以增进相互了解，又可为我国各领域的对外工作奠定良好的基础。一是要继续坚持"走出去"。继续派遣学员、教学人员和管理人员到国外培训研修，不断提高"走出去"的规模和质量。二是在"请进来"上加大力度。我国改革开放的成功实践已为世界瞩目，让世界认识更加真实的中国，是发挥我国国际影响力的迫切需要。要保持和扩大对外培训发展的势头，切实把引进西方发达国家公务员来学院培训研修作为重要任务，尽快取得实质性新突破。

（三）增强公务员对外交往的能力

随着全球经济一体化进程的加快和我国对外开放事业的深入发展，提高中国政府公务员的对外交往能力，适应我国全方位开放工作的需要，已经成为各级行政学院的重要课题，各方面来学院培训的学员也纷纷反映了这些需求。我院目前在培训教材、师资和课程设计等方面，都不能适应形势发展的需要。因此，行政学院要根据政府对外工作的需求，研究开发提高公务员对外交往能力、谈判技巧和基本的外语会话等实用课程，以更好地服务于国家的对外开放大局。

（四）继续更新办学理念和办学模式

美国联邦行政学院的办院模式值得深入研究。美国联邦行政学院培训对象是联邦政府 15 级（相当于正司级）以上官员和高级行政官，每年培训学制一个月的官员 800 人，其他短期班几千人不等。学院的主要特点：一是实行教师兼职制。上课教师全部为兼职，教师任职实行招标淘汰制。二是实行教职工轮换制。为了激励创新，聘用的教师和管理人员，原则上每两年都进行轮换更新。三是培训理念新。强调培训美国高中级公务员的全球视野、战略思维，增强应对全球化的能力是核心课程。四是注重学员的心智提高，学院在入学时向每个学员发放专用日记本，提倡学员每天记录培训感悟和心得。五是全年办班，没有寒暑假。国家行政学院建设和发展必须从中国国情出发，但质量意识、效率意识、创新意识、从严治院意识必须切实加强。要坚持解放思想、改革创新，深入总结我院的办学理念和办学模式，着力提升办院质量和水平，重视借鉴其他国家有益的做法。坚持从严治院，对教员和管理人员要加大考评力度，探索实施流动性管理的办法，对学员要从入学到离校实施跟踪管理。这样，才能真正建成有特色高水平的国际一流行政学院。

赴巴林、以色列、德国访问情况的报告^①

（二〇一三年六月三十日）

经国务院领导批准，2013 年 5 月 31 日至 6 月 9 日，中国行政体制改革研究会会长魏礼群率 6 人代表团赴巴林国首都麦纳麦参加国际行政科学学会、国际行政院校联合会 2013 年年会，并访问以色列和德国有关部门和智库机构，拓展双边合作交流。在外交部和我驻巴林、以色列使馆及德国法兰克福领馆大力支持下，在国家行政学院帮助下，代表团圆满完成出访任务，达到了预期目的，发挥了服务公共外交的作用。现将有关情况报告如下。

一、主要工作和成果

（一）在巴林参加国际行政科学学会和国际行政院校联合会 2013 年年会

国际行政科学学会成立于 1930 年，是国际公共行政领域的权威学术组织，对于全球公共行政理论研究和政府管理实践具有重要影响。国际行政院校联合会是国际行政科学学会的分支机构。这两个国际学术组织每年分别召开一次年会，每三年召开一次联合年会。今年是两个组织的

---

① 本文是魏礼群率领中国行政体制改革研究会代表团赴巴林国首都麦纳麦参加国际行政科学学会、国际行政院校联合会 2013 年年会并访问以色列和德国之后给国务院领导报送的报告。代表团成员有王满传、戴桂英、王露、李蕴清、王露、胡仙芝。

联合年会，大会的主题为"公共行政的未来：职业化和领导力"。在会议期间，除开展学术研讨之外，两个组织的领导人和管理机构分别进行了改选换届。

中国行政体制改革研究会分别是国际行政科学学会的会员单位和国际行政院校联合会的会员单位。魏礼群作为国际行政院校联合会副主席，受邀率团参加了这次联合年会。期间，魏礼群同志和代表团其他成员积极主动开展工作，利用各种机会阐述我们的意见，取得良好效果。

主动掌握国际话语权，有力推动国际行政院校联合会管理机构和领导人改选换届工作顺利进行。对国际行政院校联合会管理机构——执行委员会和主席进行改选换届，是本次年会的一项重要议程。近两年，国际上有不少单位会员和专家对国际行政院校联合会执行委员会的规模和构成等提出了意见，主张通过改革加以完善。因此，国际行政院校联合会执行委员会在今年2月召开的会议上作出决定，成立了一个专家组研究和提出改革方案。为推进这项改革并做好本次执委会和主席的改选换届工作，会前成立了一个由上届主席、副主席等8人组成的"提名和选举委员会"，魏礼群被选为该委员会的委员。

在6月1日上午召开的提名和选举委员会会议上，各位委员以专家组提出的改革方案为基础，就执行委员会的规模、组成人员结构、地区间分配原则、担任委员的资格条件等进行了深入而激烈的讨论。由于各方利益和观点不同，加上委托的主持人（联合会拉美区副主席）的经验和能力不足，会议陷入近三个小时的争执。如果不能形成多数人赞同的明确意见，新一届执委将无法产生、主席选举将无法进行，不仅后面的会议难以进行下去，而且国际行政院校联合会这个组织今后的运作都会成为问题。在这种情况下，魏礼群综合会议各种意见，提出了选举新一届执委会委员的三条原则。第一，对于执委会规模，不做大幅度压缩，但应减少到联合会章程规定的人数，即委员总数以25名为宜；第二，执委会委员在地区间的分配和担任委员的资格，应考虑发挥作用大小和参与程度；第三，执委会委员在地区间的分配比例既要依据各地区现有会员数量，也要考虑各地区会员的发展潜力。同时，积极为亚洲地区和我国争取权益。为在本次年会上通过选举产生新一届执行委员会，联合会秘书处在会前酝酿提名候选人，形成了竞争执委会委员的候选人名单。其中，亚洲地区的候选人有三位，包括已是上届联合会副主席的魏礼群、我国台湾政治大学的詹中原、马来西亚沙巴扩展培训中心的维克多·威廉。在讨论执委会委员席位在各地区间的分配时，一些人认为，既然亚洲只有3位候选人，则只需要给亚洲3个席位，有的人甚至主张在执委会总规模压缩的情况下，只给亚洲2个席位。魏礼群在会上据理陈词，强调指出，亚洲国家会员目前虽然不多但未来发展潜力大，特别是近几年来亚洲国家对联合会工作的贡献多，因此，执委会委员席位的分配不能因为只有三个候选人就只分配3个席位，而应分配4个，多出的1个席位可以暂时空缺，留待以后增选。同时，只要符合规则，一个国家也可以有2个以上的人担任执行委员。这三条原则和为亚洲争取执委会委员席位的意见提出后，得到其他与会人员的广泛赞同和支持，保证了6月2日全体大会对新一届执委会委员的投票选举按计划顺利举行，也维护了亚洲地区的权益，在亚洲只有3名候选人的情况下，为亚洲争取到4个执委会委员席位。在6月2日的全体会员大会无记名投票选举中，魏礼群高票当选新一届执委会委员。

在讨论竞选新任联合会主席的人选资格过程中，有的候选人利用联合会章程的不完善，希望通过不规范的方式成为候选人，引起很大争议。在两种意见相持不下的情况下，魏礼群发言强调，联合会主席选举应坚持权威性、规范性、严肃性，影响了一些持模棱两可态度的参会者，最终通过投票表决将不符合规范的候选人排除在外，保证了联合会主席选举的顺利进行和最终产生。会后，包括新任联合会主席在内的很多与会者表示，在这样关键的时刻，只有像中国这样的大国代表和像魏礼群这样有影响的参会人员发声，坚持原则，秉持公正，才能促进联合会不断发展。

积极加强对外联络，拓展与有关国家学术机构和国际组织的关系。代表团在参加巴林会议期间，利用会议前后和会间空隙，先后与多个国际组织和其他国家学术机构的负责人进行会谈和接触，包括：新当选的国际行政科学学会主席布卡教授，前任国际行政科学学会主席、现任亚洲公共行政协会主席金判锡教授，新当选的国际行政院校联合会主席德弗里斯教授，前任国际行政院校联合会主席特米妮女士，国际行政院校联合会原主席、美国公共行政学会候任主席罗森鲍姆教授，国际行政院校联合会副主席、美国公共行政学会原主席纽曼教授，法国国家行政学院院长卢瓦泽女士，负责承办此次年会的巴林国家行政学院本山姆院长等。通过会谈和接触，加强了中国行政体制改革研究会与这些国际组织和学术机构的联系，争取了这些组织和机构对国家行政学院、中国行政体制改革研究会的支持，探讨了开展双边和多边学术合作的内容和形式，并提出了一些具体的合作构想，如与国际行政科学学会及其有关成员就公共行政创新问题开展联合研究、与法国国家行政学院联合组织专家就中法公共行政体制进行比较研讨。这些为今后进一步拓展深化国际合作、扩大国际影响打下了基础。

善于利用国际各种平台，充分展示我国良好形象。会议期间，代表团成员利用不同场合，向其他国家的有关参会人员介绍了我国经济社会发展和行政体制改革情况。6月2日，巴林国家电视台对魏礼群进行了专题采访。魏礼群充分肯定了巴林和中国双方加强经贸往来、文化交流和各方面合作的重要意义及取得的成果，宣传了我国改革开放和现代化建设取得的巨大成就，介绍了我国行政体制改革进展和下一步改革重点，受到广泛关注。

此外，在巴林参会期间，应我国驻巴林大使李琛同志的要求，代表团成员王满传教授，还利用休息时间，给大使馆的同志作了一次讲座，介绍了《国务院机构改革和职能转变方案》制订的背景、内容、特点和作用。使馆同志认为，这对于他们了解党和国家的有关政策、做好外交工作很有帮助。

（二）访问以色列政府有关部门和学术机构

以色列以创新驱动发展著称，代表团主要了解其行政创新和智库的情况。

访问以色列公务员委员会，交流两国行政体制改革做法。在我国驻以色列大使高燕平同志陪同下，代表团访问了以色列公务员委员会。该委员会隶属总理府，其主要职能包括确定政府部门的机构、职责和编制，制定公共部门人事政策，公务员管理，推动和实施公共部门改革等。以色列总理办公室主任、主管公共部门改革事务的负责人特祖·罗恩先生等与代表团进行了座谈交流。在座谈中，代表团向以方人员介绍了我国政府架构、行政体制、近年来行政体制改革的做法及取得的成效和经验、中国行政体制改革研究会的有关情况。以方人员介绍了以色列的行政体制、公共部门人员现状、面临的挑战，特别是自 2011 年 8 月发生"以色列之夏"游行示威活动以来，以色列适应社会要求推进公共部门改革的原因、目的和主要措施。双方表示，今后可以在行政体制改革、政府管理创新等方面深入交流探讨。

访问希伯来大学，会见希伯来大学校长，就开展学术交流和合作进行探讨。希伯来大学是以色列的第一所大学，始创于 1918 年。经过近百年的努力，现已发展成为一所有四个校区、集教学和研究于一体的综合性大学。希伯来大学学术水平和国际声望较高，在 2011 年的世界大学综合性排名中列第 57 位。校长本·萨松先生会见了代表团，并与代表团进行了长时间的会谈。本·萨松校长今年 5 月刚随内塔尼亚胡总理访问中国，非常希望加强与中国行政体制改革研究会的合作交流。随着中国经济社会快速发展、国际影响力日益增强以及中以两国联系和交往更加密切，越来越多的以色列公共行政学者和实际工作者希望了解和研究中国的行政体制和改革情况。而作为一个人口只有 800 多万、建国才 60 多年、地处环境复杂的小国，以色列在较短的时间内取得快速发展，跻身于发达国家行列，在公共管理方面也有不少做法值得我国学者研究。魏礼群和本·萨松校长就推进两个机构之间的合作交流进行了探讨。双方表示，将通过互派访问学者进行学术交流、交换学术成果和出版物、联合开展课题研究等形式加强合作。为此，双方将在协商的基础上，尽快起草和签署合作协议。

访问希伯来大学公共政策和政府学院，就公共治理和政府监管问题与有关学者交流。作为希伯来大学的一个重要组成部分，公共政策和政府学院的职能包括开展研究生教育、从事科学研究和为政府部门提供决策咨询。该学院学者的研究领域较广，包括公共治理、政府改革、管理创新以及社会政策、环境政策等多方面公共政策。通过接受委托或自主开展研究，一些学者为以色列政府部门提供决策咨询服务。在座谈中，双方重点就当前国际学术界对公共治理、政府监管的理论研究前沿以及如何改善公共治理、提高政府监管的有效性进行了探讨。双方达成共识，今后将在中国行政体制改革研究会和希伯来大学之间签署的合作协议框架内，明确开展多种形式的合作。

（三）访问德国有关部门和学术机构

在两天的时间里，代表团行程数百公里，对有关部门和学术机构进行了访问。

1.访问德国国际合作机构，就深化双方合作达成共识。德国国际合作机构是受德国政府委托承担德国援外国际合作项目的机构。在过去20多年里，该机构在中国开展了大量合作项目。该机构在北京设有代表处，负责德国在中国开展的合作项目。近两年，该机构与中国行政体制改革研究会开展了"中国公共政策论坛"等项目，取得了一批成果。为总结已有合作项目，继续深化合作，代表团访问了该机构位于德国埃施波恩的总部。该机构全球伙伴关系——新兴国家部门主任司嘉丽女士、公共财政和行政体制改革部主任诺恩坦先生、亚太拉美和东亚地区部高级项目经理伊姆霍大先生等7人与代表团进行了会谈。在会谈中，双方一致认为，在李克强总理刚刚成功访问德国、中德两国关系更加密切的大背景下，继续加强合作十分必要。双方人员重点就下一步开展合作的领域进行了深入讨论，并形成几点共识，包括就新兴国家公共行政改革和政府管理创新、城市环境治理等问题开展合作研究。

2. 访问德国施拜尔公共行政大学，就新一轮合作签署协议。德国施拜尔公共行政大学是欧洲乃至世界知名的专门开展公共行政研究和教育的高校，为德国各级政府特别是地方政府培养了大量人才，德国前总统赫尔措格就毕业于该校。过去几年，该大学与中国行政体制改革研究会也已开展了良好的合作。对于代表团的此次来访，该校高度重视。校长维兰德教授、副校长费施教授、菲尔波尔教授等五人与代表团进行了会谈。在对前期合作进行总结、对前期合作成果的出版等事项进行讨论之后，双方就新一轮合作备忘录的文本内容交换了意见，经反复协商最终达成一致，并签署了合作协议，明确了今后五年双方合作的主要领域。

3. 访问施拜尔市政府，与市长就城市管理问题交流观点。施拜尔市与我国浙江省的德清市是姐妹城市，近几年开展了形式多样的交流合作。市长艾格先生会见了代表团，介绍了施拜尔市的历史文化、经济社会发展、城市管理等情况。双方就中德两国的城镇化道路、城市管理体制、城市运作方式等进行了讨论和比较。艾格市长表示，施拜尔市将积极为研究会今后的相关研究提供信息和支持，也希望通过研究会了解更多关于中国城市发展和管理的实践经验。

二、几点建议

根据我国外交工作大局和进一步做好公共外交服务的需要，提出以下三点建议。

（一）高度重视利用国际学术机构平台增强国家影响力

权威性的国际学术组织召开的大型国际会议，既是进行学术交流、开展理论探讨、分享实践经验的平台，也是展示国家形象、扩大国家影响力的重要平台，甚至是争夺国际话语权、发挥负责任大国作用的重要机会。充分利用好这样的平台和机会，可以有效增强国家的软实力。国家应更加重视利用这样的学术平台，不仅要鼓励、支持学者更多地参加国际会议进行学术交流，而且应选派有经验有能力的专家进入国际学术组织的管理机构，通过参与规则的制订、议程的安排、议题的设定，主动争取和掌握国际话语权，有效引导和影响国际学术舆论，从而服务国家的外交大局。

（二）积极支持学术社团开展国际交流合作

学术社团组织联系面广、机制比较灵活，而且具有民间或半民间身份，在开展国际交流合作方面有其独特的优势。在很多国际学术场合，由学术社团出面和发声，会达到政府部门和官方学术机构难以取得的效果；有些领域的国际合作，由学术社团参与比政府部门和官方学术机构参与更加方便，会发挥公共外交的特殊重要作用。今后，我国公共财政用于出国的经费应受到严格的控制，但应积极支持那些政治上可靠、财政上自立、国际上有重要影响的学术社团"走出去"，更多地开展国际交流合作，成为公共外交的一支重要力量。为此，学术社团组织负责人和专家学者出访的指标、次数控制应适当放宽、灵活掌控。

（三）大力加强与中东地区国家在公共行政领域的学术交流

在国际地缘政治和国际交往关系中，中东地区具有重要的战略意义。近些年来，我国与中东地区国家的联系和交往日益密切。但是，这种联系和交往主要是经济贸易和外交方面，学术交流相对较少，特别是社会科学领域的交流合作很少。在这次出访中，我们发现，中东国家的学者和官员对于我国制度、体制抱有神秘、好奇的心态，有的了解不多，有的存在误解，他们普遍希望更多地了解我国体制架构和管理制度的情况。鉴于公共行政与各国的政治、政策和管理有直接而紧密的联系，对各国行政管理者具有重要影响，我国应大力加强与中东地区国家在公共行政领域的学术交流，通过多种形式的双向互动逐步增进了解、不断深化合作。

出席国际行政院校联合会执委会会议并访问英国、斯洛伐克的报告 ①

（二〇一五年九月十日）

经国务院领导批准，2015 年 7 月 2 日至 7 月 11 日，我带领中国行政体制改革研究会代表团一行 5 人应邀赴法国巴黎出席国际行政院校联合会 2015 年年会暨执委会会议，并应邀访问英国、斯洛伐克有关机构和智库。在外交部和我驻法国、英国、斯洛伐克大使馆的大力支持下，在国家行政学院的帮助下，圆满完成出访任务，达到了预期目的，发挥了服务公共外交的作用。现将有关情况报告如下。

一、主要工作和成果

（一）在巴黎出席国际行政院校联合会 2015 年年会暨执委会会议

国际行政院校联合会是全球公共行政教育培训、研究咨询机构的社团组织，现有单位会员 192 名，分布于 6 大洲 80 个国家，并且与联合国、经济合作与发展组织等国际组织关系密切，在国际公共行政理论和实践领域具有重要影响。该组织每年在不同国家或地区召开一次年会。今年7 月 6—10 日在法国巴黎召开的年会主题为：替代性服务提供安排。在

---

① 本文是魏礼群带领中国行政体制改革研究会代表团赴法国巴黎出席国际行政院校联合会 2015 年年会暨执委会会议，并应邀访问英国、斯洛伐克有关机构和智库之后报送国务院领导的报告。代表团成员有董青、王满传、王露、胡庆平、胡仙芝。

年会期间，召开了国际行政院校联合会执委会会议。

中国行政体制改革研究会是国际行政院校联合会的会员单位，我于2009年当选国际行政院校联合会执委会委员，并一直担任联合会副主席，此次受邀率团出席今年的年会和执委会会议。期间，我认真履行职责，积极主动开展工作，有效增强了我国的影响力，拓展了国际学术交流和合作，取得良好效果。

一是认真履行职责，发挥我国在国际公共行政学术界的影响力。7月6日，国际行政院校联合会在巴黎召开执委会。根据联合会的章程，2013年经选举产生的本届执委会和现任主席明年将任期届满，本次执委会的一项重要议程是研究确定明年执委会和主席换届的程序及有关准备工作，包括新一届执委会委员和主席的资格条件、提名程序、选举程序，执委会委员名额在不同地区间的分配原则等。与会人员从有利于各自地区和国家的立场出发，就这些议题发表了不同观点和意见。为维护亚洲地区和我国权益，我提出多点重要主张：一是选举执委会委员和主席要把参选人所在单位和国家近几年对联合会工作的贡献作为重要考虑因素，亚洲地区现有会员虽只占会员总数的15%，但近年来多次举办联合会年会和区域性会议，且发展潜力较大，应适当提高委员数量比例；二是选举联合会主席要考虑区域平衡，由不同地区的代表轮流担任主席，近几届主席均由欧洲和北美国家人员担任，下一届主席应由亚洲或非洲等地区的人员担任；三是为提高工作效率、有序推进换届选举准备工作，应成立一个范围较小、权威性强的提名和选举委员会，由该委员会确定执委会委员名额分配、提名程序和条件等事项。这些意见得到与会人员的普遍赞同，我本人被选为一个由9人组成的提名和选举委员会委员。这为在下一届执委会和主席选举中发挥我国相关机构的影响、维护我国和亚洲地区的权益打下了基础。

二是加强宣传和沟通，为我国明年主办联合年会争取广泛支持。国际行政科学学会和国际行政院校联合会每三年召开一次联合年会。按照这一惯例，这两个国际组织 2016 年将召开联合年会。为扩大我国在国际行政学界的影响，经报国务院领导同意，我国人力资源和社会保障部与国家行政学院提出了共同主办 2016 年联合年会的申请。在 2015 年 6 月于巴西里约热内卢召开的国际行政科学学会年会上，国际行政科学学会理事会已审议通过了这一申请。本次国际行政院校联合会执委会会议也把审议这一申请作为一项重要议程。在审议过程中，一些委员提出年会已多次在亚洲举办，明年年会再次在亚洲国家举办是否合适；有的委员对我国提出的会议举办地点成都和四川大学不了解，对能否办好联合年会也提出了疑问。针对这些意见和疑问，我介绍了我国申请主办下一次联合年会的背景、意义，强调指出，我国近年来在推进国家治理体系和治理能力现代化、深化行政体制改革、推动可持续发展等方面采取的重要举措和取得的成就、积累的实践经验，十分符合明年年会的主题——"可持续的治理能力"，由中国主办明年年会，不仅可为来自世界各地的参会者提供交流思想观点和研究成果的平台，而且可为他们提供机会亲自见证中国全面深化改革、致力提高促进可持续发展的治理能力的过程和成果，有利于他们通过对中国实践的总结分析深化相互交流和学习。我还介绍了四川省成都市、四川大学的情况，表示在中国政府的大力支持和各参与单位的共同努力下，明年的年会一定会取得圆满成功。通过这些宣传解释和沟通工作，会议最终通过了我国提出的申请，一致同意明年 9 月 19—23 日在成都召开国际行政科学学会和国际行政院校联合会联合年会。

三是积极开展联系，进一步拓展国际学术合作交流空间。会议期间，代表团先后与多个国际组织和其他国家学术机构的负责人进行会谈，包括：国际行政院校联合会主席德弗里斯教授，国际行政院校联合会原主席、美国公共行政学会前主席、国际公共行政认证委员会主席罗森鲍姆教授，法国国家行政学院院长卢瓦泽女士，负责承办此次年会的法国地方政府事务中心主任文森特先生等。通过会谈，加强了中国行政体制改革研究会与这些国际组织和学术机构的联系，探讨了开展合作的领域和内容。国际行政院校联合会主席德弗里斯教授提出，要与中国行政体制改革研究会签署一个合作备忘录，框定今后开展双边合作的主要内容和形式。在与罗森鲍姆教授的会谈中，双方同意在明年春季，中国行政体制改革研究会与美国公共行政学会、美国城市联盟联合召开一次以"城镇化发展与城市治理"为主题的研讨会，并就研讨会的具体内容、规模、地点等进行了探讨。代表团还实地考察了位于斯特拉斯堡的法国国家行政学院，该院培养了包括密特朗、希拉克、奥朗德等多位总统在内的众多法国政要，被称为法国政治家和高级官员的摇篮，在国际行政学界享有盛誉。通过考察，代表团对该院学员的遴选和培养模式、教学内容和方法、师资队伍构成等有了深入了解。同时，双方还就落实好去年已签署的双边合作协议进行了商议。这些会谈和访问为中国行政体制改革研究会进一步拓展国际交流合作、扩大国际影响打下了基础。

（二）访问中东欧行政院校联合会和斯洛伐克政府部门

7月3日—4日，中国行政体制改革研究会代表团应邀前往斯洛伐克首都布拉迪斯拉发，先后访问了中东欧行政院校联合会和斯洛伐克劳动、家庭和社会保障部。

一是访问中东欧行政院校联合会，就加强学术交流和合作进行探讨。中东欧行政院校联合会是中东欧地区公共行政学界最大的国际学术组织，是该地区相关国家从事公共行政教育培训和咨询研究机构组成的联盟，也是在公共政策和行政改革研究方面较有影响力的智库。该会有100多家会员单位，分布在中东欧的27个国家和地区，秘书处设在斯洛伐克首都布拉迪斯拉发。该会执行主任卢德米拉女士也在国际行政科学联合会担任副主席，2011年中国行政体制改革研究会与中东欧行政院校联合会签署了双边合作备忘录。

7月3日，在我国驻斯洛伐克大使潘伟芳等同志陪同下，代表团访问了中东欧行政院校联合会，会见了卢德米拉女士以及该会前主席乔吉·耶内、信息部主任优拉·斯克伦娜、项目部主任爱勒娜·扎考华等。在访问中，双方回顾了四年来落实双边合作备忘录所开展的工作，重点就下一步的合作进行了沟通和磋商，达成了多个合作意向：（1）探讨了合作开展研究的选题，包括政府治理现代化的国际比较、政府与市场关系的中欧比较等。（2）探讨了开展合作的可行方式，包括双方就共同感兴趣的课题分别从中国和欧洲的角度组织研究，然后进行比较交流，以及双方合作举办国际研讨会、邀请对方专家学者进行互相访问交流等。（3）探讨了签署新一轮双方合作框架协议的内容和时间。

二是访问斯洛伐克劳动、家庭和社会保障部，就社会事务管理体制进行交流。代表团访问了斯洛伐克劳动、家庭和社会保障部，会见了国务秘书布里安及该部办公厅等机构的工作人员，并进行了座谈交流。布里安介绍了该部的主要职能、机构设置及其运行机制。斯洛伐克政府实行大部制，总共只设置 13 个部，其中劳动、家庭和社会保障部承担众多社会事务方面的管理职责，主要包括就业保障、劳动关系、社会保障及妇女、儿童权益保护等家庭相关事务。该部门依据《劳动法》《家庭法》，以及社会救济、社会性别平等相关法律的规定履行职责。在交流中，布里安就稳定就业、创造就业机会、有效使用社会保障基金以及如何在大部制环境下加强工作协调等方面介绍了斯方的经验和做法。我向斯方人员介绍了我国行政体制改革的重要举措和最新进展。

（三）访问英国三家国际知名智库机构

按照国务院领导的要求，中国行政体制改革研究会正致力于建设行政体制改革领域的专业化、高质量智库。英国有不少国际知名智库。为学习和借鉴这些智库发展和建设的做法和经验，7 月 8—10 日，我们先后访问了英国伦敦大学亚非学院中国研究院、英国伦敦国际战略研究所和英国皇家国际事务研究所。

1. 访问英国伦敦大学亚非学院中国研究院，就签署合作框架协议达成一致。英国伦敦大学亚非学院是欧洲制定亚洲与非洲相关战略和政策的重要智囊机构，是英国唯一一所专门研究亚洲、非洲、近东和中东的高校，也是全世界研究东方以及非洲问题学者最多的机构。亚非研究院下设的中国研究院是目前欧洲最大的中国问题研究机构，在研究中国文化、历史、经济和社会发展、人口、卫生、能源和气候方面享有盛誉，该院专家学者的研究成果是英国学术界了解中国的主要窗口，也是英国政府决策的参考来源之一。其主办的《中国季刊》由剑桥大学出版社出版发行，是中国问题研究方面的权威期刊。代表团访问了中国研究院，会见了伦敦大学代理校长理查德·布莱克教授、中国研究院院长米歇尔·霍克斯教授、副院长刘捷玉博士以及罗伯特·阿什教授等。在座谈中，双方就开展信息交流、资料交换、联合主办研讨会等合作交流活动交换了看法，并达成了合作意向，表示愿意在进一步协商基础上签署双方合作备忘录。

2.访问英国伦敦国际战略研究所，重点就提高智库成果质量的做法分享了经验。伦敦国际战略研究所是1958年由英国学术界、政界、新闻界人士发起创建的一个国际战略问题研究机构，主要研究领域包括欧洲防务、亚洲问题、世界军事力量对比、军备控制、战略武器、中东问题、美国问题等。该所吸收大批国外会员，聘请国际知名学者、军事专家和政府官员担任客座研究员，拥有很强的研究力量，特别是在国际军事安全、核战略问题研究方面享有权威。该所的出版物《军事力量对比》《战略研究》等在国际军事、国际战略研究领域具有重要影响力。专门讨论亚洲安全问题的"香格里拉对话"就是由该所发起组织的，至今已举办了14届，影响日益扩大，成为"9·11"事件后亚太地区安全对话机制中规模最大、也是各国出席人员层次最高的"一轨半"多边安全合作对话机制，是亚太地区开展防务外交的重要平台。代表团访问了英国伦敦国际战略研究所，与该所副所长及研究部主任亚当·沃德、跨国威胁与政治风险研究部主任内格尔·英科斯特、编辑部主任尼可拉斯·雷德曼等人进行了座谈和交流。在座谈中，双方就各自的基本情况和主要工作进行了交流。国际战略研究所人员介绍了该所的三大功能：（1）研究咨询功能，分析各国国防安全与冲突，提出新的战略构想；（2）情报中心功能，搜集和提供军事和安全方面的情报以及供媒体、分析人员和学者使用的信息；（3）论坛功能，举办年度报告会、香格里拉对话会以及阿拉斯泰尔·巴肯纪念讲座等学术会议。应我方代表团要求，该所人员重点介绍了研究项目的选题范围、项目设立的原则、研究质量的评判标准和控制机制、研究成果的发表和运用途径、科研队伍的组织和激励办法。通过交流，代表团体会到提高研究成果质量、打造智库品牌的一些规律性做法：一是要重视打造自己的特色；二是审慎确定研究课题，研究选题要有现实针对性，并相对集中；三是要有完善的机制和严格的成果管理来保证研究质量；四是要有高效的研究人员组织、管理和激励保障机制。双方还就今后开展合作的可能性进行了深入探讨。

3.访问英国皇家国际事务研究所，就智库建设和管理模式交换了看法。英国皇家国际事务研究所成立于1920年。该所一般由英国高层政要担任名誉所长，其日常事务管理机构和理事会则由知名政要、专家学者组成。该所拥有一支庞大、高水平的研究队伍，在英国和世界国际关系学界有很高的威望。该研究所每年发布的报告、出版的书籍和其他研究成果以及《国际事务》《今日世界》等杂志，是英国乃至其他国家政府制定决策的重要参考来源。该所对我方代表团的到访高度重视，所长尼布利特、交流与出版部主任凯斯·伯纳尔特、亚洲项目部主任约翰·斯文逊·赖特等学者与代表团进行了长时间的座谈。在座谈中，双方介绍了各自机构的基本情况、运作和管理模式、主要研究成果，交流了中英两国智库发展和建设情况，重点就如何加强智库建设和管理问题交换了意见。通过交流，我们了解到，要建成高质量的智库，一是要有强大的组织召集能力，如举办有影响力的论坛或者其他类似平台来吸引国内外各方面的专家学者；二是要有真正具有竞争力的研究成果；三是要有能把研究成果转化为政策的途径和渠道；四是要有强大的传播能力，及时传播研究成果。

总之，此次出访时间虽短，但行程安排紧凑，内容丰富务实，对研究会拓展国际合作交流、服务公共外交工作、加快专业化高水平智库建设具有积极作用。

二、几点建议

根据此次出访了解到的情况和代表团的体会，为服务于我国外交工作大局，促进我国智库健康发展，提出以下几点建议。

（一）高度重视并办好国际行政科学学会和国际行政院校联合会2016年联合年会

国际行政科学学会和国际行政院校联合会都已审议通过了由我国人力资源和社会保障部和国家行政学院提出的申请，2016年9月这两个国际组织的联合大会将在我国成都举办。国际行政科学学会和国际行政院校联合会是全球行政管理领域两个最权威的国际组织，会员覆盖100多个国家和地区，对相关国家和地区的政府决策、政府管理的发展趋势具有重要影响。根据会议计划，明年来我国参加这次联合年会的外国代表将达到300人，其中既有很多国际知名专家，也有不少行政管理的实际工作者。这样规模大、层次高的国际会议，既是进行国际学术交流、开展理论探讨、分享实践经验的平台，也是展示国家形象、扩大国家影响力的重要平台，甚至是争夺国际话语权、发挥负责任大国作用的重要机会。国家和有关部门、地方应高度重视、精心组织，本着隆重、简朴、务实、高效的原则，确保办好这次大会。为此建议：第一，借鉴其他国家的做法，邀请一位国家领导人出席会议开幕式并致辞。第二，要加强组织领导，各主办单位、协办单位、承办单位要加强协调和合作，各司其职，充分做好会议相关准备工作。第三，要充分利用好这次会议提供的平台和机会，宣传我国全面深化改革、推进治理现代化、推动可持续发展的重要举措和取得的成就，引导和影响国际舆论和学术倾向，增强我国的软实力。

（二）逐步推进社会事务管理的大部门制改革

这次访问中，斯洛伐克在社会事务管理方面推行大部门制的做法令人印象深刻。该国现有 13 个部，其中劳动、社会事务和家庭部的职责范围包括劳动就业、社会保障、婚姻家庭、妇女和儿童权益保护等。由一个部门以家庭为切入点，对直接关系到民生的这些事务进行统一规划管理，提高了政策的协调性和管理效率，也有利于提升民生服务质量和便利性。据了解，其他一些国家也采用了类似的做法。目前，我国的这些社会事务管理比较分散，不仅涉及多个部门，而且有些事务还是由群团组织（如妇联、少工委、残联等）负责，造成职责交叉、政策不够协调、职责不到位等问题，也不符合服务型政府建设目标。鉴于此，我国可借鉴其他国家的有益经验，结合我国国情，逐步将分散的社会事务管理职能适当整合，由一个部门管理，实行大部门制。

（三）积极支持我国智库机构走向国际舞台

智库是国家软实力的重要组成部分，国家之间的竞争在某种程度上体现为高端智库的竞争。要打造具有国际影响力的智库，必须扩大智库的国际交流合作，一方面，从全球范围内网罗人才，整合全球研究资源，建立有竞争力的全球合作伙伴网络；另一方面，要利用国际舞台发布和传播智库研究成果。为服务于我国国际竞争战略和外交工作需要，引导国际舆论，尽快提升我国智库在国际上的影响力，国家和有关部门应大力支持我国智库机构"走出去"，加强国际合作交流。一是适当放宽对智库机构负责人和专家学者出访的次数、年龄等政策限制；二是支持我国智库主办或与其他国家学术机构联合主办国际学术会议；三是支持我国智库从全球范围内引进研究人才；四是认真选派有名望有能力的专家型领导进入国际组织任职，通过参与规则的制定、议程的安排和议题的设定，争取和掌握国际话语权，从而更好服务国家的外交大局。

（四）更加重视加强与中东欧国家改革的合作交流

在访问中东欧行政院校联合会期间，对方介绍了中东欧一些前华沙条约组织国家行政体制改革和经济社会发展情况。在过去 20 多年里，这些国家经历着深刻的经济社会转型，政治和行政体制也发生了根本性变化。在此过程中，有的国家转型比较成功，经济社会发展较快，如捷克、斯洛伐克等国；有的国家则走了一些弯路，经济社会发展较慢，如罗马尼亚等国。尽管国情不同，但对这些转型国家的改革举措进行比较研究，可为我国的改革发展提供有益的启示，也有利于我国有针对性地开展外交工作。我国应更加重视加强与中东欧国家的交流和合作，对这些国家的改革经验教训开展深入研究。

赴澳门访问调研情况的报告[①]

（二〇〇九年四月二十八日）

经国务院领导批准，我于 4 月 19 日至 22 日应邀参加澳门理工学院举办的国际学术研讨会，并带领国家行政学院代表团访问澳门。此次访问时间虽短，但内容丰富，颇有收获，达到了预期目的，获得圆满成功。

一、基本情况

为了迎接澳门回归祖国 10 周年，4 月 21 日澳门理工学院受特区政府委托，举办了"腾飞的澳门：回归 10 年的回顾与展望"国际学术研讨会，国内外 120 多名专家学者、政府官员和社会知名人士参加了会议。我应邀在会上发表了题为"澳门腾飞与人才战略"的主题演讲，主要观点是：澳门回归祖国，为在新时代的腾飞奠定了政治前提和坚实基础，十年来取得了令人瞩目的成就，而澳门要保持长期繁荣稳定，实现更大的发展，最具有决定意义的，就是大力开发培训人才，实施正确的人才战略。为此提出了五点建议：一是制定科学的人才战略规划；二是突出重点开发培养人才；三是着力开发培养本地人才；四是重视引进外部优秀人才；五是加强人才培养合作交流。演讲在与会人员中引起较大反响，

---

① 本文是魏礼群时任国家行政学院党委书记应邀参加澳门理工学院举办的国际学术研讨会，并带领国家行政学院代表团访问澳门之后给国务院领导报送的调研报告。代表团成员有杨克勤、陈岩、周苹果、姜秀谦、卢晓玲。

受到澳门社会各界好评。《澳门日报》《华侨报》和澳门电视台等多家新闻媒体做了报道。访问澳门期间，得到中央政府驻澳门联络办的大力支持和帮助，白志健主任、徐泽副主任会见代表团一行，并精心组织校友晚餐聚会活动。

4月21日下午，我拜会了特区行政长官何厚铧，双方进行了较长时间的友好亲切交谈。何厚铧特首对国家行政学院多年来为培养澳门公务员所作出的积极努力和显著贡献表示感谢。何厚铧特首还对澳门回归10年来的发展情况和未来发展发表了一些值得重视的意见，认为澳门的发展，关键靠人才。落实"一国两制"，人才是根本保证，迫切需要提高各类人才特别是公务员的素质和能力。培养人才，不仅是为了现在，更重要的是为了未来。澳门应该制定人才战略规划。

在访澳期间，我分别同政界、文化界、教育界以及宗教界有关负责人进行了会见并进行了亲切友好的交谈，听取了他们对深化合作、加强培训工作的意见和建议，增进了感情和友谊。

二、主要收获

（一）进一步了解了澳门经济社会发展状况

这次澳门之行，我亲眼目睹了澳门经济社会发展的巨大变化。澳门回归以来，经济上扭转了回归前连续四年负增长的被动局面，2002年至2008年连续实现两位数增长；民生不断改善；社会治安状况良好；城市面貌焕然一新。2008年下半年以来，在中央支持下，特区政府应对国际金融危机采取的举措，受到社会各界的拥护和赞许，人心比较稳定。我所接触到的政府高级官员和一些学员都表示，澳门近10年来的变化，包括近来应对国际金融危机的举措，归功于中央的大力支持，他们还都认为，有中央的大力支持，虽然会选举产生新的特首，然而"人心绝不会变""政策绝不会变"，对澳门的未来充满信心。我们在访问行政暨公职局时看到，他们正致力于推进行政管理和公务员队伍改革，积极推行

"一站式服务"。通过所见所闻，我们亲身感受到中央关于"一国两制"方针的无比正确和强大生命力。

（二）进一步调研了澳门的培训需求

国家行政学院开展澳门公务员培训工作已有 15 年了，究竟效果如何、各界反映如何、下一步如何改进，这是我们此次访问调研的重点之一。在对特区政府官员和学员的走访座谈中，他们普遍认为学院开展的澳门公务员和社团负责人培训，不仅为他们培养了人才，更重要的是体现了中央对澳门的关心和支持，这使我们进一步从政治和大局的高度认识到开展澳门公务员培训工作的重要意义。同时，我们还得到三点启示：一是以爱国主义为基调、突出国情教育的培训方向，已经收到明显效果，得到了澳门各界人士的一致赞同；二是今后应该坚持加强爱国情结教育，同时着力加强高级公务员决策水平和施政能力的培训；三是教学内容、教材设计和教学方法要更贴近澳门发展的需要，进一步增强培训工作的针对性和实效性。

（三）进一步加强了合作培训关系

我们与澳门各界进行了较为广泛的接触，并对许多问题与有关方面深入交换了意见、达成了共识。大家都强烈表示，国家行政学院是对澳门公务员和社团负责人进行培训的最合适机构，希望能与学院进行长期合作，表示要对学院开展培训工作继续给予大力支持。通过此次访问调研，为进一步扩大双方合作交流奠定了更为坚实的基础。

（四）进一步达成了一些合作意向

通过磋商，我们与特区政府、有关部门和澳门理工学院达成了 8 项合作意向。一是认真总结 15 年来的合作培训经验，扩大合作交流的广度和深度；二是学院有计划地选派教师深入澳门实地考察，了解澳门社会经济状况和培训需求，以利于有的放矢地搞好培训；三是合作编写科学适用、权威规范、比较稳定的培训教材；四是利用学院国际资源较多的优势，为澳门开拓培训人才的渠道；五是合作开展远程培训教育；六是与澳门理工学院互聘兼职教授；七是积极开展科学研究和决策咨询等方面的合作，不断拓宽新的合作领域和渠道；八是逐步形成双方互访、学术交流、参加重要活动的长效机制。

三、几点建议

（一）研究制定澳门公务员和其他人才中长期培训规划

澳门当前和未来发展中的一个突出问题，是人才不足。根据澳门的实际情况，不可能靠大量引进外来人才，应主要依靠本地人才，而加强对澳门人才的培养就显得十分重要和紧迫。特区政府对此也非常重视，正在筹建"公务员培训中心"。因此，建议中央有关部门积极协助特区政府，着眼于澳门全局和长远发展，研究制定科学的、具有前瞻性和针对性的公务员和其他人才中长期培训规划，进一步明确人才培训的方向、重点和任务，使培训工作有计划、分步骤地实施，以收到更好的效果。我们学院愿意为制定澳门人才培训规划作出努力。

（二）坚持把治澳理政人才作为培训重点

治澳理政人才数量不足和素质能力不强，是一个比较突出的问题。葡人统治期间，华人很难进入高中级公务员行列，现在澳门的高中级公务员，基本上都是从基层直接选拔上来的，亟须通过强化培训，提高他们的决策水平和施政能力。将治澳理政人才作为澳门公务员培训工作的重点，有针对性地设置培训内容，加强国情教育和政策教育，特别是着力提高他们的决策力和执行力，确保爱国爱澳力量不断成长壮大，后继有人。

（三）充分发挥澳门已培训学员的积极作用

15年来，国家行政学院为澳门培训了4 100多位学员，其中有3 700多名高中级公务员，还有17个行业的社团领袖人物，目前澳门的高中级公务员绝大多数都在国家行政学院培训过，这些人在澳门的地位举足轻重。他们经过培训，对祖国、国家行政学院、行政学院的教师都产生了深厚感情。据反映，四川汶川特大地震灾害发生后，澳门第一批带头捐款或组织捐款活动的都是这些学员。我们这次在与学员座谈中了解到，目前有 24 个以学员为骨干的社会团体正在积极筹备"庆祝新中国成立60 周年"和"庆祝澳门回归 10 周年"的"双庆"活动。我们应该进一步发挥这些学员在澳门社会中的重要作用，建议有关部门通过积极引导，包括组织同学会等，加强学员与内地的联系，以及促进澳门学员之间的往来关系，以更好地发挥他们的桥梁和纽带作用。我院也将更加积极地开展一些有益的工作。

（四）逐步扩大 MPA 招生规模

去年，经国务院有关部门批准，学院启动了澳门高中级公务员公共管理硕士（MPA）专业学位教育，第一批 50 名学员已于今年 3 月入学就读。这对提高公务员的综合素质将起着重要作用，受到澳门各界欢迎，报名十分踊跃。目前新加坡也在与澳门理工学院商谈，迫切希望他们之间开展 MPA 学位教育，但澳门有关方面表示仍然愿意与学院合作。因此，建议国务院有关部门批准我院逐步扩大 MPA 的专业学位规模，招生范围适时由招收高中级公务员向其他行业人士扩展。

（五）进一步发挥国家行政学院对港澳公务员培训的主阵地作用

国家行政学院在对港澳公务员和其他人员培训中具有不可比拟的优势条件。一是双方有着长期良好的合作关系，积累了一定经验，基础比较扎实；二是学院具有比较雄厚的物质条件和师资力量，现在正在建设面积 46 万平方米的港澳公务员培训中心，2010 年即可建成投入使用；三是世界各国都有行政学院，使用这个平台各界人士都能接受。因此，建议进一步明确国家行政学院在港澳人才培训特别是公务员培训工作中的主阵地作用，强化这方面的职能，在培训政策、培训计划、培训经费等方面给予支持。我们也将更加自觉地把开展港澳公务员培训作为服务大局的政治任务，不断提高培训质量和水平，为贯彻落实"一国两制"的伟大事业作出更大贡献。

（六）加强对澳门经济社会发展问题的研究

澳门发展正处在一个十分关键的时期。为加强对澳门发展的指导和支持，建议中央有关部门组织力量加强对若干重大问题和热点问题的调查研究，包括抓紧研究影响澳门长期繁荣发展稳定中的深层次问题特别是法律和制度性建设、如何正确制定和实施未来 10 年澳门发展战略并促进澳门经济适度多元发展、珠江三角洲改革发展规划实施后澳门的机遇和挑战等，都需要进行系统深入的研究。我们将发挥学院专家学者的优势，积极参与和开展这方面的工作。

赴香港访问调研情况的报告 ^①

（二〇一〇年七月二日）

经国务院领导批准，我应香港特别行政区政府（以下简称特区政府）公务员事务局局长俞宗怡的邀请，于5月26日至30日率国家行政学院代表团访问香港。在国务院港澳办和中央驻港联络办的大力支持下，此次访问时间虽短，但颇有收获，达到了预期目的。

一、基本情况

我们5月26日下午到香港后，首先拜访了中联办。中联办主任彭清华对我们的到访高度重视，做了精心准备和周到安排，向我们介绍了香港公务员队伍状况和培训情况。我通报了此次来访的目的和任务。双方就如何进一步做好香港公务员培训工作共同签署了《国家行政学院与中央人民政府驻香港特别行政区联络办公室会谈纪要》。

同香港特区政府协商加强公务员培训工作是这次访问的主要任务。本着香港公务员培训要坚持以特区政府为主的原则，在国务院港澳办、中联办已做了大量工作的基础上，此次出访前学院又派人与特区政府有关方面作了一些沟通协商。

---

① 本文是时任国家行政学院党委书记、常务副院长魏礼群应香港特别行政区政府公务员事务局局长俞宗怡的邀请，率领国家行政学院代表团访问香港之后，报送党中央、国务院领导的调研报告。代表团成员有陈岩、董青、董小君、周苹果、姜秀谦。

5月27日上午，我会见了香港特区政府行政长官曾荫权。首先，我比较全面地介绍了国家行政学院的职能作用和这些年来的新变化，回顾了多年来培训香港公务员和其他人员的情况，表达了进一步加强与香港特区政府合作，扩大香港公务员培训规模、提高培训层次的愿望与建议。曾荫权特首对去年应邀到国家行政学院发表演讲表示感谢，态度非常积极地回应了我提出的建议。主要观点是：（一）加强对香港公务员培训很有必要。认为随着国家形势的发展，需要通过培训使香港公务员更全面地认识内地经济社会的深刻变化，增强对国家的认同感和归属感；表示特区政府全力配合中央政府做好香港公务员培训工作。（二）扩大培训规模，提高培训层次。"希望分期分批地派特区政府有关部门、公营部门等机构的各层级、各类职务的公务员和其他人员到内地学习"。（三）赞成与国家行政学院加强和深化培训合作工作。"尽管我们一直通过香港的大学培养，也派人到外国的大学学习，但现在看国家行政学院对我们来说是非常重要的力量，具有不可替代性"。（四）创新培训方式，更新培训内容。"希望学院多了解香港公务员的培训需求和建议，开展经常性、有针对性的培训，使他们不断更新知识"。（五）增强培训工作的计划性和协调性。"培训公务员需要有个中长期规划""香港公务员是跨部门管理，双方可以签订一个跨部门的委托高层培训框架协议"。

紧接着，我与特区政府公务员事务局局长俞宗怡举行了会谈。俞宗怡表示，"完全同意与国家行政学院扩大公务员培训合作的建议""非常赞同"我提出的"长计划、短安排"的思路。她说，"'长计划、短安排'好，可以帮助我们逐年安排资金，这是非常务实和非常科学的做法"。会谈后，双方签署了《国家行政学院与香港特别行政区政府公务员事务局合作备忘录》。这是香港回归以来公务员事务局首次与内地机构签署合作备忘录。

在访港期间，我还分别参加了国家行政学院香港同学会和香港菁英会（绝大部分人在国家行政学院学习过）举办的聚会活动，与他们进行了交谈，听取他们的意见和建议；同时，会见了香港公共行政学院和特区政府中央政策组，同有关负责人进行了会谈，沟通了情况，交流了合作意向。

二、主要收获

（一）建立了国家行政学院与中央政府驻香港联络办之间的合作机制

在与中联办签署的"会谈纪要"中，双方一致认为，深入开展特区政府公务员和各界人士培训工作，是加强特区政权建设、培养爱国政治人才的一项战略性举措。国家行政学院与中联办要密切配合。一是学院将进一步扩大对特区政府中高级公务员和各界人士的培训规模，加大培训力度，优化课程设置，加强涉港师资队伍建设，选派专家学者参加由中联办举办的有关培训和社会宣传活动；二是中联办将协助学院扩大涉港培训的影响力和覆盖面，协助学院做好培训项目的需求调查、课程设计、教材开发、回访跟踪等工作，协助涉港培训教师到港调研，选派有关干部到学院介绍香港政治、经济和社会发展最新势态；三是双方建立对口工作联系机制，根据工作需要进行日常沟通、交换信息，跟进特区政府公务员和各界人士培训后续情况，就推动双方合作事宜提出意见和建议。为了推进工作，中联办与内地一个相关部门签署会谈纪要，这还是第一次。

（二）促进了国家行政学院与特区政府加强公务员培训的合作

在此次访问前，中联办和国家行政学院有关人员与香港有关方面人员进行深入的交流沟通，特别是在访问期间与曾荫权特首的会见以及与公务员事务局局长俞宗怡的会谈，国家行政学院与特区政府在培训公务员上取得了突破性进展，达成了共识，达成了进一步合作的意向。双方签署的合作备忘录规定：（1）为配合香港特别行政区的长远发展，双方回顾和总结以往举办培训合作项目的经验，根据香港公务员的培训需求，有针对性地共同探讨在国家事务研习和培训等领域的广泛合作；（2）在共同合作意愿的基础上，双方探讨在今后一个时期委托国家行政学院举办特区政府公务员培训项目，研究落实方案，确保合作有序、有效开展；（3）双方同意加强国家行政学院与特区政府公务员事务局的交流和合作；（4）双方同意根据实际需要联系沟通，研商、协调相关工作议题，不断提高合作水平。会谈中，俞宗怡表示，会按照我的建议和曾荫权特首的指示，尽快拿出香港公务员培训的中长期规划和跨部门的委托高层培训框架协议，"我们可以就长期培训问题开展进一步的沟通"。在会谈中，双方还同意今年拟举办两期高层公务员研讨班：一期是俞宗怡局长本人将于 9 月份带领各决策局常任秘书长等人来国家行政学院培训一周（在国家行政学院听课 3 天，到上海考察 3 天）；另一期将安排有关决策局的副局长和政治助理参加下半年在我院举办的"香港公务员进阶中国事务研习班"。这将是特区政府第一次选派最高层公务员到内地参加培训。

（三）进一步了解了对香港公务员培训的需求

在与彭清华主任、曾荫权特首和俞宗怡局长的会谈中，我们了解到，他们不仅关心扩大培训规模和层次，也关心培训内容和质量。希望我们加强公务员和有关人员培训需求的调研，丰富培训内容，创新培训方式，提高培训质量，并提出了一些具体建议。在与国家行政学院香港同学会学员的交流中得知，香港同学会通过各种方式使更多的人了解国家、了解内地，他们希望把同学会办成香港一流的国情中心。有关学员主动提出要对关系全局的重大问题，诸如民族问题、两岸关系问题等开展研究。如果内地的研究机构能够与他们一道开展研究，有利于培养他们的全局视野和爱国意识。不少已经培训过的学员还强烈表示希望再次到国家行政学院参加长期培训。

（四）加强了国家行政学院与有关机构的联系

围绕公务员培训，我们还接触了其他有关机构。在与中央政策组的交流中，我感到特区政府决策咨询研究的空间很大。香港中央政策组也表示愿意与我院在加强重大科研、咨询课题研究方面建立长期交流合作关系，愿意协助我们了解香港公务员的需求，协助学院编写涉港培训教材。香港公共行政学院也表达了与国家行政学院合作的愿望。

三、几点建议

（一）更加重视加强香港公务员培训工作

香港公务员是香港社会的"精英"，他们的综合素质和管理水平决定着香港的未来。加强香港公务员培训工作，有助于特区政府提高管治能力，提升管治水平，不断发展壮大爱国爱港力量，确保香港经济社会繁荣稳定，确保"一国两制"伟大事业长期持续发展。因此，建议着眼于全局和长远发展，在充分尊重香港特区政府和以特区政府为主的原则基础上，把香港公务员培训当作一项重大而紧迫的战略任务，采取更加有力、有效的举措。

（二）支持特区政府做好公务员培训中长期规划

特区政府已经同意制定香港公务人员培训的中长期规划。建议在国务院港澳办的指导下，有关部门积极协助特区政府，抓紧研究制定具有前瞻性和针对性强的公务员和其他人员中长期培训规划，进一步明确培训的方向、任务、步骤和内容，使培训工作有计划、有步骤地实施，以收到更好的效果。据了解，港英政府时期的公务员任职，必须经过培训，否则不予上岗。那时的政务官和专业人员必须到英国的牛津和剑桥研修一年，学习包括政治、公共管理等专门为公务员设置的课程，还要参观和考察英国政府的运作。现在对香港公务员上岗和提职也应有类似的明确规定，促使香港公务员树立对国家负责意识。为此建议：一是通过制定中长期培训规划，把培训与任职联系起来。争取在3—5年内将首长级、丙级以上政务官普遍培训一次。二是研究制定培训对香港公务员上岗和任职作用的相关政策。三是鼓励特区政府把香港公务员培训纳入财政预算，使经费确有保障；中央政府有关部门也考虑加大相关预算。

（三）加强对特区政府公务员和其他人才培训的统筹协调与引导

目前内地承担香港公务员和其他人员培训的机构、单位比较多，并呈不断增加趋势。从当前情况看，需要加强宏观规划和指导，统筹协调各方力量，注重发挥各自的优势，合理分工，避免简单重复和低水平运作。应当充分发挥各有关培训机构、高等院校的积极性。国家行政学院在香港公务员和其他人才培训中具有独特优势，建议进一步在培训政策、培训计划、培训经费等方面给予支持和帮助。我们也将更加自觉地把加强香港公务员培训作为服务大局的政治任务。

（四）着力提高香港公务员培训工作质量和水平

加强香港公务员培训，应当着力在提高香港公务员培训工作质量和水平上下功夫。一要优化培训内容，更加重视培养香港公务员的国家认同感和对"一国两制"方针的全面理解。要突出进行中国国情教育、中国特色社会主义基本制度教育、《基本法》教育。二要加强教材建设，努力开发一批适合香港公务员特点的基本课程和精品课程，编写一批高质量的培训教材。三要改进教学方式方法，根据不同的培训对象，设计出针对性强、吸引力大的课程。多开发体现国家大政方针的案例教学和实地考察。四要加强师资队伍建设，打造一支政治坚定、了解香港情况、对香港学员所关心的内地事务有较深入研究的师资队伍。五要建立对培训教师和对学员的评价制度。建立学员培训档案，及时将每期学员受训情况报告给委托承办方、港澳办及中联办。以上这些方面，国务院港澳办已有一些要求，也做了不少工作，我们愿意在具体落实上承担更多的任务。

（五）加强香港发展的有关中长期问题研究

当前，香港特区正处在一个非常关键的发展时期，需要面对不断出现的复杂矛盾和问题。加强中长期重大问题的研究和政策制定十分必要。建议中央有关部门组织力量加强对香港有关重大问题和热点问题的调查研究，尤其是深入研究香港公务员如何适应新形势提高对国家的认同感、如何实现特区政府整个管治框架高效运转和"一国两制"方针的全面贯彻落实、如何确保特别行政区能在《基本法》轨道上顺利运行、如何促进港粤一体化发展，等等。香港有些智库对特区政府政策影响大，因此要创造条件支持香港智库与内地智库密切合作，探讨建立有效合作机制，共同研究一些重大课题，使香港智库既为特区政府决策服务，也为中央大局服务，以利于不断提升特区政府的决策水平和管治水平。

赴台湾访问调研情况的报告①

（二〇一〇年七月二十日）

经国务院领导批准，应台湾"华夏行政学会"荣誉理事长吴琼恩、理事长张世贤的邀请，我于 5 月 30 日至 6 月 5 日率团访问台湾，主要目的是开辟与台湾行政学界有关教育和咨询研究机构的联系，有针对性地建立相对稳定的交流合作渠道与平台。此次访问时间虽短，但内容丰富，颇有收获，达到了预期目的。

一、基本情况

我这次主要访问了台湾三所大学、三所研究机构、一个学会和一所培训机构。5 月 31 日，访问了台湾文化大学，同该校董事长张镜湖和校长吴万益会见，就国家行政学院和文化大学交流合作进行了座谈。随后，我应邀在该校作了题为《中国的经济发展情况及趋势》的演讲。6 月 1 日，访问了台湾政治大学并会见了校长吴思华等学校领导人，之后，与该校社会科学院部分师生座谈 EMPA 教学情况，双方就加强交流合作进行了讨论。6 月 2 日，访问了成舍我先生创办的世新大学，与学校董事

---

① 本文是魏礼群以中国行政体制改革研究会会长的名义率领中国行政体制改革研究会代表团访问台湾之后报送党中央、国务院领导的调研报告。代表团成员有陈岩、董青、董小君、姜秀谦。

长成嘉玲女士会面，与校长赖鼎铭签署了《世新大学与国家行政学院学术合作会议纪要》，与管理学院师生就 EMPA 教学问题进行座谈。

访台期间，我访问了三家台湾对大陆的政策研究机构，在"国政基金会"，双方交流了研究机构、运作模式等情况；与"亚太和平基金会"和"两岸统合学会"负责人会见，就思想库在决策咨询服务中的作用等问题进行了交流。

6月1日晚，台湾地区国民党荣誉主席连战会见并宴请我和代表团全体成员，副主席林丰正等10多位重要人物参加了会见和宴请。此外，我还分别会见和访问了一些文化界以及宗教界的有关负责人，同他们进行了友好交谈。

二、主要收获

（一）宣传了中国经济社会发展的巨大成就和未来趋势

在访问调研各项活动中，我都面对面地向台湾青年大学生和各界人士宣讲中国经济社会发展的历史性成就，展示对未来发展前景的坚定信心，做答疑解惑工作。特别是在台湾文化大学的演讲中，我阐述了如下观点：一是过去61年，特别是改革开放31年来，中国历经艰辛探索并开创出一条全新发展的道路，经济社会发展取得了举世公认的巨大成就；二是坚持走中国特色社会主义道路，坚持改革开放，坚持以经济建设为中心，是中国走向成功的最根本原因；三是中国在近两年应对国际金融危机冲击中，及时采取了有力、有效举措，使经济社会保持良好发展势头；四是中国经济具有长期平稳较快发展的能力和条件，完全可以实现更大规模更高水平的发展；五是两岸经济同属中华民族经济，两岸经济合作越紧密，就越能够为两岸同胞带来更多实实在在的利益。在容纳200多人的讲堂里，座无虚席，不少教师和学生不时记录。演讲结束后，台湾方面陪同我的人员说，"在台湾很难听到这样内容丰富、综合性、权威性强的学术报告，对消除一些人的误解和怀疑，很有帮助"。

（二）开拓了与台湾有关机构联系的渠道，搭建了交流合作的平台

在访问调研中，我突出介绍中国行政体制改革研究会和国家行政学院的职能作用，以及开放办院取得的成就。欢迎台湾公共行政学术界和教育界的人士到国家行政学院访问、交流、讲学，得到了台湾有关机构和人员的积极回应。（1）与世新大学领导人签署了会议纪要，双方同意加强教师和研究人员之间的交流合作，创造机会让两岸教研人员共享教育成果，合作出版学术论著，开展学术研究、信息交换以及课题合作研究等。这是与台湾民间机构首次正式签署的备忘录式的文件，开通了与该校联系的渠道。（2）与一些教育和咨询研究机构达成合作共识。台湾文化大学负责人希望与国家行政学院加强合作，包括人员互访、经验分享、举办研讨班等，希望选择适当的时机签署合作备忘录，并当即决定邀请我院随访董小君教授到文化大学作为期一个月的访问学者。台湾政治大学负责人提出，愿意与国家行政学院互派学者，开展各种形式的实质性合作，提出可以共同签署备忘录。在与"国政基金会""亚太和平基金会"和"两岸统合学会"等智库的接触中，他们也都表示愿意加强双方的交流合作，并提出了一些交流合作的具体内容和形式。

（三）了解了两岸开展交流合作的需求和空间

在台湾访问调研期间，我们注意听取各界人士针对两岸关系提出的意见和建议。许多专家学者提出，现在是两岸关系的最好时期，也是推动两岸和平发展的最好时机，两岸都要努力巩固和扩大这一良好发展势头。访问过程中，我们十分注重求真务实，讲究内容和形式并重。在交流内容上，既讲中国经济建设成就，也虚心听取、注意肯定台湾地区的成功做法。我用大量数字和事实客观地宣讲中国经济建设和改革开放的成就，以及未来经济发展的光明前景，也肯定台湾地区在高科技、环保、文化等领域的做法。在交流形式上，既注意展示中国高级干部的胸怀、风格和水平，又注意低调、朴实、亲和的作风。台湾各接待单位对我们

的到来都高度重视，台湾国民党荣誉主席连战对会见活动做了精心细致安排，尽可能让我们感到方便、满意。我们十分注意保持谦逊、朴实、深入民间的作风。乘坐台湾高铁列车，亲身感受台湾公共交通情况；与海内外游客一道排队乘 101 大楼观光电梯，了解台湾城市的建筑特色和规划布局；参观台湾的两家书店，深入了解台湾民众的文化生活。这些都给有关人员留下了良好的印象。

三、几点认识

（一）两岸关系和平发展受到台湾各界人士的认同和支持

我这次接触到的各界人士都认为，李登辉和陈水扁执政时期把台湾的人心搞乱了，导致了一些台湾人对祖国大陆的认同感断裂，对祖国的感情复杂，给两岸关系发展带来了严重困难。两年多来，两岸关系和平发展实现了历史性转折，"台独"势力受到沉重打击。现在越来越多的人希望两岸关系和平发展不断扩大下去。当前，加快推进两岸关系和平发展，面临着重要的历史机遇，紧紧抓住和充分利用这个机遇，从各个方面不断拓展两岸关系，对实现祖国和平统一大业至关重要。

（二）两岸文化教育界和研究机构交流合作空间大

我们接触到的文化教育界人士都认为，文化认同是两岸关系和平发展的根基与纽带。据了解，台湾文教界同大陆的交流合作愿望强烈。通过加强这个领域的交流合作，可以提升文化认同感和民族凝聚力。台湾的智库很多，一些台湾民间智库与国际上的智库联系密切。因此，建议更加重视和支持中国文化教育界和研究机构同台湾有关方面的交流合作。两岸关系和平发展，根基在民间，动力在人民。要进一步拓展两岸民间交流合作的渠道，扩大各类人员交往，凝聚社会各界更多的共识。

（三）促进两岸关系和平发展应重视政策创新

两岸关系和平发展已进入一个新的历史时期，经贸往来不断加强、文化交流相当活跃、合作领域持续拓宽、人员往来日益频繁、利益关系越来越密切。在这种情势下，以往长期形成的一些不利于扩大双方往来的观念、政策、措施需要深入研究并作适当调整，以便更有利于减少隔阂，更好地搭建两岸交流合作的新平台。总的说，应着眼于祖国和平统一大业、促进两岸关系和平发展，与时俱进地创新观念和相关政策措施，支持创新实践。台湾学者提出，要从日常生活问题入手，提高台湾同胞对祖国的认同感。一些台湾学者建议对台胞来大陆实行免费签注，发行中华卡取代台湾同胞回乡证；文化认同要重视语言文字认同等。这些都值得认真研究。大力支持教育和研究机构人员互访、学术交流、教材编写、举办研讨会等，不断提升中国文化教育和研究机构在台湾地区的影响力。

（四）做好台湾人民工作应注重实效，着眼长远

做好台湾工作，是一项长期性、复杂性的系统工程。各地、各部门与台湾地区开展交流合作，必须服从中央对台工作大局，确保和平发展趋势不可逆转。近来，各地去台湾的人员快速增多，情况总体是好的，但也出现了一些值得注意的情况。例如，有的组团人员过多，有些地方签署协议片面追求数量。一些台湾人士建议，各地在出访前，要认真评估台湾有关方面和所访区域的接待能力以及心理承受能力。各地各部门在对台交流中，既要挖掘资源，也要善用资源，做到细水长流，讲求工作艺术和工作方法。